国家社科基金
GUOJIA SHEKE JIJIN HOUQI ZIZHU XIANGMU
后期资助项目

中国代际流动性的理论与实证研究

Theoretical and Empirical Research on Intergenerational Mobility in China

唐可月 著

中国财经出版传媒集团

经济科学出版社
Economic Science Press

国家社科基金后期资助项目
出版说明

后期资助项目是国家社科基金设立的一类重要项目，旨在鼓励广大社科研究者潜心治学，支持基础研究多出优秀成果。它是经过严格评审，从接近完成的科研成果中遴选立项的。为扩大后期资助项目的影响，更好地推动学术发展，促进成果转化，全国哲学社会科学工作办公室按照"统一设计、统一标识、统一版式、形成系列"的总体要求，组织出版国家社科基金后期资助项目成果。

全国哲学社会科学工作办公室

前　言

代际社会流动性通常指在同一个家庭的不同代之间的收入不平等。早期的经典理论是由贝克尔和托姆斯（Becker & Tomes；1979，1986）提出的，他们区分了代际社会流动性和收入不平等这两个概念，收入不平等通常指在同一代的不同家庭之间的收入不平等。代际收入流动性理论主要估计代际流动性的大小，探究代际流动机制，并提出政策建议。这一研究的政策含义很明显，可以通过代际流动机制，减少代际收入的不平等，改进收入分配的不均等。

本书运用代际收入流动性理论以及研究数据，分析中国目前的代际流动性状况，揭示代际流动机制。使用的数据为：CFPS（中国家庭追踪调查，Chinese Family Panel Studies）2014 年和 2016 年的调查数据，以及 CHARLS（中国健康与养老追踪调查，China Health and Retirement Longitudinal Study）2015 年的调查数据。研究中国代际流动性三个方面的问题：首先，运用回归分析和转换矩阵等方法分析中国二代的代际流动性现状和特点；其次，整理出三代的数据，对中国三代的代际流动性进行分析；最后，着重分析中国目前的代际流动机制，阐述决定中国代际流动性大小的主要机理。

全书的结构安排：第一章介绍学者早期的经典模型，如贝克尔和托姆斯（1979，1986）提出的理论模型和方法，为后续的研究奠定了理论基础。

第二章介绍西方代际流动理论的最新研究进展。代际收入流动性问题在西方已经研究了近七十年，从早期的零散研究，到逐渐系统和丰富，无论从理论还是实证方面都取得了比较丰硕的成果。尤其是近几年，学者的研究更为细致：在数据的采集上，采用多代的数据，更注重解释代际流动性的长期变化；同时对代际流动机制的研究比较深入，从早期的家庭影响机制，扩展到社会影响因素，在家庭影响因素方面从父母的影响扩展到家庭中的其他成员。越来越多的学者证实，父母并不是直接通过收入和教育去影响孩子的，而是通过一些中间机制，如父母的投资价值和偏好、认知和非认知能力、信念和信息收集水平去发挥作用的。家庭主要是通过父母的社会经济地位（SES）去影响孩子的，实质上是一个家庭的环境束（家庭社会经济条件形成的环境集合）；移民或人口流动会通过社会、文化和经济体制带来"邻居"效应，可以作为改进代际流动性的方法。这些都是具有研究价值和前景的研究问题。

第三章梳理了中国学者对于代际流动性的研究。我国的研究大致从1995年左右开始，经历了二十多年的时间，相比于西方，我们的研究时间较短，研究问题也稍显粗糙。但我国的研究进展很快，尤其是随着我国调查数据的增多和时间跨度的增加，学者对我国代际流动问题有了日渐清晰的认识。我国学者的研究多是从验证代际收入弹性的大小和探究代际收入传递机制两个方面展开的。最为常用的估算代际收入弹性的方法为：回归分析法和转换矩阵法；探究代际传递机制多采用中间变量法，也有一些学者采用结构方程的方法。研究结果比较一致，1988～2012年，我国代际收入弹性总体上呈现出上升的趋势，阶层固化日渐明显。很多学者按照不同收入、年龄和性别去估计代际收入弹性。在探究代际传递机制方面：我国学者研究比较多的是人力资本（如教育）、社会资本、财富资本在代际流动中所起的作用。虽然没有明确归类是家庭因素，但是可以看出属于家庭的范畴。此外，学者提出的政策建议多是从社会因素角度提出的。我国的研究与西方的结论是基本一致的。父代对子代收入的影响不是主要通过转移或赠予等直接产生的，而是通过父代的收入、职业和学历为孩子提供成长环境、教育环境和建立人脉关系等，对孩子的收入间接产生影响。但是相比较于西方，我国的研究还不够细致，缺乏对于父母的非认知能力、信息搜集能力等这些重要因素的研究，这些正是本书需要深入研究的地方。

第四章用 CFPS 和 CHARLS 数据，对中国代际收入弹性进行估计，采用 Stata 软件进行分析。代际收入弹性通常被用来测度代际收入的流动性。代际收入弹性越高，说明代际收入流动性越差；反之，说明代际流动性越强。采用三种方法估算代际收入弹性：回归分析法、转换矩阵法和收入排名相关系数法。收入排名相关系数法是近期西方流行的一种方法，其结果可以用来补充关于代际收入弹性的理解。得出的主要结论为：

（1）利用 2014 年 CFPS 数据得出的代际收入弹性为 0.112，2016 年得出的代际收入弹性为 0.081，结果显著。说明仅从父母一方的收入去衡量，可能是代际流动性增强了。利用 CHARLS 数据，得出的代际收入弹性为

0.296。如果用家庭的净收入去衡量2014年CFPS的代际收入弹性为0.265，2016年CFPS的代际收入弹性为0.394，用家庭净收入衡量代际收入弹性是增加的趋势，从家庭收入角度对孩子进行人力资本投资更符合经济学的基本假设。

（2）2014年CFPS和2015年CHARLS的分析结果表明：父亲对孩子收入的影响更大一些，母亲的影响不够显著；父母对儿子的收入有显著的影响，对女儿没有显著的影响，体现出有性别的偏向。而2016年CFPS的数据结果有很大的不同，似乎母亲对孩子收入的影响更大一些，没有发现明显的性别偏向。

（3）分位数回归表明：代际收入弹性不是线性的，是非线性的变化趋势。2014年CFPS的分析结果：随着分位点的变化，回归系数呈现出先上升后下降的趋势，整体的趋势依旧是两边低、中间高的趋势，说明处于中等收入的子代和父代的代际收入弹性最大。2016年的分析结果完全不同，呈现出中间低、两边高的特点。表明这几年，代际流动性已经发生了微妙的变化，中间收入阶层的流动性很强，而两端收入出现了阶层固化的趋势，并且低收入阶层的代际保持性更强。通过转换矩阵法得出的结论与分位数回归的结论基本一致：无论是农村还是城市，都出现了两端流动性最差、中间流动性强的特点，说明我国开始出现两端阶层固化的趋势，而中间阶层的流动比以前要好一些。说明我国存在明显的"富裕壁垒"和"贫困陷阱"现象。

（4）迁移对代际收入弹性产生一定的影响。特别关注户口变量里的两个选项：农村户口和非农村户口；然后分为三类进行回归：父代和子代都是农村户口；父代和子代都是非农村户口；父代是农村户口，子代是非农村户口的。第三种分类，可以看出农村孩子迁移到城市后，对代际流动性的影响。这样分组以后，CPFS2014年数据中父代和子代都是农村户口的代际收入弹性为0.055，父代和子代都是非农村户口的代际收入弹性为0.202；CHARLS数据中父代和子代都是农村户口的代际收入弹性为0.262，父代和子代都是非农村户口的代际收入弹性为0.367；并且这两种情况的结果都很显著。而父代是农村户口、子代是非农村户口的代际收入弹性为负的，而且也不显著。说明剔除了这种迁移的人口，在农村内部和城市内部，代际效应是很明显的。总体上看，我国城市的代际传递是比较明显的，迁移确实可以改变收入的传递。

（5）用家庭净收入衡量CFPS的代际收入弹性明显提高了，结果显著。农村的代际收入弹性高于城市，说明考虑了家庭收入后，农村的代际收入保持性更强。总体来看，随着时间的变化趋势是代际收入弹性是增加的，说明有阶层固化的趋势。从城乡上看，2014年的农村代际收入弹性高于城市；而2016年是城市的代际收入弹性更高一些。这种变化很大程度上是人口流动带来的。我国人口流动逐年递增，农村户口的人数多于在农村居住的，而居住在农村的完全是在家务农的，数据结果表明：单纯农村居住的代际收入弹性很高，说明有很多农村家庭到城市打工后改变了代际收入的保持性。而在城市居住的有一部分是农村户口，因此，居住和户口的人群是交叉的。从两年的数据对比可以看出，单纯的城市户口和单纯的农村居住，是完全没有受到人口流动影响的，代际收入弹性都很高。

第五章研究我国三代的代际流动性。CFPS数据库中没有得出显著性的影响。利用CHARLS数据库得出：祖父的代际收入弹性为0.252，祖母的代际收入弹性为0.352；外祖父的代际收入弹性为0.181；外祖母的代际收入弹性并不显著。农村中三代的代际收入弹性为0.312，城市中三代的代际收入弹性为0.208。说明祖辈与孙辈之间也存在着一定的代际收入保持性，三代的代际收入弹性要比二代小，说明家庭的影响在逐渐降低。

第六章采用中间变量法和结构方程法剖析代际流动的影响机制。采用中间变量法的"条件收入弹性"得出的结论为：教育投资、家庭资产和父母的社会资本是代际的影响因素。也将子女的健康水平引入，但没有通过显著性检验。但社会资本对代际收入流动的影响程度可能不是很大。采用中间变量法的布莱登（Blanden）分解法，得出2014年和2016年子代教育对代际收入传递的贡献率分别为27.9%和9%，具有一定的解释度。而且父母对子女的教育投资所起到的作用大于子女自身的教育收益率。数据库里关于子女工作性质、行业的信息不是很充分，缺少一个非常好的替代变量来表示子女的职业，因此，没法测算父母的社会资本对子女收入的贡献程度。

运用结构方程法，得出代际流动机制主要为三个方面：第一是通过家庭收入，父母对子女进行人力资本投资（主要为教育），从而提高子女收入；第二是非认知能力，通过父母的教育水平产生作用，往往父母教育水平较高，会有更高的非认知能力，知道如何进行教育投资是最有效率的，在家中也可以通过有效的时间投资去提高孩子的人力资本水平；第三是社会资本，即父母通过影响子女的工作选择去影响子女的收入。

第七章是对全书的内容进行总结，并且通过本书的研究提炼出对于代际流动性理论的贡献，并根据得出的结论提出政策建议。

本书的创新之处体现为：（1）利用了两个数据库的信息去分析中国的

代际流动性问题，弥补单一数据库可能造成的研究结论的偏移，对比两个数据库得出的结果，可以分析在不同的数据类型下，研究结论的差异，大致估算出实际的情形。（2）特别分析父母是农村户口、孩子是城市户口，这种迁移的情况对代际流动性的影响。（3）尝试性地估算了三代的代际收入弹性，可以从更大的时间跨度去发现多代的代际流动趋势。（4）用结构方程的方法探究代际流动机制，避免了中间变量法中变量的多重共线性。

当然由于本人的研究能力有限，还存在着很多不足：（1）只是选用了单年的数据，会造成了代际收入弹性的低估，无法得出随着时间变化的趋势。（2）数据的分析和处理不够细腻，可以将农村和城市分离开来，其中城市家庭以个体的收入为主，而农村家庭要以家庭收入为主，考虑到很多农村家庭并不是以小家庭为单位，而是三代同堂或四代同堂，很难剥离出父母的家庭收入。（3）研究中区分了父代和子代的性别，需要进一步分析城市和农村家庭对儿子和女儿的人力资本投资倾向存在的差异。未来可能需要在上面着重进行改进，此外，还可以更多的关注迁移或人口流动这些外在的冲击对于代际流动性的影响，以此作为改进代际收入弹性的有效方法。

目　　录

第一章　代际流动性理论的早期经典模型

索罗金（Sorokin，1927）是较早关注流动性概念的学者，他将流动性划分为垂直流动和水平流动、代内流动和代际流动。随后，经济学家和社会学家沿着不同的脉络展开研究，其中社会学家非常关注代际流动，如职业代际流动和收入代际流动；而经济学家比较关注代内流动，如收入不平等，经济学家对于代际收入流动的关注较晚。

熊彼特（Schumpeter）在1951年就系统地考虑了代际的流动性，从实证研究和理论方面进行了分析。对于代际流动性的研究主要集中于：职业的流动性、收入的流动性和教育的流动性三个方面。早期很多学者关注的是子代与父代职业的相关性，来揭示代际的传承；研究最多的是收入的流动性，能够比较全面地反映家庭经济地位的变化；由于收入的数据有时不太准确、也不容易获得，很多学者采用教育的相关性进行衡量。本书主要研究代际收入的相关性。代际收入的流动性（mobility of intergenerational income）关注的是父代收入和子代收入的相关性，个体的收入在多大程度上是由其上一代的收入决定的。贝克尔和托姆斯在1979年和1986年，提出了经典的理论模型，为后续的研究奠定了理论基础。

第一节　贝克尔和托姆斯的早期模型

贝克尔和托姆斯（1979）运用家庭经济学和人力资本投资理论建立了基本的理论模型。他们区分了代际社会流动性和收入不平等这两个概念，并构建了代际流动性的函数。代际社会流动性通常指在同一个家庭的不同代之间的收入不平等；而收入不平等通常指在同一代的不同家庭之间的收入不平等。社会学家主要关注的是代际之间流动性；经济学家关注的是代内的收入不平等。他们认为并不需要完全分开经济和社会的方法，可以将代际社会流动性和收入不平等联系在一个机制里。他们构建的代际流动性函数中关键假设是：每个家庭根据几代的效用函数最大化家庭的效用，效用函数主要包括父母的消费和孩子的效用，孩子的效用是由他们成人后的收入来衡量的。

1986 年，贝克尔和托姆斯进一步提出了代际流动性的理论模型，是一个简单的关于父母和孩子关系的马尔可夫（Markov）模型：$I_{t+1} = a + bI_t$，并探讨了 b 值的大小，如果 b 值大于或等于 1，说明下一代与上一代的收入关系相关性大于或等于 1，意味着收入相关性的不平等程度会增加；如果 b 小于 1，说明不平等会减少。他们还进一步研究了代际流动性的两个决定因素：父母收入和孩子的天赋。孩子的收入取决于自身的天赋，以及通过父母收入进行的人力资本投资。如果天赋回归强烈地趋于平均，说明财富效应更占主导，这时富裕家庭孩子的天赋会比父母低，而贫困家庭孩子的天赋比父母高。实证研究表明：天赋在回归上强烈地趋于平均。与贫困的家庭相比，富裕家庭的孩子更接近于最优的人力资本投资。这意味着对于孩子的投资，财富效应比天赋效应更占主导。分析还表明，生育率与父母的财富是正相关的，这将稀释财富，导致富裕家庭回归于平均。他们还强调：贫穷家庭的孩子处于不利的地位，因为他们继承了更低的禀赋，并且借款也受到约束。这些研究都为后续的研究奠定了理论基础。

第二节　衡量代际收入弹性的方法

一般衡量代际流动性的方法主要有三种：（1）运用贝克尔和托姆斯（1979、1986）提出的模型，用孩子收入对数与父亲收入对数的关系，或是一阶回归来计算收入的代际弹性；（2）运用收入四分点或是五等份的转换来衡量；（3）衡量父亲和孩子收入百分比的排名关系。前两种方法是绝对流动性的衡量方法，而最后一种方法是相对流动性的衡量方法。

早期研究多采用第一种方法，也就是运用贝克尔和托姆斯的方法进行衡量。代际收入弹性用 t 表示，指的是父母收入增加 1% 时，孩子收入增加的百分比。而 $1 - t$ 为代际收入流动性程度。代际收入弹性越大，表明父母收入与孩子收入之间的相关程度越强，而社会流动性越低。代际收入弹性越小，表明代际收入流动性越大，说明子代的收入回归到平均值。

早期（20 世纪七八十年代）的研究多采用单个年份的数据，所得到的数值偏小，一般在0.2左右或者更小。20世纪90年代后，研究采用多年数据以及面板数据，估计的数值一般在0.4左右。如1992年梭伦（Solon）利用收入的动态研究面板数据，得出美国长期收入的代际相关性至少是0.4。许多学者衡量的是代际流动的变化趋势，在实证结果上是混合的（Chetty et al., 2014b）。如豪瑟（Hauser, 1998）得出美国从1972~1996年期间，代际收入弹性没有明显的变化，结果大致在0.277~0.365。李和梭伦（Lee & Solon, 2009）利用PSID数据，得出美国在1952~1975年期间，代际收入弹性也没有很剧烈的变化。而莱文和马宗德（Levine & Mazumder, 2002）同样采用了PSID的数据，对美国的代际收入弹性进行了估计，得出在1980~1990年的父代和儿子的代际收入弹性从0.45降到0.29，有明显的下降趋势；运用NLS数据进行验证，得出的结果却相反，代际收入弹性从0.22上升到0.41。阿伦森和马宗德（Aaronson & Mazumder, 2008）估计了1940~2000年的代际流动性，发现代际流动性在1950~1980年期间是增加的，从1980年开始急剧下降，最近的流动性是下降的。

很多学者采用第二种方法分析不同收入群体的代际收入弹性。这种方法主要用来分析不同收入群体的代际收入弹性。如转换矩阵法，观测收入四等份或五等份的转换概率。伊丽莎白（H. Elizabeth Peters, 1992）利用父母和孩子的匹配数据，考察了美国的代际流动方式，发现美国呈现出更多的代际流动性，数据表明流动性对于第一个1/4和第四个1/4是最大的。安德斯等（Anders et al., 2012）采用了分位数回归的模型，对代际收入的相关性进行分析。研究结果发现：收入最高和收入最低的群体，代际流动性最低，也就是代际收入的保持性更强。往往高收入群体的财产传递所占的比例较大，而低收入群体更容易陷入低水平陷阱中。

切迪等（Chetty et al., 2014）运用了三种方法估计1971~1993年出生的代际流动性。他们运用第三种方法得出的结论令人深思，他们发现了孩子的排名和父母排名的关系几乎是完美的线性，而以往用对数衡量流动性是很不稳定的估计，这为代际流动性的验证提供了有力的证据。他们用一个很形象的比喻：把收入分配比作是一个梯子，每个百分比代表是不同的层面（阶梯）。阶梯会变得更远而分离，说明不平等增加了，但是孩子从低阶梯到高阶梯的机会是没有变化的，也就是以排名为基础的流动性保持不变。他们的分析表明，如今的孩子与他们的父辈（例如出生在1970年的）相比，在收入分配中上移的机会是相同的。

第三节 代际收入弹性的国际比较

随着理论的发展和统计数据的不断完善，代际收入流动的跨国比较研究也日渐丰富。梭伦（Solon，2002）构建了理论框架来解释各国代际流动性的差异。2015 年，梭伦进一步研究得出代际收入弹性随着不同国家而变化。例如美国和英国等传统发达国家的代际收入弹性普遍较高，达到 0.4 ~ 0.5；而北欧国家（如芬兰、丹麦和挪威等国家），代际收入弹性则普遍较低，不到 0.2。哈克内特等（Harknett et al.，2003）的研究表明：英国、法国和美国的代际收入弹性为 0.4 左右，德国为 0.32 左右，瑞典为 0.27 左右，而加拿大以及北欧的国家低于 0.2，与梭伦的结果基本一致。2004 年，格劳（Grawe）比较分析了不同国家和不同收入阶层的代际收入流动性，发现在美国和加拿大高收入群体的代际收入弹性更大，说明这些国家的父代和子代的收入保持性更强，而德国和英国的趋势并不明显。马宗德（Mazumder，2005）测算的美国代际收入弹性在 0.5 和 0.6 之间。尼科莱蒂和埃米施（Nicoletti & Ermisch，2007）估计的英国代际收入弹性为 0.3，而北欧的一些国家一般都低于 0.3。

在研究过程中，数据的获取和数据处理是限制实证研究的重要因素之一。研究代际收入问题至少要求有两代人的数据，尤其是收入数据，数据的时间跨度至少要十几年，如果要考虑长期的收入数据，需要更长时间的调查跟踪。我国的数据调查起步较晚，因此，早期的实证分析都集中在发达国家。各国的研究发展参差不齐，数据来源各异，各国并没有形成一致有效的数据信息来源，因此，国际的比较研究更少。

第四节 从代际收入弹性到代际流动机制的探究

布劳和邓肯（Blau & Duncan，1967）是比较早的研究代际相关性的学者，他们认为美国的代际收入弹性很小，形容美国是一块充满机会的大陆，说明代际流动性还很强。阿特金森和梅纳德（Atkinson & Maynard，1978）估算了英格兰的代际收入弹性为 0.17。阿特金森（1981）总结了代际收入弹性的两种估算方法：基于收入对数的多元回归法和转换矩阵法。贝克尔和托姆斯（1986）得出的代际收入弹性为 0.2，说明美国的代际流动性很高，父代和子代的收入相关性不是很强。当然，早期的研究主要采用某一年的收入来衡量一生的收入，会存在着一定的偏差。后来梭伦（1992）将年龄的二次函数项放到了多元回归的模型中，并且使用的是多年收入的平均数对数进行估计，得到美国的代际收入弹性系数大于0.4，说明以前的研究结果被低估了，美国的代际流动性很低。当然，子代从父代继承而来的天生禀赋也会很极大地影响着子代的收入。当时的学者就认识到，子代的社会经济地位很大程度上取决于父母的收入、教育、家庭成长环境等一束的社会经济地位。

　　后来，随着研究方法的不断改进和数据的日益丰富，对于代际收入问题的研究逐步向纵深方向发展。一些学者开始探究代际流动机制，主要的目的是找到影响代际流动的机理，以便于提出相应的对策。学者普遍认为主要的影响机制是：人力资本投资、社会网络、天生禀赋以及婚配匹配等。其中，人力资本投资是最为重要的影响因素，父母对孩子的教育投入会在很大程度上决定孩子在劳动力市场上的收入水平。对于低收入家庭的父母，由于缺乏足够的资金，会影响子女最优教育投资，所以以对子女的教育投资不会很充分。雷斯图恰和乌鲁蒂亚（Restuccia & Urrutia, 2004）的研究表明，父母对孩子的初等教育和中等教育投资非常重要，从国家层面来看，公共教育和医疗健康的投资会影响到多数群众的人力资本投资，并会进一步影响整个社会代际流动性的大小。通常高收入的父母会选择居住在高收入人群集中的社区。因此，早期研究范畴是家庭对子女的影响，随后学者探讨了外部因素或社会因素对代际流动性的影响。如果代际传递机制是通过天生禀赋的遗传，那么这种影响机制是天然的，不需要去进行干预。学者们更感兴趣的是除了特质的遗传或是留下更多的遗产之外，哪些影响因素具有因果关系。如果验证了具有因果关系，就可以提出相应的政策建议。

第二章　西方代际流动性理论的
最新研究进展

　　代际流动性问题在西方已经研究了近七十年，从早期的零散研究，到逐渐系统和丰富，无论从理论还是实证都取得了比较丰硕的成果。尤其是近几年，学者的研究更为细致，在数据的采集上，采用多代的数据，更注重解释代际流动性的时间变化趋势；同时对代际流动机制的研究比较深入，从早期的家庭影响机制，扩展到社会影响因素，在家庭影响因素方面从父母的影响扩展到家庭中的其他成员。这些实证研究为政策建议提供了实际的数据支撑。

第一节　代际流动性实证研究的最新进展

一、父代和子代收入排名的相关性分析

　　衡量代际流动性的常用方法是计算代际收入弹性，这种方法是一种绝对流动性的衡量方法。近期，学者们采用了一种新的方法，研究父亲和孩子收入排名的相关性，是一种相对流动性的衡量方法，数值越大，表明代际收入的保持性更强，或者代际流动性更小（Chetty et al. , 2014）。

　　切蒂等（Chetty et al. , 2014）运用了三种方法估计 1971 ~ 1993 年出生的代际流动性。研究发现，父母收入增加 10%，孩子收入会增加 3.4%。他们认为用对数衡量流动性是很不稳定的估计，因为孩子收入的对数和父母收入的对数通常不是线性的，并且对于处理孩子收入为 0 或者收入很小的时候，估计是很敏感的。研究中限制了父母收入低于 10% 和高于 90% 的数据，并且去掉了孩子收入为 0 的数据，得到的代际收入弹性为 0.45，与以往学者的研究（0.26 ~ 0.70）相比，结果比较合理。他们采用了一种新的方法，是基于排名和排名关系的斜率，来反映了孩子和父母收

入分配的相对位置的相关性，发现了孩子收入排名和父母收入排名的关系几乎是完美的线性，并且是高度可信的。父母收入排名增加10%，孩子收入的排名会增加3.41%。说明虽然收入不平等增加了，但是以收入排名为基础的流动性保持得很稳定。用一个很形象的比喻是把收入分配比作是一个梯子，每个百分比代表是不同的层面（阶梯）。阶梯会变得更远而分离，说明不平等增加了，但是孩子从低到高阶梯的机会是没有变化的，也就是以排名为基础的流动性保持不变。这个结果被克鲁格（Krueger, 2012）命名为 "Great Gatsby 曲线"。他们的分析表明，如今的孩子与他们的父辈（例如出生在1970年的）相比，在收入分配中上移的机会是相同的。美国收入不平等的增加速度为20%，但是流动性并没有显著的变化。此外，他们还发现了在美国内部，代际流动性在不同的地区是不同的。例如，在夏洛特州（Charlotte）从底层1/4收入的达到最高层1/4收入的可能性是4.4%，而在圣何塞州（Sanjose）是12.9%。并且他们关注除了家庭之外的其他影响代际流动性的因素，总结了流动性更高的影响因素是：更低的居住分割性、更少的收入不平等、更好的初级学校、更大的社会资本、更大的家庭稳定性。他们提出了社会资本指数，代表着社会网络的延伸和社区的加入，同样与流动性正相关。单亲及劣势的家庭结构，流动性显著更低。

二、多代流动性的实证研究

近期随着研究数据跨度的增加，学者关注了多代流动性。多代流动性指的是三代或是多代社会经济地位（Socioeconomic）的相关性（Solon, 2015）。但是对于多代的实证研究并不多，因为数据很难获得。早期的研究主要有：1966年，罗伯特和霍吉（Robert & Hodge）的研究，他们运用一阶的马尔可夫（Markov）方程，控制了父亲的职业，发现几乎没有什么影响。贝尔曼和陶布曼（Behrman & Taubman, 1985）利用美国双胞胎数据，回归了后代的教育年限对父亲和祖父的影响，发现对祖父的教育影响很小，并且统计性不显著。

1986年，贝克尔和托姆斯提出，所有的优势和劣势将会在三代逐渐消失。在开放的社会里，父母对孙子及后辈几乎没有什么影响了。克拉克（Clark, 2014）认为所有的社会流动性都受到一个简单的规律支配着，不取决于社会结构和政府的政策。他和合作者研究的数据包括了很多国家、很多代以及不同的社会经济背景，他提出了方程 $X_{t+1} = bX_t + e$，得出的结论是 b 在 $0.7 \sim 0.8$。数据表明，后辈的地位将会一代一代地向上移动到平均，当然这是一个很缓慢的过程，初始很高或很低的家庭需要花上百年的时间到达平均。

奥利维蒂等（Olivetti et al.，2016）估计了美国19世纪晚期和20世纪早期三代的代际收入弹性，发现祖父和外祖父对于收入的传递起着非常明显的作用。孙子的社会经济地位更强烈地受到父亲方祖父的影响，超过了母亲方外祖父的影响。母亲方的外祖父对于外孙女的影响超过了对于外孙子的影响。另外，婚姻的匹配会通过社会阶层放大收入不平等的程度，导致更低的代际流动性。多年的研究数据表明，代际流动弹性的值呈现出逐渐增大的趋势，早期学者得出在0.2左右，梭伦（1992）认为美国的代际收入弹性至少是0.4，近期学者验证可能是0.6～0.7（Solon，2015），数据表明整体的趋势是不平等的程度在增加，说明代际不平等会更有持久性，未来的研究需要更多的数据给予证明。

2012年，林达尔等（Lindahl et al.）分析了四代的代际转移。他们探索了相邻的和很远的经济地位的代际转移，时间跨度是一个世纪，数据范围是19世纪末期的曾祖父母和完成教育在21世纪的曾孙子。他们用了贝克尔—托姆斯（Becker – Tomes）的代际人力资本转换模型，估计父辈的教育对孩子收入的因果影响。他们发现了令人震惊的不同代际经济产出的一致性，第一代和他们曾孙子的教育获得有明显的相关联性。还发现了四等份中最高收入的个体对曾孙子收入的影响，比其他四等份的人群要高两倍。在劳动经济学里往往认为相邻的代际相关性比遥远的代际相关性大，近期的研究推翻了这种简单的推测。与以往的一些研究相比，这些研究预示着代际不平等会有持久性，意味着代际改变需要比我们以前研究的两代要花更长的时间，这是一个很缓慢的过程（Ferrie et al.，2016）。多代的代际流动性在不同的时代和地点表现得很不一样。祖父母的文化或是群体效应（如种族），对孩子也具有一定的影响。这些研究将代际的影响机制从家庭转移到社会影响因素。

第二节　代际流动机制最新研究进展

早期模型认为影响代际流动性的主要因素是：父母的天生禀赋遗传和父母对孩子的投资，研究范畴是家庭对子女的影响；随后学者们探讨了外部因素或社会因素对代际流动性的影响；近期的研究热点主要体现在人口的流动（如迁移和移民）以及大家庭环境对代际流动性的影响。

一、家庭影响因素

早期理论认为代际流动机制的两个主要解释为：一是特质的遗传，孩子更多地遗传了父母的特质、个性和偏好。这是一种天然的传递机制。二是收入更高的父母，有偏好去投资更多的教育，因为他们的财富更多，倾向于对孩子进行更多的人力资本投资。早期的研究更多的是衡量代际流动性的大小，并没有很深入地探究具体的影响因素。

后来学者们验证了家庭收入只是扮演着间接的角色，代际效应更多的是通过父母的认知、非认知能力、信息获得水平等去发挥作用的。尤其是父母的社会网络对子代在劳动力市场上的就业具有重要作用。因此，家庭主要是通过父母的社会经济地位（socioeconomic status，SES）去影响孩子的，实质上是一个家庭的环境束，尤其是儿童时期的环境扮演了重要的角色，劣势的家庭环境（如贫困、单亲，或邻居是集中的贫困）有长期的负效应（Chetty et al.，2016a）。

（一）家庭收入（或教育水平）对代际流动性的影响——间接作用

1. 家庭收入对代际流动性的影响

很多研究证实：高收入和低收入家庭的孩子在教育获得和成就上有很大的差距，并且随着教育水平的提高，差距在扩大（Duncan et al.，1998；Papay et al.，2014）。学者们验证了收入与孩子教育的因果关系，并没有发现一致的结论。

一些学者运用纯的收入效应研究收入对孩子教育的影响。洛肯（Loken，2010）利用 1970 年挪威的油价冲击代表了家庭收入的增加，而且与父母的能力和教育水平是不相关的，用来估计家庭收入对孩子教育的因果影响，结果表明没有因果关系。一个原因是在挪威有完美的资本市场，家庭可以为孩子的教育获得借款；此外挪威对于儿童有很高的公共投资，所有高中学生都符合条件，可以从政府那里得到资助和奖学金去完成教育。如果政府的干预去除的话，家庭收入可能对孩子的教育获得有影响。谢阿等（Shea et al.，2000）的研究也没有发现存在因果关系。布尔曼等（Bulman et al.，2016）用父母赢得彩票作为纯的收入效应，研究额外增加的家庭收入对于大学产出的影响，结果表明仅有很微弱的作用。布莱克利和费里（Bleakley & Ferrie，2016）跟踪了 1832 年彩票的获奖者（当时几乎每个成年白人男性都参与了），获奖者获得的财富接近于中等财富，没有发现获奖者本人的收入有明显的增加，也没有发现获奖者孙辈的教育水平有明显的增加，这笔家庭财富资源并没有对孩子的人力资本投资起作用。这说明家庭财富资源，在下一代的人力资本投资中只是扮演了很有限的角色，并且潜在地表明其他因素在家庭中扮演了很重要的角色。

另外，一些研究（Blanden & Gregg，2004）认为存在着一定因果关系。邓肯等（Duncan et al.，1998）用双胞胎的模型证实了孩子早期的家庭经济条件对完成教育有重要的决定因素，尤其对低收入家庭的孩子。家庭收入对孩子教育的影响，在低收入家庭比高收入家庭影响更大。科尔尼和莱文（Kearney & Levine，2014）运用了高中教育里五等份的调查，分析表明社会经济地位低的学生，尤其是男孩，他们在收入不平等的最低层，在高中更可能辍学。这说明经济劣势家庭的孩子，尤其是男孩更容易受到家庭收入的影响。卢卡斯和克尔（Lucas & Kerr，2013）用芬兰的数据，也证实了家庭收入，尤其是儿童阶段的家庭收入，对孩子收入的影响更为重要。米歇尔摩和戴纳斯基（Michelmore & Dynarski，2016）用持续获得午餐补助和偶尔获得午餐补助，分别代表持续的家庭贫困和偶尔的家庭贫困，研究家庭劣势对孩子成绩的影响。他们发现持续贫困的孩子比普通家庭的成绩低 0.94，持续贫困的孩子比偶尔贫困的成绩低 0.23，这说明早期的家庭经济条件是影响孩子教育获得的重要因素。弗莱彻和沃尔夫（Fletcher & Wolfe，2016）证明了不同家庭收入的孩子在非认知技能上有很大的差距。他们追踪了美国学龄儿童，从幼儿园到小学 5 年级，考察家庭收入对于孩子非认知能力的影响，发现孩子在进入幼儿园时就有很明显的非认知技能的差距，到小学 5 年级时这一差距会增加 2~3 倍。低收入家庭对孩子的影响比高收入家庭大（Oreopoulos et al.，2008；Lucas & Kerr，2013）。

2014 年，帕佩等（Papay et al.）研究了以收入为基础的教育获得的差距，尤其是随着时间的变化。在美国，低收入家庭的孩子比高收入家庭的孩子有更低的成就和更少的教育获得，在高中，低收入家庭的孩子在分数和进入的学校上，已经被高收入家庭的孩子拉下了。这个差距在更高的教育获得上变得更大。很显然，贫困对低收入的年轻人产生了很实质的不利影响。劣势的孩子花更多的时间去达到教育的目标，包括高等学校的毕业。在马萨诸塞州，教育体系取得了很实质的进步去减少教育的不平等，并改善了低收入学生的生活机会，以收入为基础的教育获得的差距和学术技能的差距，过去几年在减少。虽然研究结论不完全一致，但不可否认的是低收入家庭对孩子的教育获得有很不利的影响。

近期的大量研究表明（如 Fletcher & Barbara，2016），孩子在人生最初几年的投资不平等会导致孩子成就的差距，并对人生机会有长期的影响。提出的政策建议为：应该意识到不利的学生要花更长的时间去达到教育的目标。对于低收入家庭的孩子，应该探究如何使他们在可能的程度上与高收入家庭的孩子竞争。

博斯拉普等（Boserup et al.，2016）通过丹麦 30 年的数据，发现孩子时期的财富主要源于父母财富的直接转移，而孩子成人后的财富其实是一个生长环境的广义集合，只有顶层财富的直接转移保持性很强，说明财富的代际转换，不是仅仅通过财富的直接转移，更多的是通过孩子早期的父母行为，家庭收入只是扮演了一个间接的角色。

2. 父母的教育水平对代际流动性的影响

一些学者控制住其他变量，只是研究父母强制性教育的增加对孩子教育的影响，结论并不是非常一致。如布莱克等（Black et al.，2005）通过强制性教育的研究，没有发现因果关系。1960 年挪威教育法律发生了巨大变化，将强制性教育从 7 年级扩展到 9 年级。这个改革使得父母的能力没有发生改变，只是增加了父母的教育水平，他们研究了父母教育的增加对孩子教育的影响，并没有发现父亲教育和孩子教育的因果关系，发现了母亲教育和儿子教育有显著的因果关系，但没有母亲教育和女儿教育的因果关系。彼得斯（Peters，1992）也证实了父母的教育水平和孩子教育水平之间没有什么因果关系，同样发现母亲的教育水平和儿子的教育水平有因果关系，母亲增加教育获得，儿子会获得更高的教育。

奥列奥普洛斯等（Oreopoulos et al.，2006）研究了美国义务教育增加，没有影响父母的天生能力或禀赋，研究结果表明无论是父亲还是母亲教育每增加一年，孩子重读的比例就会减少 5% ~ 7%。如果父母的强制性教育会显著降低辍学的可能性，意味着教育政策可能会减少部分的代际传递不平等，或者说代际不平等可以部分归结于环境因素。

（二）父母的社会经济地位（SES）或家庭的环境束对代际流动性的影响——实质作用

越来越多的学者证实，父母并不是直接通过收入和教育去影响孩子的，而是通过一些中间机制，如父母的投资价值和偏好、认知和非认知能力、信念和信息收集水平去发挥作用的。

1. 非认知能力

父母的认知水平对孩子的人力资本投资有重要的影响，而非认知能力（如偏好和信念）的异质性，在解释教育投资差距时也扮演了重要的角色。库尼亚（Cunha，2014）建立一套问卷，衡量父母的信念，发现黑人父母对于价格的反应更有弹性，倾向于汇报更低的预期参数。黑人父母对于非认知的发展有更低的估计，这会影响他们对于孩子的人力资本投资。同时，数据显示：早期投资的收益高，而晚期投资的收益低。例如，给年轻人奖金去完成高中教育或是改进奖学金的补助去促进大学的进入，对于减少教育获得和劳动力市场上的差距是很有限的。相比之下，增强早期教育，对于改进劣势孩子在劳动力市场上的产出有实质性的作用。早期投资会产生非常基本的技能，以便于以后获取更高的教育收益。

2. 获取信息的能力

信息的获得和干预也有利于人力资本投资。霍克斯拜和特纳（Hoxby & Turner，2015）实证研究了信息的干预对于大学申请的影响。他们对比了学生在申请大学时获得信息和没有获得信息的差别。信息干预确实改变了学生的信息度，低收入、高成就的孩子倾向于不去申请有选择性的大学，除非他们获得信息，会获得丰厚的财政资助。林科夫和科特斯（Lincove & Cortes，2016）也证实了提供给低收入学生更多的关于大学的信息，可以鼓励他们申请难度大的大学。威斯沃尔和扎法尔（Wiswall & Zafar，2016）调查了最近加入大学的学生，发现具备大学专业的选择和完成学位的信念，对学生未来的职业和家庭生活都有积极的影响。

考库特等（Caucutt et al.，2015）的研究比较全面，解释了为什么穷人家的孩子在劳动力市场上表现得不好，并分析这些机制中哪一个更能影响家庭对孩子的投资。主要有四个机制：一是天生禀赋的差异，是在能力上的代际相关性。孩子和父母的能力可能是天然相关的（Becker & Tomes，1979，1986）。二是父母在投资价值上的差异，如果投资会对父母产生一个直接的效应，会使孩子在未来的劳动力市场上收益更高，父母将会选择投资更多。低收入和高收入家庭会对人力资本投资持有不同的本能价值，收入高的父母更享受在孩子身上的人力资本投资。三是信息的摩擦，贫穷的父母对于投资的信息掌握得更少，例如，贫穷的父母可能错误地认为投资在孩子的早期是没有生产力的，或是虽然认识到了投资的重要性，但是不知道哪一种投资是更有生产力的（Cunha et al.，2013；Dizon - Ross，2014）。四是信贷的约束，贫穷的家庭没有足够的财力去最优化子女的教育投资，因为他们的借贷受到限制。其中，第二种和第三种解释，可以认为是父母的非认知能力对孩子的影响，而信贷约束可以认为是家庭之外的社会因素。

3. 社会网络

社会网络在劳动市场上具有重要作用，这是研究代际收入流动性不可回避的命题，在发达国家，15%～30%的就业是通过社会网络得到的，尤其是通过朋友或熟人的人际网络资源（Bradshaw，1973；Ports，1993；Kuhn & Skuterud，2000）。还有美国的华人移民家庭、黑人家庭等，就业也多是通过他们的家人或是亲戚的网络资源得到的（Granovetter，1983）。

当然不同的影响因素代表了不同的政策含义。如果投资和成就的差距是因为天生禀赋的遗传或是教育投资的时间和效率的差异，那么孩子的投资很可能是经济上的效率，政府设计去改进平等将是不效率的。相反，如果是因为信息的差距或是信贷市场的摩擦，会使家庭经济状况劣势的孩子教育投资是低的、不效率的。在这种情况下，很可能要通过政策去改进平等性和效率性。

4. 母亲的角色

近几年，学者特别关注了母亲在代际传递中的作用。范等（Fan et al.，2015）研究了父亲和母亲的时间投入对于孩子的认知和非认知技能发展的影响。研究发现妈妈的时间投入收益比爸爸高出 2/3，并且妈妈对于男孩的时间投入收益比女孩要高。另外，参加工作的妈妈为孩子提供了一个角色的榜样，会影响孩子对于他们自己教育的预期收益，妈妈参加工作对于女儿的教育完成有更显著的作用。莱特等（Leight et al.，2016）运用我国甘肃省的数据，证实了母亲的教育水平越低，越会拉大家庭中孩子之间非认知技能水平的差距；母亲的教育水平越高，越去补偿孩子之间非认知技能的差距。研究没有发现父亲起作用，说明母亲在孩子的发展和代际转换上扮演着更为重要的角色。

由以上文献可以看出，教育水平高的父母往往对教育的投资更为偏好，他们与老师沟通得更多，或是给孩子读书的时间更多，等等；收入高的父母更多的是通过购买好的学区房（或通过支付私立学校的学费），获得更好的学校同辈，去影响孩子的认知和非认知技能的发展。父母更多的是通过整体的家庭环境，如父母的禀赋、收入、教育、偏好、认知水平、信息程度等去影响孩子的。其实，这些研究与家庭的社会经济地位（SES）对孩子教育和劳动力市场的影响是很相似的。并且越来越多的文献表明，儿童时期处于劣势的家庭环境，使男孩或单亲家庭的孩子受到的负面影响更大，男孩生活在贫困的家庭，或是邻居是集中贫困的，在未来有更低的雇佣率，与女孩相比更可能犯罪。男孩出生在劣势家庭的，更可能有纪律问题、考试分数更低、高中的完成率也更低。儿童时期的经济劣势尤其会伤害男孩（Chetty et al.，2016b；Autor et al.，2016）。

（三）大家庭背景

近期，学者们将研究扩展为大的家庭环境，如祖父母或是叔叔等其他家庭成员对代际流动性的影响，以及家庭的种族环境、家庭的开放程度或是父母的类型对代际流动性的影响等。家庭和邻居之间会存在着显著的教育外溢效应（Wantchekon et al.，2015）。贝克尔和托姆斯（1979）研究了封闭社会和开放社会的流动性不同。与开放的社会相比，封闭的社会里，孩子的天赋更多的相似于他们的父母和其他的家庭成员，也就是说天赋的继承性将在封闭的社会里更大。因此，在封闭社会里，天赋更多的是继承性的，家庭成员之间的相互联系更大。并且继承性的程度与对孩子的投资倾向相互作用。在一个封闭的社会比在一个开放的社会里，流动性会更小，因为堂兄、姑姑、侄子、祖父母和祖孙，以及其他家庭成员的相互联系在一个封闭的社会里更大。而在更为开放的家庭环境中，家庭中的更多成员都会对代际流动性产生影响，如果家庭中的其他成员比父母的社会经济地位高，就会对孩子的人力资本投资产生正的外溢效应。旺切克等（Wantchekon et al.，2015）发现侄子和侄女直接从叔叔的教育中获益，教育水平高的叔叔可以将资源转化到扩展的大家庭。并且发现在家庭和邻居之间存在着显著的教育外溢效应。曾和谢（Zeng & Xie，2014）在中国也证实了住在同一个屋檐下，受到很好教育的祖父对于他们孙子的教育扮演着重要的作用。

二、社会影响因素

由于家庭是代际效应的主要影响因素，针对家庭的一些不利因素，社会采取了一些方法改进代际收入的不平等：一是放松借款约束或提供奖学金资助，主要针对贫穷的家庭没有能力去最有效率地投资他们的孩子；二是增加社会的教育支出，改进初等教育的质量，减少教育机会的不平等；三是针对劣势家庭，实施家庭干预计划，提高父母的认知和非认知水平。

（一）放松借款约束或提供奖学金资助

在1980~2000年，上大学与认知能力或是学习成绩有很强的正关系，家庭收入和大学之间的关系是很弱的。而近几年，家庭的收入和上大学的关系更加紧密（Lochner & Monge - Naranjo，2011）。贝莱和洛克纳（Belley & Lochner，2007）发现相比较1980年，家庭收入的作用大致是以前的两倍，说明父母的财力资源对于上大学更起作用。这些结论，又引起了对大学生财政资助角色的探讨和争议。

1. 放松借款约束

不可否认的是家庭资源对于教育决策有着最为重要的作用，经济学家长期认为，借款市场的不完全，对于教育决策扮演了一个重要的角色。但是对于借款约束是否会很大程度上影响人力资本投资，早期的研究是比较有争议的。如洛克纳和蒙格纳兰霍（Lochner & Monge - Naranjo, 2011）没有发现借款约束对于教育投资有很重要的影响，很多研究也没有发现证据，因为多数家庭并不面临着借款约束（Keane & Wolpin, 2001；Carneiro & Heckman, 2002；Cameron & Taber, 2004）。而一些研究表明，借款约束具有很实质的作用，可以提高大学的入学率（Belley & Lochner, 2007；Brown, Scholz & Seshadri, 2012）。

近期这方面的研究颇多，而且研究结论比较一致。放松借款约束，确实可以导致借款的增加。尤其是对孩子的早期人力资本投资起着决定性的作用。但放松借款约束对成年人的教育投资几乎没有什么影响，对年轻人的其他决策有重要的影响，会减少他们在大学时的打工，增加在大学时的消费（Leslie, 1984；Cameron & Heckman, 2001；Caucutt & Lochner, 2012）。考库特和洛克纳（Caucutt & Lochner, 2012）发现大约一半的年轻父母和12%年纪大的父母面临着借款约束，尤其是那些教育水平高的父母，他们承担着贷款去融资他们自己的教育，并且倾向于投资那些能力更高的孩子。放松借款约束对于这些大学年龄的年轻人或是年纪大的父母的人力资本投资几乎没有作用。在短期，放松贷款约束可以增加年轻父母小一点孩子的早期投资和大一点孩子（如高中毕业和大学）的晚期投资。早期的干预倾向于比以后的干预更有利于改进人力资本投资。11 岁之前，家庭接受 10000 美元，可以减少高中辍学 2.5%，增加大学进入 4.6%。同样，在 12~23 岁，增加家庭收入，教育产出的效应就会少很多。因此，早期的补助，与晚期相比，会产生更大的短期和长期的人力资本获得。政府应该在早期干预，减少上大学的精神成本。

教育水平高的父母，希望获得更多的借款投资于他们的孩子。教育水平低的父母，想得到更多的借款用于他们目前的消费。贷款约束的放松是一把"双刃剑"，短期会增加人力资本，长期则会减少家庭财产。布朗和塞萨德里（Brown & Seshadri, 2012）的模型假设父母面对的是完全的借贷市场，他们关心自己的消费以及孩子的福利。孩子不能对于未来的收入借款，并且仅关心他们自己的消费，不关心他们父母的消费。如果父母是很穷的，可能不太关心孩子的效用，因为父母得不到孩子的教育收益，以至于不提供财政的支持给孩子上大学，孩子的教育可能是次优的。如果这时有财政资助，就会增加教育获得。因此，借款约束对父母不愿意或是没有能力投资的具有一定的作用。劳等（Rau et al., 2013）调查了 2006 年在智利（Chile）的州保障贷款项目，发现给学生贷款可以增加大学的入学率、减少辍学率，这个项目对低收入和低技能的个体更有效。但是这些学生的工资比非受益者的工资低，说明只是保证了他们上大学，并不能保证教育质量。

因此，借款约束对于年轻时的教育投资有一定的影响（Carneiro & Heckman，2002）。对中低收入家庭的作用是很大的，对于高收入家庭的作用不明显。孙和亚内里斯（Sun & Yannelis，2016）证明减轻低收入家庭的借款约束，会增加这部分人群的大学入学率。但是，也会带来一些负效应。因为个体必须要承担债务，会阻碍他们消费的顺滑（Cowan，2016）。因此，低收入家庭获得借款的福利效应是模棱两可的：一方面，可能对劣势家庭有明显的作用，会增加大学的进入率；另一方面，由于学费在不断地上涨，贷款成了家庭主要的财务负担，家庭将面临以后还款的压力。这时，时间偏好或时间折现将扮演着很有意义的角色，如果时间折现率很高，那么进入大学的可能性会变小，放松借款约束起到的作用会非常有限。

2. 奖学金、资助或补助

由于不同家庭收入的学生在大学进入率上有很大的差别，因此，政府提供以需要为基础的奖学金或资助，目的是减少大学进入和成功的差距。美国每年提供 30 亿美元的奖学金，像佩尔补助金（Pell Grant）等以需要为基础的奖学金，主要针对中低家庭收入的学生。这方面的研究结论基本一致，确实可以促进大学的进入和完成（Kane，1995；Angrist et al.，2014；Marx & Turner，2015）。克尔特费尔特等（Clotfelter et al.，2016）证明以需要为基础的奖学金资助，对于低收入、高能力的学生是有作用的，数据表明这些学生的大学毕业率增加了 8%。安德鲁斯等（Andrews et al.，2016）的研究也证实了资助可以实质地增加低收入、高能力的学生加入高质量的大学，并改善他们今后在劳动力市场上的产出。此外，现金转移对于贫困家庭孩子的寿命、教育获得、营养状况、成年的收入都有积极的影响（Aizer et al.，2016）。

但是很少有学者研究奖学金对进入大学以后的持续性影响。卡斯尔曼和龙（Castleman & Long，2016）首先证实了奖学金对于大学进入有正的效应，如学生获得 1000 美元的奖学金，入学率增加了 4.1%，这个效应与以前的研究是一致的。此外，他们还详细分析了对大学各个年级以及今后的长期影响，到了大学二年级提供奖学金可以增加学业完成率为 3.2%，但是长期的效应是 0。可以看出：一方面，以需要为基础的奖学金会增加大学的初始进入率；另一方面，这个奖金没有显示出对于最终学位的完成有持续性的效应。

而对学费进行补助或是提供奖学金的资助，与放松借款约束的作用是一样的。在美国通过对学费进行大范围的补助可以促进大学的进入（Kane，1995）。安格里斯特等（Angrist et al.，2014）研究表明，给内布拉斯加州（Nebraska）公立的学院和大学大量的私人资助项目，可以增加大学入学率，使那些处于劣势的孩子状况变好。奖学金资助与减少学费具有同样的作用，只要资助的申请过程相对简单。马克思和特纳（Marx & Turner，2015）研究表明，增加财政资助或是减少学费，会增加大学的进入率。如增加1000美元的财政资助（或是减少学费），预计会增加大学加入的可能性3%～4%。但是，放松借款约束或增加奖学金资助，会减少借款，但对于教育获得几乎没有任何影响。如资助额外增加1美元，会导致1年的学生去减少借款大约0.43，但挤出将近100%的借款者。也就是奖学金资助减少了借款，对教育获得有很少或几乎为0的影响。佩尔（Pell）奖学金可以实际地减少贷款，对教育获得几乎没有任何影响，佩尔奖金每1元挤出1.80的借贷。多数学生并不面临着借款约束，这个结论与借贷约束下的教育投资的传统模型是一致的。

研究发现目前美国的财政资助系统改进了福利，如果去掉的话，长期GDP会减少2个百分点。短期的资助效应是很可观的，长期的效应要小3～4倍。政府的支出，也会挤出家庭的支出，并且政府每增加1美元的资助会挤出20～30美分的父母转换，长期的均衡效应是短期的3～4倍，如果去掉，在长期会减少2%的GDP（Abbottet et al.，2013）。近些年，大学教育成本和收益的剧烈增加使美国学生对借贷的需求增加。20世纪90年代中期，越来越多的学生已经用尽了从政府那里可以得到的贷款，转向私人的额外借款。研究的结论表明：不断增加的教育借款和失败率表明一些学生可能是借款太多了，超出了他们的偿还能力；有的学生则借得太少，所有这些都意味着现在的贷款环境是不效率的（Lochner & Monge - Naranjo，2015）。因此，从宏观角度看，探求最优的借款条件，有效地分配借款资源促进教育获得，具有重要的意义。

（二）学校的支出

很多学者的研究表明，学校支出可以降低低收入或是劣势家庭孩子的辍学率，并对收入产生一定的影响。杰克逊等（Jackson et al.，2014，2015，2016）系统地研究了美国长达12年的教育支出变革对于孩子长期产出的影响。美国的学校财政改革开始于1970年的早期，1980年加速了进程，历时12年，是美国教育支出最为巨大的变革。数据表明每个学生每年的支出增加 10%，导致完成教育年限增加 0.31，工资增加 7%，每年的成人贫穷率减少 3.2%，尤其是对于低收入家庭的孩子效果更为明显。研究没有发现对于非贫困家庭的影响，而对于贫困家庭的孩子效果是很显著的，每名学生的教育支出增加 20%，高中教育完成率增加 22.9%，总体的教育完成率增加 0.928，成年后的收入增加 24.6%，贫困减少 19.7%。奥列奥普洛斯等（Oreopoulos et al.，2014）在加拿大的研究也支持了这一结论。他们对于在多伦多（Toronto）最大的公共住房项目的 9 年级学生给予支持项目，发现对于社会经济背景差的孩子，高中毕业率和大学加入率显著增加了。项目的时间从 2001～2007 年，项目包括：积极地监督每个学生、每天辅导、群组活动、职业商讨和大学转换的帮助。因此，政策建议为：对于社会经济地位处于劣势的孩子，改进学校的资源可以显著地减少贫困的代际转换。

近期，学者们进一步探究了一些因素，如教师的质量、班级的规模、同辈效应等对学校教育质量的影响。多数研究证实了学校的高质量主要源于教师的质量，而不是学校的硬件资源和同辈效应（Araujo et al.，2016）。例如，在塞内加尔每个初等学校都可以通过申请一个项目获得一笔奖励，用来改进学校的学习和教学质量。结果表明：南部的学校趋向于关注人力资源的改革（如教育和管理），效果更大；而北方学校的资金多用于学校物质方面的改善（如购买教科书），没有观察到明显的效果。这说明学校的重要资源是教师，不是设备（Carneiro et al.，2015）。杰克逊（Jackson，2016）也证明了教师对于学生的认知和非认知技能有影响，进而去影响孩子长期的产出，教师的行为可以很显著地解释高中毕业和辍学。切蒂等（Chetty et al.，2014）估计了教师的质量增加 1 个百分点，学生的收入增加 1.3%。

多数的研究表明，每生支出和班级的规模，对于学生的成就扮演着很有限的角色。教师的质量和指导时间起的作用更大一些，教师的指导时间对于孩子的成就有很显著的正效应，尤其是对于劣势背景的孩子（Woessmann，2016）。

对于同辈效应的研究不是很明确。如胡克斯特拉等（Hoekstra et al.，2016）在中国选取了考高中时，仅仅是高于或低于高中门槛分数的学生，比较分析他们考大学时的成绩，结果显示仅仅在一流的高中同辈效应发挥了作用，在一流的高中成绩会有所提高。并且进一步证明，高中成绩的提高主要归结于教师质量，而不是同辈效应或是班级规模。埃里森和斯旺森（Ellison & Swanson，2016）也没有发现同辈效应。但是，卡雷尔等（Carrell et al. ，2016）证实了在学校里劣势的孩子具有很明显的破坏性的同辈效应。

（三） 干预家庭教育

大量的研究表明，对低收入或是劣势家庭的孩子干预有很明显的作用，尤其对孩子的早期投资在成年后会有很大的收益，是促进平等的有效政策。

领先计划（Head start）是美国最大并且最古老的公共儿童教育计划，针对家庭收入低于贫困线的 3～4 岁的孩子，给予以中心为基础的项目，促进认知和非认知的发展。此外，还有像佩里幼儿园（Perry Preschool）项目，环球幼儿园（Universal Pre - Kindergarten）和其他的项目，也证实了高质量的早期儿童教育计划，针对劣势孩子有长期的效果，尤其是对于男孩以及居住在经济劣势地区的孩子，对于最终的教育获得和劳动力市场的产出有重要的影响和作用（Kearney & Levine，2016；Elango et al. ，2015）。

邓肯和索杰纳（Duncan & Sojourner，2013）估计了两年为基础的激励干预，如果从 1 岁开始干预，3 岁时项目结束，对于低收入的孩子，可以在本质上消除以收入为基础的差距；如果在 5～8 岁时进行干预，减少差距是 1/3～3/4。这种早期的干预，IQ 低的孩子比 IQ 高的孩子收益更大。格特勒等（Gertler et al. ，2013）发现在牙买加（Jamaica）对儿童早期的简单心理干预（如教给父母技能，鼓励父母去接触孩子，和孩子玩耍，发展他们孩子的认知和个体的技能），对于社会经济地位差的孩子有实质性的效果，可以改善他们在劳动力市场上的收入，减少今后生活的不平等。研究跟踪参与者 20 年，发现干预组的平均收入比不干预组的平均收入高出 42%。说明在发展中国家，对社会经济地位低的儿童进行早期的干预，对今后劳动力市场的长期产出非常有效。

近几年，学者深入分析了干预对于认知能力和非认知能力的影响。赫克曼和劳特（Heckman & Raut，2013）证明了学前投资显著地增强了认知和非认知的技能，这些提高了收入和学校的产出，尤其对于社会经济地位低的孩子会产生正的社会净收益以及更大的代际收入和学校流动性。认知技能用 IQ 和教育年限来衡量；非认知技能用社会化的技能、动机技能、自信技能、自我概念技能来衡量。研究结论表明：学前投资可以改进代际收入流动，从 0.5945 到 0.6468（衡量标准是 0～1）；改进学校的流动率，从 0.6609 到 0.6863（衡量标准是 0～1）；增加父母是非大学教育的孩子的学校完成率，从 10.16% 到 13.76%；减少了代际收入的不平等，用基尼系数衡量的，从 0.2363 到 0.2335（标准是 0～1）。学前投资可以改进代际收入流动，改进学校的流动率，增加没有接受过大学教育父母的孩子的学校完成率，减少代际收入的不平等。提姆等（Tim et al.，2014）发现在早些年认知和非认知技能都是高度可锻造的。在成年里，非认知技能比认知技能更可以锻造。在任何年龄段里，非认知技能在不同任务上都是稳定的。非认知技能受家庭、学校和社会环境的影响。实证表明，早期的儿童计划倾向于比成年的项目有更高的收益，多数成年的干预计划不像儿童早期和初等教育的项目那么成功，高质量的早期项目对于非认知技能有持久和有益的影响，早期的儿童项目应定位于弱势的孩子。早期阶段打下的基础，能够促进以后生活的学习和投入到学校以及社会。早期的儿童计划倾向于比成年的项目有更高的收益。沃尔特斯（Walters，2014）运用领先计划项目，也得到了相似的结论。早期的儿童项目显示：高质量的学前教育有对人力资源和经济产出的转换效应。与其他的中心相比，这个中心提供了很频繁的家访，增强了认知的技能，对于提高非认知技能尤其有效，并且对于受教育很少的母亲是更有效果的。

弗赖尔等（Fryer et al.，2015）研究了给予父母奖励或激励，对于孩子进入大学的影响。父母只要参加了课程，与孩子一起完成课后作业，就会获得奖励。这样可以对比两组家庭：获得奖励组和控制组。父母获得的奖励又分为：现金和加入大学的激励条件。结果发现，这些干预对于菲律宾人和白人的孩子有很显著的正效应，但是对于黑人的孩子没有。说明父母的投资对于非认知能力的发展是很重要的，另外，现金奖励和大学激励项目会产生同样的结果。

这方面的研究结论比较一致，早期的儿童计划倾向于比成年的项目有更高的收益，多数成年的干预计划不像儿童早期和初等教育的项目那么成功，高质量的早期项目对于非认知技能有持久而有益的影响，如戈斯蒂内利和威斯沃尔（Agostinelli & Wiswall，2016）发现早期投资（对于低技能）的收益更高。即使是对于中等家庭收入，孩子在 5～6 岁，可以实质地增加孩子的技能、教育的完成、成年的收入，对于低收入家庭的收益更大。因此，早期的儿童项目应定位于弱势的孩子（Walters，2014；Heckman & Raut，2013），是促进平等的有效政策（Duncan & Sojourner，2013）。研究证明在发展中国家非常有效，如在牙买加（Gertler et al.，2013）。

当然，也有一些研究不支持这一结论。多伊尔等（Doyle et al.，2013）对爱尔兰的弱势家庭进行了 5 年的家访项目，关注于父母的行为和家庭环境，结果表明几乎不起作用。实际上，欧洲的一些国家，几乎不关注儿童的早期干预，多数研究表明在达到十几岁或是成年时会有高收益。这是由于社会、经济和文化的差异，尤其是社会福利系统的差异造成的。

总之，多数的研究表明，外部因素，如借贷约束、教育支出、奖学金等对劣势家庭有显著性的影响，因此，减少代际效应的不平等，可以考虑如何从各个方面对劣势家庭进行干预。但西方研究也表明，这种社会支出会抵消父母的教育支出，对 GDP 造成挤出效应（Mbiti，2016）。

三、人口流动对代际流动性影响

人口流动是提高人力资本的方法之一，人口流动（如人口的迁移、移民等）可以带来一个很不同的视角分析代际流动性。移民或迁移之后，个体除了受到家庭环境的影响，还要受到迁移或移民地区经济和文化的影响。

（一）移民对代际流动的影响

博尔哈斯（Borjas，1993）用 1940～1970 年的数据，分析了移民的代际流动性。研究表明移民第二代的收入与他们父母收入之间存在着重要的关联性，但是第二代的收入并没有强烈地受到父母移民前国家经济条件的影响，很大程度上取决于移民后所在劳动力市场上的经验。

1. 移民工资

多数移民的目的是为了获得更好的教育机会和收入。因此，学者们也进一步分析了移民对工资和就业的影响。卡德等（Card et al.，2000）用 1940 年和 1970 年的数据，通过 1994～1996 年的调查，发现在过去 50 年，代际同化在教育获得上一直很稳定，代际同化在收入上也保持得很稳定，收入不平等的总体效应加大。控制了父母的背景，发现移民的孩子比本土的孩子，倾向于获得更高的教育和更多的工资。这种差距代表了移民的第二代有更高的劳动力市场地位，即使从低收入的移民群体移民来的孩子。在美国，移民的孩子取得了更高的社会经济成功。

拉加科斯等（Lagakos et al.，2016）发现具有美国教育的移民，比具有美国经验的移民有更高的收益。另外，从富裕国家移民来的比从贫困国家移民来的人力资本积累得更多，因此，获得的潜在经验收益更高。从贫穷国家来的离开母国后损失的技能更多，而从富裕国家移民来的损失得更少。

2. 移民就业

邦德等（Bound et al.，2014）发现在美国信息技术（IT）职业的重要性不断增加，这些职业已经被高技能的外国出生的工人占领了。信息技术职业外国出生的比例从 1993 年的 15.5% 到 2010 年的 31.5%，增加的都是年龄不到 45 岁的年轻人。这些分析有利于理解在美国获得高等教育和移民政策扮演的角色。外国出生、但在美国获得学历很可能会留在美国。如果在美国雇用会有实质的收益，可能会吸引在美国获得大学学历的人，这是一个在美国信息技术找到工作机会的路径，即使是用临时签证。

3. 种族资本

博尔哈斯（Borjas，1992）通过一般社会调查和国家年轻人的调查数据，分析了种族和代际流动的关系。分析了在什么程度上，种族的技能差异是在代际之间转化的。实证表明两个结果：一是种族资本在代际流动上扮演着重要的角色。下一代的技能取决于父母的投入，以及种族环境的质量。今天一代的技能和劳动力市场的产出，不仅仅依赖于他们父母的技能和劳动力市场的经验，同样依赖于他们父母种族的平均技能和劳动力市场上的经验。二是与以往的文献相比，种族资本的引入带来了一个很不同的视角分析代际流动。种族行为是人力资本函数的外部因素。种族的环境质量，可称为是种族资本，影响了孩子的技能和劳动力市场的产出。种族群体在不同代之间存在技能和劳动力市场的差异，不会去收敛。证据表明父母一代的种族技能的差距没有在下一代消失，差距可能会坚持很多代的。种族群体的移民决策时，父母选择某个水平的种族资本，通过移民到某个地区，他们希望他们的孩子有这样的社会特性。

而厄泽克和菲格里奥（Özek & Figlio，2016）研究在弗罗里达成功移民的学生的差距。调查亚洲菲律宾的第一代、第二代、第三代在阅读和数学上的表现差距，以及他们是否在学校更可能陷入困境。研究发现：第一代移民表现得比第二代好；第二代移民表现得比第三代好。在第一代移民中，越早移民的学生表现得越好。

（二）不同国家父母的类型对代际流动性的影响

不同国家代际收入弹性存在着差别。传统的发达国家（如美国和英国等）的代际收入弹性普遍较高，为 0.4~0.5；而一些北欧国家（如芬兰、丹麦和挪威等）的代际收入弹性较低，不到 0.2（Solon，2015）。这是与不同国家的文化背景和传统相关的，而父母的价值观或偏好也会受到一定程度的影响。研究表明父母的偏好或是管理孩子的方式，对于代际转换有重要的影响。如德普克和齐利波蒂（Doepke & Zilibotti，2014）认为父母影响孩子的两个方式：塑造孩子的偏好，或是直接约束他们的选择。他们将父母的类型分为：权威型的（Authoritative）、权力型的（Authoritarian）、宽容型的（Permissive）。在不同国家父母方式的变化，家长的方式和经济环境、政策会相互作用和影响。美国和印度主导利他主义，意味着财富的不平等，可能通过一代传给下一代。在日本得到的遗产和一生的财富的关系是负的，意味着获得更少的遗产会积累一生更多的财富。这样会减少财富不平等的代际转移。因此，在美国和印度更需要财产税和其他政策去减轻财富（Horioka，2014）。

除了移民以外，迁移对人力资本也有重要的影响。切蒂等（Chetty et al.，2016a）研究了居住环境的重要作用。从高贫困地区移动到低贫困地区，如果迁移时是在年轻时（13 岁以下）会增加大学的入学和收入，如果迁移时是成年人，效果会减少。说明生活环境是孩子长期产出的重要决定因素。移民或迁徙会通过社会、文化和经济体制带来"邻居"效应，可以作为改进代际流动性的方法。这些可能是未来有前景的研究领域。

第三节　政策建议和启示

从研究文献可以看出，代际效应的影响因素，已经从家庭扩展为社会的影响因素，家庭中父母主要是通过天生禀赋遗传和人力资本投资来影响孩子，此外，父母的认知能力、信息获得水平对孩子的投资也起到非常重要的作用。家庭的环境也可以扩展到父母之外的其他成员，例如祖父母和叔叔等其他亲属，相当于是一种邻居效应或是同辈效应。家庭之外的学校投资、对劣势孩子的资助和早期的干预项目，都可以更好地促进孩子认知能力和非认知能力的提高。

社会经济地位越高的父母一般对子女的人力资本投资越多，父母的时间投资效率更高，或是利用社会网络为子女选择更好的工作。这些孩子往往在劳动力市场上就业更好，收入更高。具有经济优势的父母会尽力将他们的优势传递给下一代，而贫困家庭的孩子往往只能延续他们的家庭劣势。如果不加干预，这种分层现象会越来越严重，会造成收入分配差距的进一步加大，不利于社会和谐与经济的长期增长。

需要我们深入思考的是，穷人的孩子是否很难通过教育来改变命运，社会公共政策在多大程度上能够消除父母和孩子之间传递的收入优势，达到社会公平。一些代际传递因素，是我们很难改变和控制的，比如父母的天生禀赋遗传和父母对子女教育时间的投入，这些不需要去进行干预，是经济上的效率。但如果是由于信息的缺乏或是信贷市场的不完善，要通过政策去改进平等性和效率性。大量的研究表明，孩子在人生最初几年的投资不平等会导致孩子成就的差距，并对人生机会有长期的影响。

因此，提出的政策建议为：提高父母的认知能力，实施家庭早期的干预项目；加强学校的支出、建设更好的初级学校；合理分配学区房的资源、形成更低的居住分割性；尤其是对于劣势孩子的关注和资助，促进更大的家庭稳定性。此外，还需要考虑的是如何平衡这些机制的影响，公共投资可能对私人投资产生挤出效应。政府应该促进教育的机会公平和社会公平政策，对于提高代际的平等有很重要和深远的作用。

未来的研究趋势可能是将代际流动性放到更宽的视角中去研究。如在家庭因素上，将传统的父母影响因素扩展到更多的家庭成员，并且从父母追溯到三代或是四代，形成了一个家庭的环境集合。另外，加入了流动这一因素，研究地区性迁移、移民对代际流动性的影响，在国际化的视野下去研究，形成了开放式的研究框架。这些研究将更有利于理解社会不平等的深层次原因，对于防止阶层固化、解决收入分配不均等和收入的可持续增长问题，提出有意义的政策建议。

第三章 中国代际流动性
理论的研究述评

代际流动性问题是我国目前社会争论的热点问题之一。代际收入流动性研究的是子代收入与父代收入的相关程度。代际收入流动性越高，意味着子代的收入更多地取决于自身的努力而不是家庭背景，这对于社会公平和经济效率非常重要。

从历史的发展历程看，经济快速发展阶段，代际流动性较大，达到中等收入水平以后，开始出现阶层固化，社会流动性降低，容易陷入"中等收入陷阱"。我国也开始出现收入差距扩大、教育机会不平等这些问题。如果子代的收入、社会经济地位存在着明显的代际烙印，会影响经济的长期增长和可持续发展。代际流动性越差，底层人群向上流动的可能性就越小，经济会陷入"中等收入陷阱"，会影响长期的经济增长。因此，在这一时期研究我国的代际流动性问题具有重要的理论价值和现实意义。

我国代际收入流动的研究主要集中于：代际收入弹性的估计、代际收入流动趋势及国际比较等实证研究；以及各代际收入传递机制研究和政策含义分析等（胡永远，2011）。因此，我们将分为两大部分介绍我国的研究成果。

第一节 中国代际收入弹性和代际流动趋势估计

早期的研究主要是运用贝克尔（Becker）提出的方法测算代际收入弹性，并分析主要的影响因素。比较有代表性的研究有：王海港（2005）、尹恒等（2006）、郭丛斌和闵维方（2007）等。王海港（2005）用中国社会科学院"城乡居民收入分配课题组"的数据，估计1988年和1995年的代际收入弹性分别为0.384和0.424。尹恒等（2006）也用这一数据库1995年和2002年的数据，发现1998~2002年的收入流动性比1991~1995

年显著下降了。而郭丛斌和闵维方（2007）运用北京大学教育经济研究所《中国城镇居民教育与就业情况调查（2004）》的数据，得出代际收入弹性是0.32，认为教育是重要的影响机制。并按照收入分为四组：其中，最低收入组的弹性最高（为0.37），最高收入组的弹性次之（为0.23），中等偏上和中等偏下收入组较小（分别为0.02和0.024）。韩军辉（2009）和魏颖（2009）采用的是中国营养与健康调查数据（CHNS）进行估算。早期由于学者们采用的数据来源不同，不同研究的收入口径很不一致，一些研究对样本的筛选不够细致，也使得研究结果存在很大的偏差。比如，王海港（2005）的研究选取的样本中包括了非劳动年龄的人口；魏颖（2009）将人均家庭的农业收入纳入农村的个人收入中。这些处理方式使代际收入弹性结果的直接比较不是很容易。

我国学者采用的数据多来源于CHNS，CHNS为中国健康和营养调查数据，由北卡罗来纳大学的卡罗来纳人口中心、营养和食品安全国家研究所和中国疾控中心三方一起实施的，调查时间间隔2~4年不等，涵盖了我国不同地理位置、不同经济发展水平的地区。数据中包括了家庭成员个体特征（如年龄、教育水平等）、个人主要职业、工作单位类型、工资水平、健康状况以及家庭收入等丰富的家庭和个人信息。

后来，逐步出现了很多开放的数据，如CFPS（中国健康和营养调查数据）、CHARLS（中国健康与养老追踪调查）、CGSS（中国综合社会调查）等，这些数据库包括的数据内容丰富，随着研究数据时间跨度的增加，学者们可以很自然地得出代际收入弹性的时间变化趋势。并且根据我国的特点，分城乡和不同地区测算代际收入弹性，并进行比较。在验证方法上一些学者开始采用矩阵转换法比较不同收入阶层的流动性，同时也特别注重代际传递机制的研究。虽然不同的研究方法得出的结论不太相同，其实研究结论并不矛盾。首先随着时间和收入不平等程度的变化，代际流动性也是不断变化的。其次，不同收入群体的代际流动性呈现出不同特点，主要是源于代际流动机制在不同收入群体中发挥的作用不同。因此，非常有必要观察代际流动性随着时间变化的趋势，并根据不同收入群体进行分类研究。

一、中国代际收入弹性的时间变化趋势

多数学者采用的是中国健康和营养调查（CHNS）数据，这样有利于比较结果。何石军和黄桂田（2013）估计的代际收入弹性分别为0.66（2000年）、0.49（2004年）、0.35（2006年）、0.46（2009年），代际收

入弹性大体上是呈下降趋势的。龙翠红和王潇（2014）估算2009年代际收入弹性约为0.6，城市和农村分别为0.8和0.5。周兴和张鹏（2013）基于1991～2011年的数据，得出我国代际收入流动性逐渐减弱。从2014年开始，研究数量锐增，研究结论与前面基本一致。如陈杰和苏群（2015）估算代际收入弹性在1991～2011年平均为0.57，说明代际收入流动性整体较低。其中，1991～2004年呈现出一种向上的趋势，在2004年达到峰值0.7，2004～2009年经历了一个迅速下降的过程，而在2009～2011年代际收入弹性有所反弹。陈杰等（2016）采用1989～2011年的数据，对农村居民的代际收入流动性趋势进行分析，1989～2011年农村的代际收入弹性总体较高；从20多年的变化趋势看，1997年达到峰值后，代际收入弹性下降，然而在2011年时，代际收入弹性有所反弹。江求川（2017）同样使用1989～2011年的CHNS数据进行估计，得到总体的代际收入弹性为0.6左右，农村内部为0.7左右，城市内部为0.5左右。

近期，采用其他数据库的研究越来越多：刘奕君（2014）测算我国在1988年、1995年和2002年的代际收入弹性分别为0.296、0.435和0.596，代际收入流动性逐渐降低。陈琳（2011）估计了1988年到2005年的代际收入流动性，总体的趋势为先上升后下降。丁亭亭等（2016）运用中国家庭收入项目调查（CHIP）发现：我国城镇代际收入流动水平趋于下降，代际收入弹性为：大于0.262（1988年）、大于0.483（1995年）、0.466～0.544（2002年）以及0.483～0.554（2007年）。高艳云和王曦璟（2017）选取了OHRS数据库中的4个年份，发现20年来我国代际收入流动性并没有得到改善，在解释子代收入差距中，父代扮演着越来越重要的角色，子代自身的作用正在减弱。

总体来看，学者们多数得出的代际收入弹性的数值在0.4～0.6上下浮动，选取不同的数据库没有一个非常统一的数值，但得出的结论基本一致：中国代际收入弹性居中，父代收入对子代收入存在着显著的影响（方鸣和应瑞瑶，2010）。我国代际收入弹性的时间变化趋势表现为：1988年到2012年，我国代际收入弹性总体上呈现出上升的趋势，阶层固化日渐明显。近期的研究一般很少单纯关注代际收入弹性的大小了，而是更多地探究代际流动机制。

二、分类地测算代际收入弹性

随着研究的逐步深入，学者们不仅限于从总体上估算代际收入弹性，很多学者利用已有数据按照不同收入分层、年龄和性别去估计代际收入弹性。另外，由于我国特殊的城乡二元经济结构以及东西中部经济差异，学者们也根据这一特点，分类地测算代际收入弹性，并进行了比较。对于代际收入弹性的估计，学者们多采用收入对数相关性方法和矩阵转换法比较不同收入阶层的流动性。

（一）从不同收入群体来看

早期的研究将收入分为高中低三个群体，比较不同收入阶层的代际收入弹性。发现收入分配两端组群的代际流动都较为封闭，中间收入阶层代际流动较为活跃。

邹薇和郑浩（2014）运用教育投资的风险理论去解释低收入家庭不愿意进行人力资本投资的原因。低收入家庭会更加看重教育的风险，会削弱教育投资的收益，因此，低收入家庭的人力资本投资意愿更低。并且通过分位数回归可以发现，人力资本投资意愿很低或很高的个体，收入的变动对他们投资意愿的改变影响很大。

用转换矩阵的方法和用对数回归得出结论是一致的。张立冬和周春芳（2015）发现1997~2004年中国居民收入的代际流动性较1989~1993年明显降低，两端封闭性、分割性特征也更为突出。中国目前很明显的特征为：贫困陷阱与富裕壁垒日益显著。不同收入群体的代际流动性不同，因此，中产阶级格外焦虑，担心自己的子女不能保持家庭现有的经济优势地位。

（二）从城乡的比较来看

我国学者在这方面的研究结论很不一致。如龙翠红和王潇（2014）估算2009年城市的代际收入弹性大于农村。徐晓红（2015）也验证了城镇的代际传递程度高于农村。运用双样本工具变量法，有效整合CHIP数据和CFPS数据，估计了2002~2012年城镇和农村的代际收入弹性的变动趋势。城镇居民代际收入弹性分别为0.4720（2002年）、0.3708（2007年）和0.3272（2012年），农村居民代际收入弹性为0.4348（2010年）和0.2872（2012年）。江求川（2017）使用1989~2011年的CHNS数据也得出城市的代际收入弹性大于农村。

而李小胜（2011）验证了2005年我国城市的代际收入弹性小于农村。并且农村低收入家庭群体具有明显的贫困持续性现象（胡洪曙和亓寿伟，2014）。因此，对于不同收入阶层，尤其是农村低收入阶层的代际流动性问题格外引起关注。

杨俊和黄潇（2010）利用中国营养健康调查数据，从不同角度测度了中国收入流动性，分析了其对社会福利的影响，并比较了不同收入阶层的收入流动性，分析了不同教育水平对收入流动性的影响。研究发现，城市和农村的代际收入弹性趋势是先下降后上升，说明有代际流动性变差的趋势；尤其是低收入阶层流动性很差；同时，受教育程度较高的个体收入不易向下流动，城市个体尤为显著。因此，在制定收入分配、教育政策时对低收入群体进行扶持，将有利于促进合理的收入流动，进而缩小收入分配差距。

严斌剑等（2014）基于农业部农村固定观察点 1986～2010 所有省份的农村家庭调查数据，得出农村最低收入群体呈现收入固化态势，而中等收入群体向下流动到低收入的概率大于向上流动到高收入的概率。最低收入群体留在已有收入位置的概率随着时间推移在增大，意味着这些家庭走出这一收入水平的难度在提高。虽然中等收入群体留在已有收入位置的概率在提高，但是其进入低收入群体的概率大于进入高收入群体的概率，这加剧了中等收入群体的收入风险。

（三）从东、中、西部的比较来看

东、中、西部代际流动性的差距可能主要源于经济发展的差异。学者们在这方面的研究结论不太一致。李小胜（2011）得出的结论是东、中、西部的流动弹性呈现逐渐递减趋势。而陈琳（2011）却得出中、东部的代际收入弹性差异不大，西部地区的代际收入弹性明显偏高。

（四）不同性别和年龄段来看

从不同年龄段的群体来看，1981～1987 年出生群体的代际流动性明显高于 1974～1980 年和 1967～1973 年出生组。而对女儿和儿子的影响哪一个更大，没有得到一致的结论。胡洪曙和亓寿伟（2014）研究结果显示：父亲对女儿收入水平的影响高于儿子，母亲的收入水平对儿子和女儿并没有明显影响差异；杨娟和张绘（2015）通过中国城镇住户调查数据库 1995 年、2002 年和 2007 年的数据，父辈对男孩的影响大于女孩。王学龙和袁易明（2015）（CHNS 数据）从年龄群组的视角考察，结果表明：60 年代出生的代际流动性最高，80 年代出生的代际流动性居中，70 年代出生的代际流动性最低。

邸玉娜（2014）也验证了出生在不同年代的收入弹性的大小，结论与前面的一致。60 年代出生的（年龄为 42～51 岁），收入受父代的影响最大，代际收入弹性为 0.2211。70 年代出生的，受父代的影响不显著。80 年代出生的，受父代收入的影响显著，代际收入弹性为 0.1595。而 90 年代出生的，代际收入弹性比 80 年代的高出 29%。

三、与国外研究的比较

美国和英国等传统发达国家代际收入弹性普遍较高，2005年左右就已经达到了0.4～0.5，近期学者们估算可能达到了0.7～0.8。而北欧国家如芬兰、丹麦和挪威等，普遍较低，不到0.2（Solon，2015）。这与不同国家的文化背景和传统相关，父母的价值观或偏好也会产生一定程度的影响。父母管理孩子的方式很大程度上受经济条件的影响。例如，在一些低不平等的国家，如德国、荷兰、北欧的国家，父母的价值观认为"独立"和"相像"超过了"努力工作的重要性"。在美国和中国则相反。这一理论可以用来解释，随着时间的变化，经济环境和政策的改变，会影响家长教育孩子的方式（Horioka，2014）。

总体来看，中国目前的代际收入弹性低于美国、巴西、日本等国，高于瑞典，在国际上处于中间水平。随着我国经济的快速发展和收入不平等的增加，代际收入弹性增加、代际收入流动性下降，中国确实出现了阶层固化的趋势。如果可以获得多代的连续数据，可以看出三代或多代的代际流动性的变化。

第二节　中国代际流动机制的理论分析和验证

在估算代际收入弹性的同时，学者们也开始探究代际流动机制，以便于为解决代际流动不平等问题，提出更有针对性的政策建议。西方研究将代际流动机制主要归因为：家庭因素、社会因素和人口流动因素。我国在这方面的研究起步较晚，也不是很系统。我国学者研究比较多的是：人力资本（教育、健康）、社会资本、财富资本在代际流动中所起的作用。虽然没有明确归类是家庭因素，但是可以看出属于家庭的范畴。此外，学者们提出的政策建议多是从社会因素角度提出的。因此，本书也从家庭因素和社会因素这两个方面进行分析。近几年，我国学者的研究视角逐渐丰富，研究数量也迅速增加，从多角度探究了代际流动机制。

一、家庭因素

西方学者认为家庭是代际流动的主要影响因素。传统的解释是：特质的遗传和投资偏好。从表面上看，教育和收入高的父母，他们的孩子教育和收入也高。但是，在验证收入和教育是否存在着因果关系时，实证研究没有达成一致的结论。后来学者证明了教育和收入并不是直接产生作用，更多的是通过父母的天生禀赋、投资偏好、父母认知水平、社会网络关系等因素发挥作用的。父母的认知能力和信息决策能力起了很大的作用（Hoxby & Turner，2015）。贫穷的父母可能错误地认为投资在孩子的早期是没有生产力的，或者是贫穷的父母可能认识到了投资孩子的重要性，但是不知道哪一种投资活动是更有生产力的（Cunha et al.，2013；Dizon-Ross，2014）。

总体上看，我国学者多数是验证人力资本、社会资本、财富资本、健康资本等对于代际流动所起的作用。

（一）人力资本投资（如教育）

教育在影响我国代际收入流动性过程中内涵很丰富，不仅影响人力资本的获得，还通过户口、社会资本、职业地位和婚配等来影响我国代际收入的流动。杨新铭和邓曲恒（2017）利用2008年天津市城镇住户调查数据证实：教育是父代收入和子代收入相关性的主要影响机制，此外，父代的工作行业、职业、所有制这些因素也起到一定的作用，但这些机制的作用要远远小于教育的作用。还有很大一部分是无法解释的，可以认为是天生禀赋的遗传等不可观测的因素。

对于教育、健康等人力资本和社会资本究竟哪一个起的作用更大，还没有一个非常一致的结论。龙翠红和王潇（2014）认为人力资本对中国的代际收入传递起到了重要作用，社会资本的影响也很显著。阳义南和连玉君（2015）用CGSS与CLDS（中国劳动力动态调查，China Laborforce Dynamics Survey）混合横截面数据，采用结构方程的方法，探究父代影响子代的主要路径，按重要性依次为教育、入党、进入体制内单位就业和创业。

（二）社会资本（如社会网络）

近些年，许多学者特别关注到社会网络或是大家庭对代际流动的影响。社会网络在劳动市场上具有重要作用，这是研究代际收入流动性不可回避的命题。在发达国家，15%～30%的就业是通过社会网络得到的，尤其是通过朋友或熟人的人际网络资源（Bradshaw，1973；Ports，1993；Kuhn & Skuterud，2000）。还有美国的华人移民家庭、黑人家庭等，就业也多是通过他们的家人或是亲戚的网络资源得到的（Granovetter，1983）。陈钊等（2009）的研究表明，父母的社会关系和户籍等对子代进入高收入行业有重要的作用。杨瑞龙等（2010）也证实父母的政治资本会极大地影响着子女的收入。陈琳和袁志刚（2012）认为社会资本的解释力和回报率呈现出不容忽视的上升趋势。

在何石军和黄桂田（2013）采用最新的调研数据中，尝试分离并估算父母的社会网络效应等。其数据结果表明：父亲的社会网络资源对儿子的影响很大；母亲的社会网络资源对女儿的影响很大；父亲的社会网络资源对女儿的影响不大，母亲的社会网络资源对儿子的影响不大。父亲和母亲在世也有显著影响，父亲在世对儿子有显著影响，母亲在世对女儿有显著影响。高收入的父母具有更大的社会网络，这种因素是父母长期积累而来的，是一种合理的效率机制。

邸玉娜（2014）测算不同出生时间的代际收入弹性及变化趋势，并运用两层的阶层线性模型探究了代际流动机制，发现 90 后的代际收入弹性最高。谭远发（2015）证实父母资本促进了子女人力资本积累，不是直接作用于子女进入高收入行业，而是通过提高子女人力资本这种中介作用，而最终带来工资溢价。

（三）财富资本

不可否认的是，家庭财产的转移是一个重要的影响机制。陈东和黄旭锋（2015）采用1989 ~ 2009 年中国健康与营养调查（CHNS）数据，发现家庭可支配收入的代际转移是影响代际收入弹性的最关键因素；并且父亲的职业类型对子女收入的作用突出；相比之下，父亲的受教育程度、母亲受教育程度和母亲的职业类型对子女的收入不平等程度贡献不大，但是进入 21 世纪后，母亲职业类型在塑造子女收入方面的作用日益彰显。陈琳（2012）选取了财富资本、人力资本和社会资本来解释我国代际流动性的内在机制，由于无法取得父代和子代一生的收入，所以采用的是单年的数据，这样研究结果会偏低，可以通过将年龄的二次函数加入到回归方程中，可以降低实际收入与永久收入的偏差。

如陈琳和袁志刚（2012）证实人力资本、社会资本和财富资本对我国代际收入传递的解释力在近年来达到了 60% 以上，其中尤以房产财富和金融资本为重，社会资本的解释力和回报率呈现出不容忽视的上升趋势。并且通过兄妹效应以及养父子和生父子的对比，表明了成长环境和基因遗传在我国代际收入传递中可能都起到重要作用。

近些年来学者们采用的数据越来越广泛，研究结论与西方的结论越来越相近。父代对子代收入的影响并非主要通过转移或赠予等直接产生，而是父代的收入、职业、学历等通过为孩子提供成长环境、教育环境和建立人脉关系等方式对孩子的收入间接产生影响的（邸玉娜，2014）。但是相比较于西方，我国的研究还不够细致，缺乏对于父母的认知能力、信息收集能力等这些重要因素的研究，并且研究中多半是用父母的职位等一些比较粗糙的信息对父母的情况进行评价的。

二、社会因素

西方学者研究的社会影响因素主要包括教育支出、奖学金和干预家庭教育等。提供奖学金资助或放松借款约束可以导致净的借款增加，但放松借款约束几乎对成年人的教育获得没有什么影响，对年轻人的其他决策有重要的影响，会减少他们在大学时的打工，增加在大学时的消费。因此，早期的补助，与晚期相比，会产生更大的短期和长期的人力资本获得。政府应该在早期干预，减少上大学的精神成本（Cameron & Taber，2004；Angrist，2014；Marx & Turner，2015）。而增加教育支出没有发现对于非贫困家庭的影响，而对于贫困家庭的孩子效果是很显著的（Jackson et al.，2014，2015；Oreopoulos et al.，2014）。此外，西方实行比较有效的是干预家庭教育。大量的研究表明，对低收入或是劣势家庭的孩子干预有很明显的作用，尤其对孩子的早期投资在成年后会有很大的收益，是促进平等的有效政策（Duncan & Sojourner，2013；Gertler et al.，2013；Doyle et al.，2013）。总之，西方多数研究表明，外部因素（如借贷约束、教育支出、奖学金等）都对劣势家庭有显著性的影响，因此，减少代际效应的不平等，可以考虑如何从各个方面对劣势家庭进行干预。

我国在上述几个方面的研究不多，主要是社会因素在我国发挥的作用不是很明显，很多研究是从政策建议的视角展开的。一些学者发现，不同地区的代际流动性存在着差异，因此分析了经济发展水平等因素对代际流动性的影响。而我国学者研究较多的是公共教育经费支出对代际流动性的影响。

（一）经济发展水平等指标对代际流动性的影响

人均 GDP 的提升会减少代际收入弹性，使父辈和子辈收入之间的依赖程度降低，提高代际的流动性。同时，经济结构的优化对代际流动也有显著的促进作用。经济总量的增长与经济结构的优化所产生的作用主要体现在中等收入的群体，对低收入群体和高收入群体的作用不显著。也就是说中间收入阶层的代际流动性增加得多，而收入处于两端的流动性没有同样的增加。因此随着我国收入差距的扩大，社会阶层固化的现象明显。经济结构的优化对不同收入群体的作用效果存在差异。对于低收入群体，人口的优化作用大于经济总量增长与产业结构升级，因此，对于低收入群体，人口结构的优化对于改善代际流动性的作用更大（李任玉等，2018）。

（二）公共教育经费支出对代际流动性的影响

郭庆旺和贾俊雪（2009）发现基础教育支出比重的增加有助于增加非熟练劳动力家庭子女获得高等教育的机会，并在一定程度上减少熟练劳动力家庭子女获取高等教育的机会，从而有利于减少高等教育获得机会的差异，但这种影响很小，只有高等教育的招生规模达到一定程度才有明显的效果。汪崇金和许建标（2012）证实我国公共教育支出对于不同收入群体受益是有差异的：小学公共教育支出，更有利于低收入家庭；普通初中阶段的公共教育支出更有利于收入中等偏下的家庭；普通高中阶段的公共教育支出更有利于低收入家庭。三个教育阶段的公共教育支出均具有累进性，提出在今后一段时期内，我国应谨慎对待高校扩招政策：应该将有限的教育资源更多地向基础教育倾斜。

杨娟和周青（2013）分析了1988～2007年，当公共教育经费增加时，父母收入对孩子受教育程度的影响会减弱，而父母的教育水平的影响与公共教育经费无关。公共教育经费支出的增加，可以减少家庭背景的影响；如果公共教育支出增加到较高水平时，家庭背景的影响会减少到非常微弱。我国在义务教育阶段投入了大量的公共教育经费，使2007年左右进入高中教育的个体，受到家庭的影响已经不显著了。为了更好地促进教育的公平性，公共教育支出应该更多地向贫困地区、中西部落后地区偏重。因为对于经济发达的地区，增加公共教育支出的效果不十分明显。

段义德通过2013年中国家庭收入调查数据和相关财政支出数据进行实证检验，结果表明：使用父亲收入或是家庭收入，基础教育支出可以减少家庭的贷款约束，对于低收入家庭的孩子可能出现的教育投资不足有重要的作用，发挥促进教育公平的作用。基础教育支出对于低收入家庭有影响，可以提高教育的流动性（段义德，2018；刘楠楠、段义德，2017）。

（三）不同等级教育对代际流动性的影响

近几年学者们也特别注重分析不同等级教育对中国代际收入流动性的影响。卢盛峰等（2015）基于1989～2009CHNS中岳父母和女婿配对数据，发现教育布局有初中、高中或大专职业学校的社区（村）中，有利于子代的职业向上流动；小学布局上"村村设学"，不利于子代的职业流动；具有更好的初中、高中及大专职业教育机会，子代的教育水平会显著提高，从而有利于他们的职业向上流动。

陈琳（2015）研究发现：幼托和初中教育有利于提高代际收入的流动；而大学教育不利于代际收入的流动；小学和高中教育的研究结论不是

很一致。徐丽等（2017）也发现加大基础教育投资，会减少子辈对父辈的收入依赖程度，改善收入的代际流动性。徐俊武和黄珊（2016）发现市场教育体制份额的上升则会使代际流动性的短期值和长期值都减小。

我国在这方面的研究与西方相比，细化程度还远远不够，这也说明我们在公共政策方面还有待于完善。例如，西方学者还研究了教育质量对孩子学习成绩的影响，进而对代际流动性的影响，比如研究教师的质量、班级的规模、同辈效应等对学校教育质量的影响。多数研究证实了学校的高质量主要源于教师的质量，而不是学校的硬件资源和同辈效应（Araujo et al.，2016）。多数的研究表明，每生支出和班级的规模，对于学生的成就扮演着很有限的角色。教师的质量和指导时间起的作用更大一些，教师的指导时间对于孩子的成就有很显著的正效应，尤其是对于劣势背景的孩子（Woessmann，2016）。而对于同辈效应的研究不是很明确。如胡克斯特拉等（Hoekstra et al.，2016）在中国选取了考高中时，仅仅是高于或低于高中门槛分数的学生，比较分析他们考大学时的成绩，结果显示仅仅在一流的高中同辈效应发挥了作用，在一流的高中成绩会有所提高。并且进一步证明，高中成绩的提高主要归结于教师质量，而不是同辈效应或是班级规模。

近些年，我国学者也关注到教育质量对代际流动性的影响。王学龙和杨文（2016）使用中国城市、农村和流动人口居民收入调查（Rual - Urban Migration in China，RUMIC）2009 年数据，研究目前的"985 工程"与"211 工程"对于代际流动性的影响。"985 工程"与"211 工程"促使我国的高等院校出现分级，这种分级不利于低收入家庭，从而降低了代际收入的流动性。也就是精英主义的教育体系更加不利于低收入家庭，使这些家庭难以脱离"贫困的陷阱"。

靳振忠等（2018）基于 2013 年中国综合社会调查（CGSS）数据，高校扩招没有平均地增加教育机会，而是对于低收入家庭更为不利，扩招机会的增加对于高收入家庭更有利，高校扩招没有促进教育机会的平等，而是扩大了教育机会的不平等，因此高校扩招的结果是使代际流动性变差。

（四）教育不平等与收入分配差距关系的研究

徐俊武等（2009）发现家庭收入与能否上好大学显著相关，高收入家庭的孩子进入好大学的机会明显高于低收入家庭。分析结果表明：孩子能否进入好大学与父母的教育水平和家庭收入显著相关。我国禁止在义务教育阶段跨区择校，因此很多人通过购买学区房获得好的教育资源。家庭收入对于子女获得好的教育资源非常重要，低收入家庭的孩子没法获得好的教育资源。因此，家庭收入对于子女获得教育质量有非常重要的作用。教育支出的增加未必使所有的家庭都受益。高等教育的扩招也不是使所有群体都受益。教育差距下降有利于减少贫困，而教育扩展却并未促进贫困减少（杨俊、黄潇，2010）。所以，公共教育支出不能平均地分布，应该向农村地区、偏远地区、低收入家庭倾斜。这样才能更有效地减少教育机会的不均等，减少收入的差距。杨奇明（2012）发现我国农村地区教育机会的不均等有所缓解，从教育层次上看，义务教育阶段教育机会不均等的情况改善最大，中等教育机会不均等可能有所上升，而高等教育机会不均等则有大幅上升趋势。出生在80后的子代教育机会的不均等主要来自家庭的收入、户籍、父亲的职业地位、母亲的受教育年限，以及社区环境等。其中，家庭收入对于义务教育有持续增强的影响，父亲的职业对义务教育与高中（中专）入学有增强的影响，户籍因素对高中（中专）和大学教育机会有重要的影响，而母亲的教育水平对各个层面教育机会的获得都有显著的影响。

三、从多角度探究代际流动机制和影响因素

除了家庭因素和社会因素，西方学者特别注意到了人口流动的影响，这方面的研究虽不多，但非常有现实意义。我国学者也进行了多角度的探究，尤其是近几年，从人口流动、大家庭、家庭规模等方面拓宽了以前的研究范畴，为一些现实问题提供了更多的解释。

（一）人口流动对代际流动性的影响

一些学者将代际流动性的研究进行扩展，关注到家庭之外的影响因素，如人口的区域流动对代际流动性的影响等。近期，学者们发现很多群体希望通过人口流动来提高自己在社会阶层中的位置。孙三百等（2012）将人口迁移与区域特征引入到代际收入弹性的估计方程中，发现迁移者的代际收入弹性不到未迁移者的一半。发达地区的迁移与未迁移群体的代际收入弹性没有明显差别，均低于落后地区的未迁移者，高于落后地区的迁移者。高收入群体的代际收入弹性低于未迁移的低收入群体，高于低收入迁移者，也就是低收入未迁移者容易陷入"代际低收入传承陷阱"。因此，未迁移的群体，尤其是低收入的未迁移群体，特别容易受到父辈低收入的影响，从而很难跳出低水平陷阱，如果低收入群体迁移，可以很大程度上改变低收入的陷阱。此外，他们通过相关系数的分解表明，教育、健康自评、书籍、父亲户籍可以解释代际收入弹性的35%。在所有的影响路径中

教育的贡献最大，如果迁移可以强化这一影响；用书籍衡量的家庭文化资本以及用父亲户籍衡量的社会网络关系所起的作用大致相等。因此，政府可以通过降低劳动力迁移的障碍，促进人口流动，从而增强代际的流动性。

卓玛草和孔祥利（2016）对比了父代未外出务工和外出务工的家庭，父代和子代的代际流动性的差异。父代未外出务工家庭的父代与子代间的代际收入弹性为0.278，父代外出务工家庭的父代与子代间的代际收入弹性为0.407，前者比后者低，表明父代外出务工家庭代际之间的关联度与传递性要高于父代未外出务工家庭。使用埃里克松（Eriksson）"条件收入弹性"中间变量法，从人力资本、社会资本和职业代际传递三条路径对代际收入流动系数进行分解并考察各路径的贡献率，结果发现：对父代未外出务工样本，人力资本是代际收入传递的直接路径，社会资本是间接路径；对父代外出务工样本，代际职业传递和社会资本传递加强了代际间收入传递，其中代际职业传递路径的贡献率最高。

（二）家族或大家庭对代际流动性的影响

家庭网络以及大家庭在代际流动上发挥着重要的作用。与西方的研究相似，我国也进行了大家庭的研究。曾等（Zeng et al.，2014）认为如果住在同一个屋檐下，受到很好教育的祖父对于他们孙子的教育扮演着重要的作用，如果祖父没有什么教育，那么他的地位和生活安排对孙子的教育获得没有什么影响，如果祖父受到很好的教育，多代同居住就变得有益处了。一同居住的祖父的教育会直接影响教育辍学，这个规模与父亲的教育影响相似，这表明祖父可以扮演着与父亲一样的角色去社会化孩子。说明祖父的生活安排，通过每天的接触，对孩子产出有代际影响。但是在美国没有发现这种影响。这一研究肯定了社会情感路径对代际效应扮演首要的作用，说明代际作用随着环境而变化。张桂金等（2016）利用中国劳动力调查2012年数据，发现"80后"和"90后"的职业阶层显著地受到父辈和祖辈职业阶层的影响。父辈的职业阶层越高，子代的职业阶层越高；祖辈的职业阶层越高，孙辈的职业阶层也越高。同时也验证了教育是重要的影响因素。

王增文（2015）使用CHNS（1995～2011年）数据发现中国农村受教育水平、家庭宗族网络资本和财富资本对家庭宗族网络代际收入流动性的解释力超过了70%。

（三）家庭人口规模对代际流动性的影响

牟欣欣（2017）运用2012年中国家庭动态跟踪调查数据库，研究家庭规模对代际收入流动性有显著的影响。家庭规模较小会引起代际收入传递的"富者愈富"现象，家庭规模较大会引起代际收入传递的"穷者愈穷"现象，而适度的家庭规模更有利于改善代际收入流动性。当家庭子女数量为1时，代际收入弹性最大；家庭的代际收入流动性随着家庭规模的扩大呈现出先上升后下降的倒"U"形趋势。因此，全面贯彻二孩政策，有利于改善我国的代际收入流动性。蓝嘉俊等（2017）也证明"全面二孩"政策的人群可能主要是低收入群体，这样会加大收入不平等，二孩政策会减少代际收入流动，因此，应给予低收入群体生育补贴和税收减免，给予低收入群体在教育资源投入上适当的优惠和倾斜，对低收入群体的妇女生育后的就业和发展提供保障，这样减少收入的不平等。

刘小鸽和司海平（2017）利用中国家庭追踪调查（CFPS）2010年数据，发现计划生育通过缩小家庭规模促进了个体向上代际流动。兄弟姐妹有双重作用：一方面通过减少个体受教育年限降低了个体向上流动的可能；另一方面兄弟姐妹越多，作为拥有个体的社会资本，向上流动的概率越大。

（四）母亲和父亲在代际流动性中扮演的角色

杨新铭和邓曲恒（2016）论证了母亲对子代收入的影响更大一些，尤其是母亲退休以后这一作用更为明显。城镇中代际流动机制主要为：人力资本、收入和工作选择。父亲影响子代的代际流动机制主要是教育，通过引入教育水平后，回归结果不显著了。父亲自身的教育水平对子代收入的影响也很显著。杨新铭和邓曲恒（2017）利用2008年的天津市城镇住户调查数据，采用布兰登等（Blanden et al.，2007）的方法分解结果表明，教育是最为重要的影响机制，父代的收入也会通过影响子代的行业、职业等进而影响子代的收入。此外，相当一部分的代际收入弹性无法通过教育和就业特征得以解释，可以归结为天生禀赋的遗传等不可观测的因素。同时，按照父代和子代的性别分类，发现存在着性别的差异。父母对儿子的影响大于父母对女儿的影响、父亲对子女的影响也大于母亲对子女的影响。

目前对我国代际收入流动主要集中于家庭范畴的影响，家庭是重要的影响因素，尤其是家庭的网络关系等，在我国目前的阶段发挥着重要的作用。但可以将代际流动性的研究进行扩展，关注家庭之外的影响因素，注重我国的代际收入弹性与其他国家的横向比较，以及我国不同阶段的纵向比较。

第三节　结论和政策建议

从 1995 年左右开始，我国关于代际流动性的研究经历了二十多年的时间，相比于西方七十多年的研究，我们的研究时间较短，研究问题也稍显粗糙。但我国的研究进展很快，从开始的零散研究，到近几年研究逐渐丰富细致。随着研究数据时间跨度的增加，关于我国代际流动问题的认识也日渐清晰。从目前的研究中，我们可以得出几点结论和政策建议。当然，由于研究方法和数据的限制，研究内容还不够深入，这些恰恰提出了未来的研究方向。

一、结论

第一，总体上看，我国代际收入弹性呈现出上升的趋势。从 1988～2011 年，代际收入弹性的变化虽有波动，但总体趋势是逐步增加的，说明我国的代际流动性在减弱，已经形成了阶层的固化。与国外相比，我国的代际收入弹性居中，已有的研究表明收入分配的不平等会加剧阶层的固化，因此，未来中国收入分配状况必然对代际流动性产生很重要的影响。

第二，不同社会阶层代际流动的特点和机制不同。按照不同的收入阶层看，高和低的收入阶层，代际流动性更差，而中间阶层的流动性相对强一些。这些数据也恰恰认证了目前中国的两个典型现状："富裕壁垒"和"贫困陷阱"并存；中产阶级的焦虑。对于富裕阶层，主要的代际传递机制是财产和社会网络，这些是其他阶层无法比拟和达到的；对于贫困阶层，缺少的是财富转移，尤其是农村的低收入群体，大量的留守儿童缺少父母的关爱和人力资本的时间投资，很难逾越社会底层，其实从另一个层面也反映出，对于低收入阶层，教育确实是改变命运的唯一手段。而对于中产阶级，目前普遍存在的现状是希望通过对孩子大量的人力资本投资维系住家庭现有的优势地位，而这一阶层又是流动性相对较强的，因此，很多家庭采用的手段是加大人力资本投资，不惜重金购买学区房，如果预见自己的孩子不能上一个很好的大学，很多家庭选择去海外接受教育或移民，希望能够维系住现有的社会经济地位。这一阶层似乎出现了教育过度投资和教育攀比的趋势。

第三，教育投资、财富和社会网络都是很重要的代际流动机制。目前，我国的财富资本和社会网络所起的作用比较大，社会地位高的父母可以通过人际网络关系为子女找到更好的工作。因此，应该加大教育投资所起的作用，尽力实现教育机会的公平性和均等化。

二、政策建议

处于经济快速发展的中国，代际流动性问题已经成为社会关注的焦点问题之一。很多学者发现父代的因素在解释子代收入中扮演着越来越重要的角色，而子代自身的努力效应正在减弱。因此，代际传递的机制研究显得尤为重要。

社会公平不仅包括代内的公平，也包括代际公平，而代际公平对于一个社会的可持续发展具有更为重要的意义。社会不仅应该通过税收、转移支付等手段实现代内的效率及公平，同时也应该关注代际之间的公平性，保证代际收入也具有一定的流动性。通过深入分析代际流动机制，可以看出代际传递的路径，并根据路径有针对性地提出政策建议：

（一）从家庭影响因素来看

代际流动机制的家庭因素中，天生禀赋的遗传是一种天然而效率的流动机制，不需要去干预。但父母的认知能力、信息获得水平对孩子的投资也起到非常重要的作用，目前我国在这方面的重视程度不够，可以通过改进父母信息的搜集能力或是信贷市场的不完善，去改进代际流动的平等性和效率性。

（二）从社会因素来看

社会公共资源的分配对于代际流动性有着不可忽视的作用，我国在这方面的政策措施还不是很充分，有很大的发展空间，政府可以在这方面采取更多的措施。从经济本质上看，收入分配不平等和代际流动性有着很重要的关系，如果未来我国的收入不平等程度继续加大，将不利于教育机会的均等化，会导致阶层固化严重。改善收入分配的不平等，可以从长期解决代际流动的不平等问题。

因此，教育机会均等化是促进代际流动平等的最为直接而有效的方法。我国政府已经非常重视这一问题，也采取了相应的措施。比如，提供奖学金资助和贷款约束等，加大教育的投入。可以特别针对代际流动性问题，加大基础教育阶段的经费投入，以及农村地区和偏远地区的教育支出等，这样使用教育经费的效果会更好。

特别需要提出的是：可以增设一些早期的家庭干预计划，尤其是对于农村贫困和留守儿童的家庭干预计划，可以更好地促进孩子认知能力和非认知能力的提高。从学区房的规定上，减少由于财富差距引起的教育资源分配不公。

总之，对家庭早期的干预项目，提高父母的认知能力和非认知能力，加强学校的支出和学区房的资源分配，尤其是对于劣势孩子的资助，对于提高代际的平等有很重要和深远的作用。

（三）从人口流动上看

人口流动可以形成一种外溢效应，提高代际的流动性。因此，我国应该鼓励人口流动，减少人口流动的障碍，促进贫困地区人口的流动，加快农村城市化的进程，减少农村和城市经济发展的差距。

我国的研究正逐步深化、细致，今后的研究可能会更注重我国代际流动机制的探究。目前，我国正悄然出现一种潜在的趋势，很多比较富裕的家庭，将自己的子女送到国外去读书，无疑是想要通过这种方式去改变正常的代际流动性，使他们的孩子能够沿袭家庭的财富优势。去海外读书是否可以获得更高的教育收益？这些现象是否会造成阶层固化，不利于增加代际的流动性？这些现实问题的深入探索和理论证实将是今后的研究方向。

第四章　中国二代的代际流动性分析

近年来，"二代"现象受到了社会各界越来越多的关注，对代际收入弹性的估算可以给出可信的答案。代际流动性越大，说明父代收入的影响越小，子女自身的努力因素影响程度越大。代际流动性越小，说明父代收入的影响越大，表明社会各阶层日趋固化。

理论上对于代际收入弹性的估计需要用父代和子代一生的收入，但一生的收入数据很难获得，因此，在实际估算上，很多国外的学者将短期收入作为持久性收入的代理变量。对于这种方法会使研究结果偏小，有两种改进的方法：一种是采用多年收入的平均值或是用多年的平均收入进行最小二乘法回归，学者们研究发现使用多年收入的数据确实可以减少对代际收入弹性的低估，但这一方法究竟在多大程度上能解决问题，还没有很明确的定论；另一种方法是将父代的教育水平作为持久性收入的工具变量，这样得到的代际收入弹性系数会提高。因而实际的代际收入弹性会介于两者之间。梭伦（Solon，2015）的处理方法是将父代和子代的年龄以及年龄的平方项引入到回归模型中。这种估计方法，我国的很多学者也尝试着使用。本书也将采用这一方法进行估算。

随着我国调查数据库的增多，可获得的数据日渐丰富，涌现了一大批相关的研究，尤其是近几年，研究数据的时间跨度增大，可以进行趋势分析和比较研究。由于我国学者对代际收入弹性的估算采用的方法和数据库不太一致，因此，得出的结论不是很一致。多数研究是从验证代际收入弹性的大小和探究代际收入弹性的机制两个方面展开。而最为常用的估算代际收入弹性的方法为：回归分析法和转换矩阵法；探究代际传递机制多采用中间变量法，也有一些研究采用管理学里常用的结构方程方法。

这一部分将采用 CFPS2014 年和 2016 年的调查数据和 CHARLS2015 年的调查数据，用 Stata 软件进行分析。采用三种方法估算代际收入弹性：回归分析法、转换矩阵法和收入排名相关系数法。收入排名相关系数法是近期西方流行的一种方法，其结果可以用来补充关于代际收入弹性的理解。下一章将整理出三代的数据，估算三代的代际收入弹性。

第一节　数据的基本变量描述：
CFPS 和 CHARLS 数据

本研究将采用 CFPS 和 CHARLS 的数据，其中 CFPS 采用了 2014 年和 2016 年的数据，CHARLS 采用了 2015 年的数据。由于选择的数据年代大致相同，可以进行比较分析。

中国家庭追踪调查（China Family Panel Studies，CFPS）旨在通过跟踪收集个体、家庭、社区三个层次的数据，反映中国社会、经济、人口、教育和健康的变迁，为学术研究和公共政策分析提供数据基础。CFPS 样本覆盖 25 个省区市，目标样本规模为 16000 户，调查对象包含样本家户中的全部家庭成员。CFPS 在 2008 年、2009 年两年在北京、上海、广东三地分别开展了初访与追访的测试调查，并于 2010 年正式开展访问。经 2010 年基线调查界定出来的所有基线家庭成员及其今后的血缘/领养子女将作为 CFPS 的基因成员，成为永久追踪对象。CFPS 调查问卷共有社区问卷、家庭问卷、成人问卷和少儿问卷四种主体问卷类型，并在此基础上不断发展出针对不同性质家庭成员的长问卷、短问卷、代答问卷、电访问卷等多种问卷类型。CFPS 由北京大学中国社会科学调查中心（Institute of Social Science Survey，ISSS）实施。

中国健康与养老追踪调查（CHARLS）旨在收集一套代表中国 45 岁及以上中老年人家庭和个人的高质量微观数据，用以分析我国人口老龄化问题，推动老龄化问题的跨学科研究。CHARLS 全国基线调查于 2011 年开展，覆盖 150 个县级单位，450 个村级单位，约 1 万户家庭中的 1.7 万人。这些样本以后每两年追踪一次，调查结束一年后，数据将对学术界展开。

一、CFPS 数据的整理和基本变量的描述

CFPS 选择的是 2014 年和 2016 年的数据，包含了个体、家庭、社区三个层次的数据，能够较准确地描述全国的情况，为了能够得到更好的收入等信息来源，本书研究所选取的都是具有成人问卷的个体，可以保证具有很完备的教育、户口、婚姻、工作、收入等信息。通过家庭关系数据

库，匹配了家庭中的父亲和孩子、母亲和孩子，进而整理出所有父代和子代的配对数据。然后对数据进行了整理和筛选，选择了收入大于0的信息，并且删除了代码不可识别和主要信息不全的样本。为了更好地衡量收入，剔除了处于退休的样本，选取了父代年龄处于 35～65 岁的样本。家庭中有多个孩子的，我们都进行了匹配，这样可以综合考虑家里有几个孩子时，对代际收入弹性的影响。最终整理好 2014 年的配对样本为 909 对；2016 年的配对样本为 636 对。

首先，对父代和子代的基本信息进行描述，主要包括父母和孩子的性别（见表 4-1）、教育水平（见表 4-2）、户口（见表 4-3）和城乡信息（见表 4-4）。其次，对于连续变量，列出父母和孩子的年龄和收入的均值和方差等描述，见表 4-5a 和表 4-5b。

表 4-1　　　　　　　　　　　CFPS 数据父代和子代的性别　　　　　　　　　单位：人

性别	父代		子代	
	2014 年	2016 年	2014 年	2016 年
男	555（61.06%）	383（60.22%）	530（58.31%）	382（60.06%）
女	354（38.94%）	253（39.78%）	379（41.69%）	254（39.94%）
合计	909（100%）	636（100%）	909（100%）	636（100%）

表 4-2　　　　　　　　　　　CFPS 数据父代和子代的教育水平　　　　　　　　　单位：人

教育程度	父代				子代			
	2014 年		2016 年		2014 年		2016 年	
	男	女	男	女	男	女	男	女
文盲/半文盲	75（8.25%）	84（9.24%）	67（17.49%）	73（28.85%）	4（0.44%）	4（0.44%）	5（1.31%）	7（2.76%）
小学	125（13.75%）	94（10.34%）	93（24.28%）	62（24.51%）	68（7.48%）	26（2.86%）	53（13.87%）	17（6.69%）
初中	215（23.65%）	97（10.67%）	138（36.03%）	90（35.57%）	171（18.81%）	88（9.68%）	125（32.72%）	65（25.59%）
高中/中专/技校/职高	103（11.33%）	55（6.05%）	66（17.23%）	22（8.7%）	134（14.74%）	108（11.88%）	82（21.47%）	60（23.62%）
大专	17（1.87%）	13（1.43%）	16（4.18%）	5（1.98%）	72（7.92%）	81（8.91%）	67（17.54%）	57（22.44%）

教育程度	父代				子代			
	2014 年		2016 年		2014 年		2016 年	
	男	女	男	女	男	女	男	女
大学本科	14 (1.54%)	3 (0.33%)	3 (0.78%)	1 (0.40%)	76 (8.36%)	70 (7.70%)	46 (12.04%)	43 (16.93%)
硕士	—	—	—	—	5 (0.55%)	1 (0.11%)	2 (0.52%)	5 (1.97%)
没必要读书	6 (0.66%)	8 (0.88%)	—	—	0 (0)	1 (0.11%)	—	—

表 4-3 　　　　　　CFPS 数据父代和子代的户口　　　　　单位：人

户口状况	父代		子代	
	2014 年	2016 年	2014 年	2016 年
农村户口	607 (66.77%)	464 (72.96%)	573 (63.04%)	447 (70.28%)
非农村户口	300 (33.00%)	170 (26.73%)	334 (36.74%)	188 (29.56%)
未登记	2 (0.22%)	2 (0.31%)	2 (0.22%)	1 (0.16%)
合计	909 (100%)	636 (100%)	909 (100%)	636 (100%)

表 4-4 　　　　　　CFPS 数据父代和子代的城乡信息　　　　　单位：人

城乡信息	父代		子代	
	2014 年	2016 年	2014 年	2016 年
农村	361 (39.71%)	264 (41.51%)	359 (39.49%)	200 (31.45%)
城市	535 (58.86%)	366 (57.55%)	536 (58.97%)	418 (65.72%)
缺失	13 (1.43%)	6 (0.94%)	14 (1.54%)	18 (2.83%)
合计	909 (100%)	636 (100%)	909 (100%)	636 (100%)

表 4-5a 　　　2014 年 CFPS 数据父代和子代年龄和收入的描述（缩尾替代）

变量 (Variable)	样本数 (Obs)	均值 (Mean)	标准差 (Std. Dev.)	最小值 (Min)	最大值 (Max)
父代年龄	909	49.123	5.285	37	65
子代年龄	909	23.809	4.333	16	50
父代收入	909	26579.89	19599.37	1900	116000
子代收入	909	28104.15	22687.79	1000	120000

表 4 –5b　　　　2016 年 CFPS 数据父代和子代年龄和收入的描述（缩尾替代）

变量 （Variable）	样本数 （Obs）	均值 （Mean）	标准差 （Std. Dev.）	最小值 （Min）	最大值 （Max）
父代年龄	636	50. 51572	5. 994071	36	65
子代年龄	636	25. 31918	5. 084825	16	41
父代收入	636	26461. 28	20557. 82	1000	120000
子代收入	636	35180. 36	29235. 8	800	150000

　　从 2014 年配对的信息来看：表 4 – 1 中父亲样本 555 人（占 61.06%），母亲样本 354 人（占 38.94%）；儿子的样本 530 人（占 58.31%），女儿的样本 379 人（占 42.69%），从表 4 – 3 中户口信息上看：父母为农村户口的 607 人（占 66.77%），非农村户口的 300 人（占 33.00%）；孩子为农村户口的 573 人（占 63.04%），非农村户口的 334 人（占 36.74%）。从表 4 – 4 中居住信息上看：父母居住在农村的 361 人（占 39.71%），居住在城市的 535 人（占 58.86%）；孩子居住在农村的 359 人（占 39.49%），居住在城市的 536 人（占 58.97%）。

　　从 2016 年配对的信息来看：表 4 – 1 中父亲样本 383 人（占 60.22%），母亲样本 253 人（占 39.78%）；儿子的样本 382 人（占 60.06%），女儿的样本 254 人（占 39.94%）。从表 4 – 3 中户口信息上看：父母为农村户口的 464 人（占 72.96%），非农村户口的 170 人（占 26.73%）；孩子为农村户口的 447 人（占 70.28%），非农村户口的 188 人（占 29.56%）。从表 4 – 4 中居住信息上看：父母居住在农村的 264 人（占 41.51%），居住在城市的 366 人（占 57.55%）；孩子居住在农村的 200 人（占 31.45%），居住在城市的 418 人（占 65.72%）。

　　比较 2014 年和 2016 年的基本数据可以看出：无论是父辈、还是子辈，男性的比例高于女性。从教育水平来看：孩子的教育水平明显要高于父母，无论是父母还是孩子，男性的教育水平高于女性。整体来看，农村户口的比例更高，孩子中非农村户口所占的比例比父母高。但是，从居住的信息上看，在城市居住的比例高于农村。说明随着经济的发展，总体教育水平提高，农村人口逐步向城市流动。

　　为了避免一些极端值对于分析结果的影响，通常采用缩尾处理的方法。常用的缩尾处理有两种：一种是缩尾替代，也就是将数值大于 99% 的数值，用处于 99% 的数值替代；而数值小于 1% 的数值，用处于 1% 的数值来替代。

另一种是缩尾去掉，也就是将数值大于99%和小于1%的数据直接去掉。

本书采用了缩尾替代的方法，进行缩尾替代后，表4－5a中2014年的数据：父代的最小年龄为37岁，最大年龄为65岁，父代的平均年龄为49岁；子代的最小年龄为16岁，最大年龄为50岁，子代的平均年龄为24岁。父代每年收入的最小值为1900元，最大值为115920元，平均收入为26579.89元。子代每年收入的最小值为1000元，最大值为120000元，平均收入为28104.16元。具体的统计描述显示：父亲的年平均收入为30221.11元，母亲的年平均收入为17055.59元；儿子的年平均收入为31066.76元，女儿的年平均收入为23961.2元。

表4－5b中2016年的数据：父代的最小年龄为36岁，最大年龄为65岁，父代的平均年龄为50.51岁；子代的最小年龄为16岁，最大年龄为41岁，子代的平均年龄为25.32岁。父代每年收入的最小值为1000元，最大值为120000元，平均收入为26461.28元。子代每年收入的最小值为800元，最大值为150000元，平均收入为35180.36元。具体的统计描述显示：父亲的年平均收入为30580.49元，母亲的年平均收入为20225.47元；儿子的年平均收入为37846.17元，女儿的年平均收入为31171.15元。

2014年和2016年的数据比较可以看出：父辈和子辈的年龄大致相同；无论是父辈、还是子辈，2016年的收入都高于2014年的收入；子代的平均收入都高于父代的平均收入，并且随着经济的发展，父辈和子辈的收入差距加大了。总体来看：父亲和母亲相比，母亲的年平均收入更低；儿子和女儿相比，女儿的年平均收入更低，说明我国男性和女性之间存在着很明显的收入差异。

二、CHARLS数据的整理和基本变量的描述

中国健康与养老追踪调查（简称CHARLS）是由北京大学国家发展研究院中国经济研究中心主持的项目，在我国每两年追踪一次，目的是收集能够代表年龄在45岁以上（包括45岁）的中国居民的数据。CHARLS家户调查主要包括以下几个部分：人口学背景、家庭结构、健康状况和功能、医疗保健和保险、工作、退休和养老金、家庭和个人的收入、支出与资产、调查员观察，此外，CHARLS还包含了社区调查。这一数据库的特点是，一个家庭以45岁的成年人为主访对象，因此可以根据家庭关系匹配父母和子女的信息，还可以匹配上祖父母的信息，获得三代家庭的信息。同样，剔除了父母和子女收入缺失的样本，这里子女的收入是以区间的方式统计的，其中取值为1的是没有收入的，把这些样本去掉，得到父

代和子代配对的信息 3202 对。

同样考虑到父代的极端值对于分析结果的影响，这里采用缩尾替代的处理方法，对父代收入小于 1% 和大于 99% 的数据分别用处于 1% 和 99% 的数值替代，这样可以保证整体样本的数量不变。进行了缩尾替代处理后，得到的父代和子代的性别（见表 4-6）、教育水平（见表 4-7）、户口（见表 4-8）等基本信息描述。对于连续变量，得出父代和子代的年龄和收入的基本描述，见表 4-9。

表 4-6　　　　　　　　CHARLS 数据父代和子代的性别　　　　单位：人

性别	父代	子代
男	2171（67.80%）	1747（54.70%）
女	1031（32.20%）	1447（45.30%）
合计	3202（100%）	3194（100%）

表 4-7　　　　　　　　CHARLS 数据父代和子代的教育水平　　　　单位：人

教育水平	父代		子代	
	男	女	男	女
没接受正式教育	189（6.95%）	326（24.35%）	184（10.53%）	158（10.92%）
没有完成小学	438（16.11%）	214（17.30%）	291（16.66%）	212（14.65%）
私塾/家庭学校	5（0.18%）	0（0）	1（0.06%）	0（0）
小学	643（23.65%）	270（21.83%）	358（20.49%）	318（21.98%）
中学	871（32.03%）	258（20.86%）	558（31.94%）	454（31.38%）
高中	329（12.10%）	107（8.65%）	230（13.17%）	190（13.13%）
职业教育	128（4.71%）	33（2.67%）	59（3.38%）	51（3.52%）
大专	94（3.48%）	21（1.70%）	50（2.86%）	57（3.94%）
本科	21（0.77%）	8（0.65%）	15（0.86%）	7（0.48%）
研究生	1（0.04%）	0（0）	1（0.06%）	0（0）
合计	2719	1237	1747	1447

表 4-8　　　　　　　　CHARLS 数据父代和子代的户口　　　　单位：人

户口状态	父代	子代
农村户口	2110（77.15%）	2326（72.98%）
非农村户口	568（20.77%）	772（24.22%）

户口状态	父代	子代
没有统一的户口	57（2.08%）	83（2.60%）
没有户口	0	6（0.19%）
合计	2735（100%）	3187（100%）

表 4-9   CHARLS 数据父代和子代年龄和收入的描述（缩尾替代）

变量 （Variable）	样本数 （Obs）	均值 （Mean）	标准差 （Std. Dev.）	最小值 （Min）	最大值 （Max）
父代年龄	3202	55.56933	5.560525	36	65
子代年龄	3202	29.72486	5.53455	16	56
父代收入	3202	18982.71	16299.58	240	78000
子代收入	3202	6.378826	1.616987	2	12

从配对的信息来看：表 4-6 中父亲样本 2171 人（占 67.80%），母亲样本 1031 人（占 32.2%）；儿子的样本 1747 人（占 54.70%），女儿的样本 1447 人（占 45.30%），男性的比例高于女性。从表 4-7 中教育水平来看，孩子的教育水平明显要高于父母，无论是父母还是孩子，男性的教育水平高于女性。从表 4-8 中户口信息上看：父母为农村户口的 2110 人（占 77.15%），非农村户口的 568 人（20.77%）；孩子为农村户口的 2326 人（占 72.98%），非农村户口的 772 人（占 24.22%），总体来看，农村户口的比例更高，孩子中非农村户口所占的比例比父母高。

表 4-9 中，父代的最小年龄为 36 岁，最大年龄为 65 岁，父代的平均年龄为 55.57 岁；子代的最小年龄为 16 岁，最大年龄为 56 岁，子代的平均年龄为 29.72 岁。父代每年收入的最小值为 240 元，最大值为 78000 元，平均收入为 18982.71 元。子代每年收入的最小值等级为 2（少于 2000 元），最大值等级为 12（大于 30 万元），平均收入等级为 6.37。其他收入等级为：1（没有收入）、3（2000~5000 元），4（5000~10000 元），5（1 万~2 万元），6（2 万~3 万元），7（3 万~5 万元），8（5 万~10 万元），9（10 万~15 万元），10（15 万~20 万元），11（20 万~30 万元）。可以看出子代的收入划分并不是均匀的，因此，去掉了没有收入的个体，并没有对子代收入进行缩尾处理。

三、CFPS 和 CHARLS 数据中基本变量的比较

CHARLS 数据与 CFPS 数据相比，数据特点基本一致。父代的年龄区间差不多，但 CHARLS 数据中父代和子代的平均年龄更大。从户口信息上看，CHARLS 数据中农村家庭所占的比例更高。从父代的收入信息来看，CHARLS 数据中父代的收入水平要低一些。由于在后面的分析中，着重需要用到收入，因此，详细说明两个数据库中对于收入的统计方法。

CFPS 数据库中个体的收入选自于"G 工作部分"，收入的统计方法为：问卷中首先提问了过去 12 个月每一份工作的月收入，每月的收入指的是：把工资、奖金、现金福利、实物补贴都算在内，并扣除税和五险一金；然后将每份工作的月收入×工作的月数，得出这份工作的年收入；通过依次提问每份工作，形成每份工作的年收入；最后把所有份工作的年收入加总为"总收入"。

CHARLS 数据库中，收入的来源有："个人工作部分"和"家户的工资收入"两个部分。其中，"家户的工资收入"部分直接提问了：过去一年你领的工资（包括奖金、各种补贴，不包括退休工资），一共领了多少钱。得到的数据为：工资收入和个人获得的转移收入。并且通过处理后去掉了税收。其中"个人工作部分"将工作分为三种情况：农业工作（农业打工和自己农业生产活动）、受雇、非农自雇和为家庭经营活动帮工。但是其实收入的衡量方面：对于农业工作的收入并没有衡量，对于"受雇工作"的收入衡量是首先询问了工资的方式，是按照年、月、周、小时领取工资，然后询问了工作的月、天、小时，这样我们就可以相应地算出一年的收入，这些收入也是扣除税收的。对于"非农自雇和为家庭经营活动帮工"，通过问卷询问了："不包括在固定资本上的投入，您能否估计一下，过去一年您开这个公司/做这项生意挣了多少钱？我们指的是刨除能源、住房和设备租金费、原材料、交通费、营销、工资、税收和杂费之后的净收入。"此外，还增加了"非主要职业（受雇或自雇）"，指的是除了主要工作的收入外，其他的副业。这样，我们通过计算上面三种情形下的收入，并加总，得到的是三种情况下的总收入。通过与前面方法的数据进行比较，我们发现，两种方法计算的收入差异不大，但后一种自己计算的收入极值较大，因此，采取了前面一种收入的统计方法。

在 CHARLS 数据库中，由于是以一个家庭为采访对象，家庭中主要的采访对象是 45 岁以上的成年人，因此子代的收入是通过父代的提问得出的，对于子代的收入给出的问题是收入所在的区间，问卷中的问题为：孩

子（和他的配偶）去年总收入属于下面哪类。

可以看出两个数据库中，CFPS 对于农业活动的收入几乎没有考虑；而 CHARLS 数据中，虽然没有明确询问农业的收入，但在总体的收入中，问卷的个体收入中，可能包括了农业收入。CFPS 数据库中，由于是由每份工作汇总而来的，因此，对于工作得来的收入部分会很准确，但对于非正式工作的其他收入可能很难计算在内了。由于 CHARLS 数据库中，农村比重稍微高一些，因此，父辈和子辈的平均收入会低一些。

第二节 代际收入的相关性分析

相关性分析注重衡量两个变量相关的程度，相关性不等于因果性。我们采用 pwcorr 的相关性分析方法，观测父代收入与子代收入是否具有相关的关系。并进一步比较不同分类情形下，代际收入相关性的大小。

一、代际收入相关性分析：CFPS 数据

经过缩尾替代处理后，计算出来 2014 年的相关系数为 0.1145，2016 年的相关系数为 0.1067，分析结果总结为表 4 - 10，分析结果都是显著的，说明表明父代和子代收入存在着一定的相关关系，但 2016 年比 2014 年的相关系数下降了，说明代际流动性增强了。

表 4 - 10　　　　　　　　　　代际收入相关性

项目	2014CFPS 数据	2016CFPS 数据	2015CHARLS 数据
代际收入相关性	0.1145 **	0.1067 **	0.14 **

注：** $p < 0.05$。

二、代际收入相关性分析：CHARLS 数据

同样采用了 pwcorr 的相关性分析方法，父代与子代的收入相关性结果也见表 4 - 10，父代和子代的收入相关系数为 0.14，结果显著。与 CFPS 数据相比，相关性数值更大，说明存在着一定相关关系。为了更好地发现不同群体的相关关系，下面将分性别、户口分类地估算代际收入的相关性。

（一）按照父代和子代的性别：估计代际收入相关性

根据父代和子代的性别，可以分为四种情形进行分析：父亲和儿子的收入相关性、父亲和女儿的收入相关性、母亲和儿子的收入相关性、母亲和女儿的收入相关性。将这些分析结果总结为表4-11。

表4-11　　　CHARLS数据按照性别分类的代际收入相关性

按照性别分类	代际收入的相关性
父亲和儿子	0.1814*
父亲和女儿	0.1553*
母亲和儿子	0.1278*
母亲和女儿	0.0584

注：*p<0.1。

表4-11数据结果显示：父亲和儿子的收入相关性为0.1814，父亲和女儿的相关性为0.1553，母亲和儿子收入的相关性为0.1278，这三个结果显著；而母亲和女儿收入的相关性是0.0584，结果不显著。说明父亲和孩子的收入相关性明显大于母亲，母亲对于女儿的收入影响不显著。说明父亲在收入代际传递中扮演着更为重要的角色，并且父母对儿子的影响更大一些。

（二）按照父代和子代的户口：估计代际收入相关性

我国特有的二元经济结构，决定了我国农村和城市的经济发展水平存在很大的差异。这一部分按照农村和非农村户口分四种情形：父代和子代都是农村户口，父代和子代都是非农村户口，父代是农村户口、子代是非农村户口，父代是非农村户口、子代是农村户口。最后两种情形父代和子代的户口状况不一致，体现了人口的迁移，分析结果见表4-12。

表4-12　　　CHARLS数据按照户口分类的代际收入相关性

按照户口分类	代际收入的相关性
父代和子代都是农村户口	0.0994*
父代和子代都是非农村户口	0.2002*
父代是农村户口、子代是非农村户口	0.0614
父代是非农村户口、子代是农村户口	0.2709*

注：*p<0.1。

从表 4 - 12 的分析结果可以看出：父代和子代都是农村户口的收入相关性为 0.0994，父代和子代都是非农村户口的收入相关性为 0.2002，说明城市的收入相关性更大；父代为农村户口、孩子为非农村户口的，代际相关性为 0.0614，结果并不显著，说明孩子从农村迁移到城市后，代际收入的保持性被打破，这种迁移有利于改变父代对子代收入的影响；父代为非农村户口、孩子是农村户口的，代际收入相关性很大，为 0.2709，而且显著，说明父母是城市户口的，孩子迁移到农村后，依然可以保持很大的收入相关性。

（三）按照父代和子代的户口和性别：估计代际收入相关性

这一部分将在父代和子代户口的基础之上，着重分析在农村内部和城市内部，父代和子代的性别对代际收入相关性的影响。分析结果见表 4 - 13。

表 4 - 13　　　　CHARLS 数据按照户口和性别分类的代际收入相关性

项目	父代和子代都是农村户口	父代和子代都是非农村户口
父亲和儿子	0.1274 *	0.2693 *
母亲和儿子	0.1129 *	0.1938
父亲和女儿	0.0938 *	0.0688
母亲和女儿	0.0794	0.1434

注：* $p < 0.1$。

父代和子代都是农村户口的数据表明：父亲和儿子收入的相关系数为 0.1274，母亲和儿子收入的相关系数为 0.1129，父亲和女儿收入的相关系数为 0.0938，这些结果都显著；但母亲和女儿收入的相关性不显著。说明在农村父亲对孩子的收入作用更大一些，父母对儿子的收入影响更明显。

父代和子代都是非农村户口的数据结果表明：城市中父亲和儿子收入的相关性为 0.2693，结果显著；父亲和女儿收入的相关性为 0.0688，母亲和儿子收入的相关性为 0.1938，母亲和女儿收入的相关性为 0.1434，而这三个结果都不显著。说明在城市，父亲对孩子的收入扮演着更为明显的作用。

总体来看：农村中父代和子代的收入相关性更为显著，城市中父亲和儿子的收入相关系数更大一些。但城市的收入相关系数高于农村，说明在城市中父亲对孩子收入的影响更大一些。无论是农村还是城市，母亲与孩子的收入相关性与父亲相比，都要小一些，尤其是在农村里母亲收入对孩子收入的影响要更小一些。另外，如果父母和孩子的户口不同，意味着孩子有迁移，结果表明父母和孩子不存在着显著的收入相关性，说明迁移的确可以改变收入的传递。

第三节　代际收入的回归分析

本书的回归分析模型建立在贝克尔和托姆斯（1979，1986）的经典模型之上，几乎所有学者的研究也都是采用他们的基本模型。首先采用最为基本的模型进行收入的回归分析；其次根据一般学者的研究方法，加入父辈和子辈的年龄以及年龄的平方项，观察代际收入弹性的变化。

在 CFPS 数据中，因变量（子代的收入）是一个连续变量，因此，采用线性回归的方法，对父代收入和子代收入都取对数处理。在 CHARLS 数据中，因变量（子代的收入）是有序的分类变量，因此，采用 logistic 回归的分析方法。

一、CFPS 数据：线性回归分析

代际收入流动性是指同一个家庭中父代收入对子代收入的影响程度。贝克尔和托姆斯在 1979 年，构建了经典的代际收入流动性的理论分析框架。代际收入流动性一般用代际收入弹性来表示。回归分析法是一种最为常见的计算代际收入弹性的方法，代际收入弹性越大，说明父代收入对子代收入的影响越大，代际流动性越低。基本的公式为：

$$\log Y_s = \beta \log Y_f + \mu,$$

其中，Y_s 为子代的收入，Y_f 为父代的收入，参数 β 为代际收入弹性。

若 $\beta = 0$，说明子代的收入与父代的收入没有关系；$\beta = 1$，意味着子代的收入完全由父代的收入决定，也就是代际收入完全传递；更多的情况是 $0 < \beta < 1$，说明父代的收入与子代的收入存在着相关性，但又不完全取决于父代的收入。

通常情况下，对于父代和子代的收入也取自然对数，公式为：

$$\ln Y_s = \alpha + \beta \ln Y_f + \mu,$$

其中，$\ln Y_s$ 为子代收入的自然对数，$\ln Y_f$ 为父代收入的自然对数，α 为截距项，μ 为误差项，β 为代际收入弹性。$1 - \beta$ 为代际收入的流动性。

（一）基本模型的回归

首先采用上述基本模型来计算代际收入弹性的系数，2014 年数据的回归结果见表 4 - 14a，2016 年数据的回归结果见表 4 - 14b。

表 4 – 14a   **2014 年 CFPS 数据父代和子代收入对数的线性回归分析**

子代收入对数 (lnchildincome)	系数 (Coef.)	标准误差 (St. Err)	t 值 (t-value)	p 值 (p-value)	显著性 (Sig.)
父代收入对数 (lnincome)	0.112	0.040	2.81	0.005	***
常数项 (_cons)	8.739	0.397	22.03	0.000	***
因变量均值 (Mean dependent var)	9.848		因变量标准差 (SD dependent var)		1.024
判定系数 (R-squared)	0.009		样本数 (Number of obs)		909.000
F 统计量 (F-test)	7.868		p 值 (Prob > F)		0.005
赤池信息准则 (Akaike crit. (AIC))	2617.466		贝叶斯信息准则 (Bayesian crit. (BIC))		2627.090

注：*** p < 0.01。

表 4 – 14b   **2016 年 CFPS 数据父代和子代收入对数的线性回归分析**

子代收入对数 (lnchildincome)	系数 (Coef.)	标准误差 (St. Err)	t 值 (t-value)	p 值 (p-value)	显著性 (Sig.)
父代收入对数 (lnincome)	0.076	0.044	1.72	0.086	*
常数项 (_cons)	9.326	0.437	21.34	0.000	***
因变量均值 (Mean dependent var)	10.074		因变量标准差 (SD dependent var)		1.024
判定系数 (R-squared)	0.005		样本数 (Number of obs)		636.000
F 统计量 (F-test)	2.962		p 值 (Prob > F)		0.086
赤池信息准则 (Akaike crit. (AIC))	1835.107		贝叶斯信息准则 (Bayesian crit. (BIC))		1844.018

注：*** p < 0.01，* p < 0.1。

简单的回归模型估算出 2014 年代际收入弹性为 0.112，也就是没有加入其他的控制变量，父亲收入增加 1 个百分点，孩子的收入提高 0.112 个百分点。2016 年代际收入弹性为 0.076，也就是没有加入其他的控制变量，父亲收入增加 1 个百分点，孩子的收入提高 0.076 个百分点，结果不显著。这一估计确实低于国内许多学者的研究，可能是使用了一年收入数据的原因。

（二）加入年龄和年龄平方项后的多元线性回归

由于几乎得不到终生的收入，梭伦（Solon，2015）的研究引入了父代和子代年龄和年龄的平方项，可以尽可能降低对代际收入弹性的估计偏差。基本模型可以改写为：

$$\ln Y_s = \alpha + \beta_1 \ln Y_f + \beta_2 age + \beta_3 age^2 + \mu$$

其中，age 为调查时父代和子代的年龄。

2014 年的分析结果见表 4-15a，得到的相关系数为 0.095；2016 年的分析结果见表 4-15b，得到的相关系数为 0.081。子代年龄的回归是显著的，说明子代的年龄对子代的收入是有影响的。总体来看，用经典而简单的回归模型得出的 2014 年的代际收入弹性为 0.112，2016 年有下降的趋势。整体来看，估计的结果与其他学者比偏低，猜测可能是不能获得父代和子代一生的收入所导致的。

表 4-15a　　　　**2014 年 CFPS 数据父代和子代收入对数的回归模型**
（加入父代和子代的年龄和年龄平方项）

子代收入对数 （lnchildincome）	系数 （Coef.）	标准误差 （St. Err）	t 值 （t-value）	p 值 （p-value）	显著性 （Sig.）
父代收入对数 （lnincome）	0.095	0.038	2.53	0.012	**
父代年龄 （cfps2014_age）	0.004	0.099	0.04	0.968	
父代年龄平方项 （age^2）	0.000	0.001	0.07	0.940	
子代年龄 （childcfps2014_age）	0.275	0.058	4.75	0.000	***
子代年龄平方项 （$childage^2$）	-0.004	0.001	-3.72	0.000	***
常数项 （_cons）	4.367	2.268	1.93	0.054	*

子代收入对数 （lnchildincome）	系数 （Coef.）	标准误差 （St. Err）	t 值 （t-value）	p 值 （p-value）	显著性 （Sig.）
因变量均值 （Mean dependent var）	9.848	因变量标准差 （SD dependent var）		1.024	
判定系数 （R-squared）	0.135	样本数 （Number of obs）		909.000	
F 统计量 （F-test）	28.074	p 值 （Prob > F）		0.000	
赤池信息准则 （Akaike crit.（AIC））	2501.975	贝叶斯信息准则 （Bayesian crit.（BIC））		2530.849	

注：*** $p < 0.01$，** $p < 0.05$，* $p < 0.1$。

表 4 – 15b 2016 年 CFPS 数据父代和子代收入对数的回归模型
（加入父代和子代的年龄和年龄平方项）

子代收入对数 （lnchildincome）	系数 （Coef.）	标准误差 （St. Err）	t 值 （t-value）	p 值 （p-value）	显著性 （Sig.）
父代收入对数 （lnincome）	0.081	0.043	1.91	0.057	*
父代年龄 （cfps_age）	0.104	0.111	0.94	0.349	
父代年龄平方项 （age²）	-0.001	0.001	-0.92	0.358	
子代年龄 （childcfps_age）	0.261	0.073	3.58	0.000	***
子代年龄平方项 （childage²）	-0.004	0.001	-2.73	0.006	***
常数项 （_cons）	2.460	2.415	1.02	0.309	
因变量均值 （Mean dependent var）	10.074	因变量标准差 （SD dependent var）		1.024	
判定系数 （R-squared）	0.122	样本数 （Number of obs）		636.000	
F 统计量 （F-test）	17.477	p 值 （Prob > F）		0.000	
赤池信息准则 （Akaike crit.（AIC））	1763.461	贝叶斯信息准则 （Bayesian crit.（BIC））		1790.192	

注：*** $p < 0.01$，* $p < 0.1$。

（三）分性别估计代际收入弹性

按照父母和孩子的性别，分为三种情形分析代际收入的弹性：

1. 按照父代的性别：分为父亲和孩子、母亲和孩子

2014 年的数据表明：父亲与孩子的代际收入弹性为 0.126（见表 4 - 16a）；母亲与孩子的代际收入弹性为 0.117（见表 4 - 17a），结果显著。说明父亲对孩子收入的影响更大一些，母亲的影响小一些。而 2016 年的数据表明：父亲与孩子的代际收入弹性为 0.068（见表 4 - 16b），结果不显著；母亲与孩子的代际收入弹性为 0.153（见表 4 - 17b），结果显著。说明从 2016 年的数据看，母亲对孩子收入的影响更大一些，父亲的影响不够显著。

表 4 - 16a　　　　　　2014 年 CFPS 数据父亲和孩子的代际收入弹性

子代收入对数 （lnchildincome）	系数 （Coef.）	标准误差 （St. Err）	t 值 （t-value）	p 值 （p-value）	显著性 （Sig.）
父代收入对数 （lnincome）	0.126	0.055	2.27	0.023	**
常数项 （_cons）	8.577	0.558	15.36	0.000	***
因变量均值 （Mean dependent var）	9.843	因变量标准差 （SD dependent var）		1.021	
判定系数 （R-squared）	0.009	样本数 （Number of obs）		555.000	
F 统计量 （F-test）	5.172	p 值 （Prob > F）		0.023	
赤池信息准则 （Akaike crit.（AIC））	1595.845	贝叶斯信息准则 （Bayesian crit.（BIC））		1604.483	

注：*** $p < 0.01$，** $p < 0.05$。

表 4 - 16b　　　　　　2016 年 CFPS 数据父亲和孩子的代际收入弹性

子代收入对数 （lnchildincome）	系数 （Coef.）	标准误差 （St. Err）	t 值 （t-value）	p 值 （p-value）	显著性 （Sig.）
父代收入对数 （lnincome）	0.068	0.059	1.16	0.248	

子代收入对数 （lnchildincome）	系数 （Coef.）	标准误差 （St. Err）	t 值 （t-value）	p 值 （p-value）	显著性 （Sig.）
父代年龄 （cfps_age）	0.266	0.144	1.85	0.065	*
父代年龄平方项 （age²）	-0.003	0.001	-1.80	0.073	*
子代年龄 （childcfps_age）	0.213	0.093	2.29	0.023	**
子代年龄平方项 （childage²）	-0.003	0.002	-1.73	0.084	*
常数项 （_cons）	-0.969	3.159	-0.31	0.759	
因变量均值 （Mean dependent var）	10.078	因变量标准差 （SD dependent var）		1.017	
判定系数 （R-squared）	0.116	样本数 （Number of obs）		383.000	
F 统计量 （F-test）	9.942	p 值 （Prob > F）		0.000	
赤池信息准则 （Akaike crit.（AIC））	1063.051	贝叶斯信息准则 （Bayesian crit.（BIC））		1086.739	

注：** $p < 0.05$，* $p < 0.1$。

表 4-17a　　　　　2014 年 CFPS 数据母亲和孩子的代际收入弹性

子代收入对数 （lnchildincome）	系数 （Coef.）	标准误差 （St. Err）	t 值 （t-value）	p 值 （p-value）	显著性 （Sig.）
父代收入对数 （lnincome）	0.117	0.062	1.87	0.062	*
常数项 （_cons）	8.733	0.602	14.51	0.000	***
因变量均值 （Mean dependent var）	9.855	因变量标准差 （SD dependent var）		1.030	

子代收入对数 （lnchildincome）	系数 （Coef.）	标准误差 （St. Err）	t 值 （t-value）	p 值 （p-value）	显著性 （Sig.）
判定系数 （R-squared）	0.010	样本数 （Number of obs）		354.000	
F 统计量 （F-test）	3.500	p 值 （Prob > F）		0.062	
赤池信息准则 （Akaike crit.（AIC））	1024.749	贝叶斯信息准则 （Bayesian crit.（BIC））		1032.488	

注：＊＊＊p＜0.01，＊p＜0.1。

表 4 – 17b　　　　　　　2016 年 CFPS 数据母亲和孩子的代际收入弹性

子代收入对数 （lnchildincome）	系数 （Coef.）	标准误差 （St. Err）	t 值 （t-value）	p 值 （p-value）	显著性 （Sig.）
父代收入对数 （lnincome）	0.153	0.068	2.25	0.025	**
父代年龄 （cfps_age）	− 0.247	0.191	− 1.29	0.198	
父代年龄平方项 （age^2）	0.002	0.002	1.29	0.196	
子代年龄 （childcfps_age）	0.346	0.119	2.91	0.004	***
子代年龄平方项 （$childage^2$）	− 0.005	0.002	− 2.29	0.023	**
常数项 （_cons）	9.342	4.033	2.32	0.021	**
因变量均值 （Mean dependent var）	10.069	因变量标准差 （SD dependent var）		1.037	
判定系数 （R-squared）	0.157	样本数 （Number of obs）		253.000	
F 统计量 （F-test）	9.210	p 值 （Prob > F）		0.000	
赤池信息准则 （Akaike crit.（AIC））	704.208	贝叶斯信息准则 （Bayesian crit.（BIC））		725.408	

注：＊＊＊p＜0.01，＊＊p＜0.05。

2. 按照孩子的性别：分为父母和儿子、父母和女儿

2014 年的数据显示：父母与儿子的代际收入弹性为 0. 155（见表 4 - 18a），结果显著；父母与女儿的代际收入弹性为 0. 055（见表 4 - 19a），结果不够显著。说明父母对儿子的收入有显著的影响，对女儿没有显著的影响。而 2016 年的数据显示：父母与儿子的代际收入弹性为 0. 054（见表 4 - 18b），结果不够显著；父母与女儿的代际收入弹性为 0. 105（见表 4 - 19b），结果不够显著。

表 4 - 18a　　　　　2014 年 CFPS 数据父母和儿子的代际收入弹性

子代收入对数 （lnchildincome）	系数 （Coef. ）	标准误差 （St. Err）	t 值 （t-value）	p 值 （p-value）	显著性 （Sig. ）
父代收入对数 （lnincome）	0. 155	0. 051	3. 03	0. 003	***
常数项 （_cons）	8. 432	0. 507	16. 63	0. 000	***
因变量均值 （Mean dependent var）	9. 964	因变量标准差 （SD dependent var）		0. 997	
判定系数 （R-squared）	0. 017	样本数 （Number of obs）		530. 000	
F 统计量 （F-test）	9. 195	p 值 （Prob > F）		0. 003	
赤池信息准则 （Akaike crit. （AIC））	1494. 227	贝叶斯信息准则 （Bayesian crit. （BIC））		1502. 772	

注：*** p < 0. 01。

表 4 - 18b　　　　　2016 年 CFPS 数据父母和儿子的代际收入弹性

子代收入对数 （lnchildincome）	系数 （Coef. ）	标准误差 （St. Err）	t 值 （t-value）	p 值 （p-value）	显著性 （Sig. ）
父代收入对数 （lnincome）	0. 054	0. 051	1. 06	0. 292	
父代年龄 （cfps_age）	0. 212	0. 124	1. 71	0. 088	*

子代收入对数 （lnchildincome）	系数 （Coef.）	标准误差 （St. Err）	t 值 （t-value）	p 值 （p-value）	显著性 （Sig.）
父代年龄平方项 （age^2）	-0.002	0.001	-1.73	0.084	*
子代年龄 （childcfps_age）	0.172	0.084	2.05	0.041	**
子代年龄平方项 （$childage^2$）	-0.002	0.002	-1.55	0.121	
常数项 （_cons）	1.566	2.735	0.57	0.567	
因变量均值 （Mean dependent var）	10.215		因变量标准差 （SD dependent var）		0.924
判定系数 （R-squared）	0.074		样本数 （Number of obs）		382.000
F 统计量 （F-test）	6.041		p 值 （Prob > F）		0.000
赤池信息准则 （Akaike crit.（AIC））	1004.972		贝叶斯信息准则 （Bayesian crit.（BIC））		1028.644

注：** p<0.05，* p<0.1。

表 4-19a　　　2014 年 CFPS 数据父母和女儿的代际收入弹性

子代收入对数 （lnchildincome）	系数 （Coef.）	标准误差 （St. Err）	t 值 （t-value）	p 值 （p-value）	显著性 （Sig.）
父代收入对数 （lnincome）	0.055	0.063	0.88	0.381	
常数项 （_cons）	9.143	0.621	14.72	0.000	***
因变量均值 （Mean dependent var）	9.685		因变量标准差 （SD dependent var）		1.040
判定系数 （R-squared）	0.002		样本数 （Number of obs）		379.000

子代收入对数 (lnchildincome)	系数 (Coef.)	标准误差 (St. Err)	t值 (t-value)	p值 (p-value)	显著性 (Sig.)
F统计量 (F-test)	0.769		p值 (Prob > F)		0.381
赤池信息准则 (Akaike crit. (AIC))	1107.875		贝叶斯信息准则 (Bayesian crit. (BIC))		1115.750

注：*** p < 0.01。

表 4 - 19b　　　　2016 年 CFPS 数据父母和女儿的代际收入弹性

子代收入对数 (lnchildincome)	系数 (Coef.)	标准误差 (St. Err)	t值 (t-value)	p值 (p-value)	显著性 (Sig.)
父代收入对数 (lnincome)	0.105	0.073	1.44	0.152	
父代年龄 (cfps_age)	-0.143	0.233	-0.62	0.538	
父代年龄平方项 (age²)	0.002	0.002	0.64	0.520	
子代年龄 (childcfps_age)	0.291	0.145	2.01	0.045	**
子代年龄平方项 (childage²)	-0.004	0.003	-1.35	0.178	
常数项 (_cons)	7.471	4.993	1.50	0.136	
因变量均值 (Mean dependent var)	9.863		因变量标准差 (SD dependent var)		1.128
判定系数 (R-squared)	0.185		样本数 (Number of obs)		254.000
F统计量 (F-test)	11.283		p值 (Prob > F)		0.000
赤池信息准则 (Akaike crit. (AIC))	740.879		贝叶斯信息准则 (Bayesian crit. (BIC))		762.103

注：** p < 0.05。

3. 按照父母和孩子的性别：分为父亲和儿子、父亲和女儿、母亲和儿子、母亲与女儿

2014 年的数据表明：父亲和儿子的代际收入弹性为 0.186（见表 4 - 20a），结果显著；父亲和女儿的代际收入弹性为 0.052（见表 4 - 21a），结果不显著；母亲与儿子的代际收入弹性为 0.139（见表 4 - 22a），结果不够显著；母亲与女儿的代际收入弹性为 0.076（见表 4 - 23a），结果不显著。总体来看，只有父亲对儿子的收入作用是显著的。父亲与母亲相比，对孩子收入的影响更大一些；父母对儿子的影响要比女儿大一些。

表 4 - 20a　　　　　　2014 年 CFPS 数据父亲和儿子的代际收入弹性

子代收入对数 (lnchildincome)	系数 (Coef.)	标准误差 (St. Err)	t 值 (t-value)	p 值 (p-value)	显著性 (Sig.)
父代收入对数 (lnincome)	0.186	0.072	2.59	0.010	**
常数项 (_cons)	8.089	0.726	11.14	0.000	***
因变量均值 (Mean dependent var)	9.964		因变量标准差 (SD dependent var)	1.002	
判定系数 (R-squared)	0.021		样本数 (Number of obs)	320.000	
F 统计量 (F-test)	6.714		p 值 (Prob > F)	0.010	
赤池信息准则 (Akaike crit. (AIC))	905.729		贝叶斯信息准则 (Bayesian crit. (BIC))	913.265	

注：$*** p < 0.01$，$** p < 0.05$。

表 4 - 20b　　　　　　2016 年 CFPS 数据父亲和儿子的代际收入弹性

子代收入对数 (lnchildincome)	系数 (Coef.)	标准误差 (St. Err)	t 值 (t-value)	p 值 (p-value)	显著性 (Sig.)
父代收入对数 (lnincome)	0.084	0.074	1.14	0.256	
父代年龄 (cfps_age)	0.418	0.161	2.60	0.010	**

子代收入对数 （lnchildincome）	系数 （Coef.）	标准误差 （St. Err）	t 值 （t-value）	p 值 （p-value）	显著性 （Sig.）
父代年龄平方项 （age²）	−0.004	0.002	−2.56	0.011	**
子代年龄 （childcfps_age）	0.134	0.111	1.22	0.226	
子代年龄平方项 （childage²）	−0.002	0.002	−0.94	0.351	
常数项 （_cons）	−3.713	3.511	−1.06	0.291	
因变量均值 （Mean dependent var）	10.205		因变量标准差 （SD dependent var）		0.944
判定系数 （R-squared）	0.101		样本数 （Number of obs）		234.000
F 统计量 （F-test）	5.114		p 值 （Prob > F）		0.000
赤池信息准则 （Akaike crit.（AIC））	623.064		贝叶斯信息准则 （Bayesian crit.（BIC））		643.796

注：** p < 0.05。

表 4 – 21a　　　　　　2014 年 CFPS 数据父亲和女儿的代际收入弹性

子代收入对数 （lnchildincome）	系数 （Coef.）	标准误差 （St. Err）	t 值 （t-value）	p 值 （p-value）	显著性 （Sig.）
父代收入对数 （lnincome）	0.052	0.084	0.61	0.540	
常数项 （_cons）	9.155	0.854	10.72	0.000	***
因变量均值 （Mean dependent var）	9.678		因变量标准差 （SD dependent var）		1.025
判定系数 （R-squared）	0.002		样本数 （Number of obs）		235.000

子代收入对数 （lnchildincome）	系数 （Coef.）	标准误差 （St. Err）	t 值 （t-value）	p 值 （p-value）	显著性 （Sig.）
F 统计量 （F-test）	0.377		p 值 （Prob > F）		0.540
赤池信息准则 （Akaike crit.（AIC））	681.314		贝叶斯信息准则 （Bayesian crit.（BIC））		688.233

注：*** p＜0.01。

表 4－21b　　　　　2016 年 CFPS 数据父亲和女儿的代际收入弹性

子代收入对数 （lnchildincome）	系数 （Coef.）	标准误差 （St. Err）	t 值 （t-value）	p 值 （p-value）	显著性 （Sig.）
父代收入对数 （lnincome）	−0.002	0.096	−0.02	0.983	
父代年龄 （cfps_age）	−0.057	0.317	−0.18	0.858	
父代年龄平方项 （age^2）	0.001	0.003	0.20	0.843	
子代年龄 （childcfps_age）	0.164	0.190	0.86	0.389	
子代年龄平方项 （$childage^2$）	−0.001	0.004	−0.40	0.692	
常数项 （_cons）	8.074	7.070	1.14	0.255	
因变量均值 （Mean dependent var）	9.878		因变量标准差 （SD dependent var）		1.095
判定系数 （R-squared）	0.160		样本数 （Number of obs）		149.000
F 统计量 （F-test）	5.446		p 值 （Prob > F）		0.000
赤池信息准则 （Akaike crit.（AIC））	434.959		贝叶斯信息准则 （Bayesian crit.（BIC））		452.982

表 4 – 22a　　　　　**2014 年 CFPS 数据母亲和儿子的代际收入弹性**

子代收入对数 （lnchildincome）	系数 （Coef.）	标准误差 （St. Err）	t 值 （t-value）	p 值 （p-value）	显著性 （Sig.）
父代收入对数 （lnincome）	0.139	0.077	1.79	0.075	*
常数项 （_cons）	8.626	0.750	11.51	0.000	***

因变量均值 （Mean dependent var）	9.963	因变量标准差 （SD dependent var）	0.990
判定系数 （R-squared）	0.015	样本数 （Number of obs）	210.000
F 统计量 （F-test）	3.206	p 值 （Prob > F）	0.075
赤池信息准则 （Akaike crit.（AIC））	591.711	贝叶斯信息准则 （Bayesian crit.（BIC））	598.405

注：*** p < 0.01，* p < 0.1。

表 4 – 22b　　　　　**2016 年 CFPS 数据母亲和儿子的代际收入弹性**

子代收入对数 （lnchildincome）	系数 （Coef.）	标准误差 （St. Err）	t 值 （t-value）	p 值 （p-value）	显著性 （Sig.）
父代收入对数 （lnincome）	0.050	0.075	0.66	0.508	
父代年龄 （cfps_age）	− 0.191	0.210	− 0.91	0.365	
父代年龄平方项 （age^2）	0.002	0.002	0.85	0.394	
子代年龄 （childcfps_age）	0.222	0.130	1.71	0.090	*
子代年龄平方项 （$childage^2$）	− 0.003	0.002	− 1.28	0.202	
常数项 （_cons）	11.211	4.595	2.44	0.016	**

子代收入对数 （lnchildincome）	系数 （Coef.）	标准误差 （St. Err）	t 值 （t-value）	p 值 （p-value）	显著性 （Sig.）
因变量均值 （Mean dependent var）	10.231		因变量标准差 （SD dependent var）		0.894
判定系数 （R-squared）	0.086		样本数 （Number of obs）		148.000
F 统计量 （F-test）	2.663		p 值 （Prob > F）		0.025
赤池信息准则 （Akaike crit.（AIC））	384.676		贝叶斯信息准则 （Bayesian crit.（BIC））		402.659

注：** p<0.05，* p<0.1。

表 4-23a　　　　　2014 年 CFPS 数据母亲和女儿的代际收入弹性

子代收入对数 （lnchildincome）	系数 （Coef.）	标准误差 （St. Err）	t 值 （t-value）	p 值 （p-value）	显著性 （Sig.）
父代收入对数 （lnincome）	0.076	0.102	0.75	0.457	
常数项 （_cons）	8.965	0.986	9.09	0.000	***
因变量均值 （Mean dependent var）	9.697		因变量标准差 （SD dependent var）		1.068
判定系数 （R-squared）	0.004		样本数 （Number of obs）		144.000
F 统计量 （F-test）	0.556		p 值 （Prob > F）		0.457
赤池信息准则 （Akaike crit.（AIC））	430.080		贝叶斯信息准则 （Bayesian crit.（BIC））		436.020

注：*** p<0.01。

表 4-23b　　　　　2016 年 CFPS 数据母亲和女儿的代际收入弹性

子代收入对数 （lnchildincome）	系数 （Coef.）	标准误差 （St. Err）	t 值 （t-value）	p 值 （p-value）	显著性 （Sig.）
父代收入对数 （lnincome）	0.387	0.136	2.84	0.005	***

子代收入对数 （lnchildincome）	系数 （Coef.）	标准误差 （St. Err）	t 值 （t-value）	p 值 （p-value）	显著性 （Sig.）
父代年龄 （cfps_age）	-0.814	0.408	-2.00	0.049	**
父代年龄平方项 （age²）	0.008	0.004	2.03	0.045	**
子代年龄 （childcfps_age）	0.580	0.231	2.50	0.014	**
子代年龄平方项 （childage²）	-0.009	0.004	-2.11	0.037	**
常数项 （_cons）	17.100	8.241	2.08	0.041	**

因变量均值 （Mean dependent var）	9.842	因变量标准差 （SD dependent var）	1.178
判定系数 （R-squared）	0.278	样本数 （Number of obs）	105.000
F 统计量 （F-test）	7.623	p 值 （Prob > F）	0.000
赤池信息准则 （Akaike crit.（AIC））	309.117	贝叶斯信息准则 （Bayesian crit.（BIC））	325.041

注：*** p < 0.01，** p < 0.05。

2016 年的数据表明：父亲和儿子的代际收入弹性为 0.084（见表 4-20b），结果不够显著；父亲和女儿的代际收入弹性为 -0.002（见表 4-21b），结果不显著；母亲与儿子的代际收入弹性为 0.050（见表 4-22b），结果不够显著；母亲与女儿的代际收入弹性为 0.387（见表 4-23b），结果显著。总体来看，只有母亲对女儿的收入作用是显著的。父亲对儿子的影响、母亲对女儿的影响很大；而父亲对女儿和母亲对儿子的影响都是负的。

2014 年和 2016 年两年的数据结果很不一致，这两年的数据处理方法完全相同，但得出的结论差别很大。因此，需要进一步分析揭示结论出现差别的原因。

二、CHARLS 数据：logistic 回归

logistic 回归是一种广义的线性回归，logistic 回归适合于因变量是二分类的或是多分类的。这里由于因变量（子代的收入）是定序的分类变量，因此采用的是有序的 logistic 回归。同样首先分析基本模型的 logistic 回归，然后加上年龄项再进行回归，最后按照性别和户口进行分类回归。

（一）基本模型的 logistic 回归

如果直接用父代的收入进行回归往往得到的相关系数非常小，因此用父代的收入对数进行回归（见表 4 - 24），可以看到相关系数为 0.192，并且结果很显著。说明用 CHARLS 数据得出父亲的代际收入弹性为 0.192，要比用 CFPS 数据大一些，更加靠近其他学者的研究。

表 4 - 24　　　　　CHARLS 数据子代收入与父代收入对数的 logistic 回归

子代收入 （cb069）	系数 （Coef.）	标准误差 （St. Err）	t 值 （t-value）	p 值 （p-value）	显著性 （Sig.）
父代收入对数 （lnga002_w2_2bparent）	0.192	0.026	7.40	0.000	***
常数项（_cons）	- 2.459	0.280	- 8.77	0.000	***
常数项（_cons）	- 1.355	0.254	- 5.34	0.000	***
常数项（_cons）	- 0.374	0.245	- 1.52	0.127	
常数项（_cons）	0.887	0.243	3.65	0.000	***
常数项（_cons）	1.836	0.245	7.50	0.000	***
常数项（_cons）	2.953	0.249	11.88	0.000	***
常数项（_cons）	4.549	0.258	17.65	0.000	***
常数项（_cons）	5.607	0.275	20.40	0.000	***
常数项（_cons）	6.270	0.298	21.07	0.000	***
常数项（_cons）	6.997	0.342	20.45	0.000	***
因变量均值 （Mean dependent var）	6.379		因变量标准差 （SD dependent var）		1.617
样本数 （Number of obs）	3202.000		卡方值 （Chi-square）		54.748
p 值 （Prob > chi2）	0.000		赤池信息准则 （Akaike crit. (AIC)）		11936.842

注：*** p < 0.01。

（二）加入年龄和年龄的平方项后的 logistic 回归

代际收入流动问题着重分析的是父代与子代长期收入水平之间的关系，如果对暂时性波动进行处理，能够将短期收入中的"暂时性波动"完全去除，就可以得到近似的长期收入。虽然"暂时性波动"受到诸多不可观测因素的影响，但收入随着年龄而波动，如果考虑了年龄，就可以减少短期收入与长期收入之间的差异。因此，加入年龄的因素，可以优化短期收入对长期收入的替代效果，分析结果见表 4 - 25。

表 4 - 25　　CHARLS 数据子代和父代收入对数的 logistic 回归（加入年龄项）

子代收入 （cb069）	系数 （Coef.）	标准误差 （St. Err）	t 值 （t-value）	p 值 （p-value）	显著性 （Sig.）
父代收入对数 （lnga002_w2_2bparent）	0.296	0.027	10.88	0.000	***
父代年龄（parentage）	0.017	0.008	2.00	0.046	**
子代年龄（childage）	0.077	0.008	9.13	0.000	***
常数项（_cons）	1.625	0.477	3.41	0.001	***
常数项（_cons）	2.738	0.462	5.93	0.000	***
常数项（_cons）	3.734	0.458	8.15	0.000	***
常数项（_cons）	5.034	0.460	10.96	0.000	***
常数项（_cons）	6.034	0.463	13.03	0.000	***
常数项（_cons）	7.215	0.469	15.39	0.000	***
常数项（_cons）	8.857	0.476	18.59	0.000	***
常数项（_cons）	9.923	0.486	20.40	0.000	***
常数项（_cons）	10.589	0.500	21.19	0.000	***
常数项（_cons）	11.316	0.528	21.45	0.000	***
因变量均值 （Mean dependent var）	6.379	因变量标准差 （SD dependent var）			1.617
样本数 （Number of obs）	3202.000	卡方值 （Chi-square）			279.369
p 值 （Prob > chi2）	0.000	赤池信息准则 （Akaike crit.（AIC））			11707.236

注：*** p < 0.01，** p < 0.05。

加入了年龄项以后，代际收入弹性上升为0.296，结果显著；子代的年龄和父代的年龄都对收入的作用显著。说明加入年龄项后使方程的拟合更好了，估计的代际收入弹性更合理。

（三）按照父母和孩子性别的 logistic 回归

分析数据显示：父亲和儿子的收入弹性为0.413（见表4-26），父亲和女儿的收入弹性为0.318（见表4-27），母亲与儿子的收入弹性为0.256（见表4-28），母亲和女儿的收入弹性为0.227（见表4-29），结果都是显著的。明显可以看出，父亲对孩子收入的影响更大一些。用CHARLS数据得出的代际收入弹性为0.22~0.41，说明我国的代际流动性不大，有着很明显的阶层固化的趋势。

表4-26　　　　　CHARLS 数据父亲和儿子 logistic 回归

子代收入 （cb069）	系数 （Coef.）	标准误差（ St. Err)	t 值 （t-value）	p 值 （p-value）	显著性 （Sig.）
父代收入对数 （lnga002_w2_2bparent）	0.413	0.049	8.42	0.000	***
父代年龄（parentage）	0.025	0.014	1.72	0.085	*
子代年龄（childage）	0.079	0.015	5.38	0.000	***
常数项（_cons）	2.907	0.895	3.25	0.001	***
常数项（_cons）	4.374	0.859	5.09	0.000	***
常数项（_cons）	5.420	0.854	6.34	0.000	***
常数项（_cons）	6.752	0.858	7.87	0.000	***
常数项（_cons）	7.734	0.864	8.95	0.000	***
常数项（_cons）	9.023	0.875	10.31	0.000	***
常数项（_cons）	10.757	0.889	12.09	0.000	***
常数项（_cons）	11.937	0.910	13.11	0.000	***
常数项（_cons）	12.813	0.950	13.49	0.000	***
常数项（_cons）	13.799	1.054	13.10	0.000	***
因变量均值 （Mean dependent var）	6.303		因变量标准差 （SD dependent var）		1.553
样本数 （Number of obs）	1182.000		卡方值 （Chi-square）		119.761
p 值 （Prob > chi2）	0.000		赤池信息准则 （Akaike crit.（AIC））		4242.993

注：***p<0.01，*p<0.1。

表 4 - 27　　　　　　　CHARLS 数据父亲和女儿 logistic 回归

子代收入 （cb069）	系数 （Coef.）	标准误差 （St. Err）	t 值 （t-value）	p 值 （p-value）	显著性 （Sig.）
父代收入对数 （lnga002_w2_2bparent）	0.318	0.052	6.14	0.000	***
父代年龄（parentage）	0.012	0.016	0.72	0.468	
子代年龄（childage）	0.084	0.016	5.21	0.000	***
常数项（_cons）	1.788	0.907	1.97	0.049	**
常数项（_cons）	3.095	0.879	3.52	0.000	***
常数项（_cons）	3.893	0.875	4.45	0.000	***
常数项（_cons）	5.155	0.878	5.87	0.000	***
常数项（_cons）	6.204	0.885	7.01	0.000	***
常数项（_cons）	7.285	0.894	8.15	0.000	***
常数项（_cons）	8.848	0.904	9.79	0.000	***
常数项（_cons）	9.887	0.917	10.78	0.000	***
常数项（_cons）	10.424	0.931	11.19	0.000	***
常数项（_cons）	11.008	0.957	11.50	0.000	***
因变量均值 （Mean dependent var）	6.441	因变量标准差 （SD dependent var）		1.686	
样本数 （Number of obs）	981.000	卡方值 （Chi-square）		93.459	
p 值 （Prob > chi2）	0.000	赤池信息准则 （Akaike crit.（AIC））		3660.422	

注：*** p < 0.01，** p < 0.05。

表 4 - 28　　　　　　　CHARLS 数据母亲和儿子 logistic 回归

子代收入 （cb069）	系数 （Coef.）	标准误差 （St. Err）	t 值 （t-value）	p 值 （p-value）	显著性 （Sig.）
父代收入对数 （lnga002_w2_2bparent）	0.256	0.063	4.05	0.000	***
父代年龄（parentage）	0.037	0.020	1.80	0.072	*
子代年龄（childage）	0.066	0.020	3.30	0.001	***
常数项（_cons）	2.340	1.091	2.15	0.032	**

子代收入 （cb069）	系数 （Coef.）	标准误差 （St. Err）	t 值 （t-value）	p 值 （p-value）	显著性 （Sig.）
常数项（_cons）	2.934	1.076	2.73	0.006	***
常数项（_cons）	3.912	1.067	3.67	0.000	***
常数项（_cons）	5.184	1.069	4.85	0.000	***
常数项（_cons）	6.213	1.077	5.77	0.000	***
常数项（_cons）	7.607	1.096	6.94	0.000	***
常数项（_cons）	9.179	1.116	8.22	0.000	***
常数项（_cons）	10.123	1.137	8.90	0.000	***
常数项（_cons）	10.991	1.179	9.32	0.000	***
常数项（_cons）	12.791	1.491	8.58	0.000	***

因变量均值 （Mean dependent var）	6.391	因变量标准差 （SD dependent var）	1.595
样本数 （Number of obs）	565.000	卡方值 （Chi-square）	59.556
p 值 （Prob > chi2）	0.000	赤池信息准则 （Akaike crit.（AIC））	2048.886

注：*** p < 0.01，** p < 0.05，* p < 0.1。

表 4 – 29　　　　CHARLS 数据母亲和女儿 logistic 回归

子代收入 （cb069）	系数 （Coef.）	标准误差 （St. Err）	t 值 （t-value）	p 值 （p-value）	显著性 （Sig.）
父代收入对数 （lnga002_w2_2bparent）	0.227	0.070	3.26	0.001	***
父代年龄（parentage）	0.040	0.022	1.82	0.068	*
子代年龄（childage）	0.039	0.021	1.90	0.058	*
常数项（_cons）	0.974	1.240	0.79	0.432	
常数项（_cons）	1.683	1.206	1.40	0.163	
常数项（_cons）	3.113	1.183	2.63	0.009	***
常数项（_cons）	4.475	1.186	3.77	0.000	***
常数项（_cons）	5.450	1.194	4.57	0.000	***
常数项（_cons）	6.415	1.204	5.33	0.000	***

子代收入 （cb069）	系数 （Coef.）	标准误差 （St. Err）	t 值 （t-value）	p 值 （p-value）	显著性 （Sig.）
常数项（_cons）	8.147	1.227	6.64	0.000	***
常数项（_cons）	9.234	1.252	7.38	0.000	***
常数项（_cons）	9.697	1.273	7.62	0.000	***
常数项（_cons）	10.039	1.296	7.75	0.000	***
因变量均值 （Mean dependent var）	6.453		因变量标准差 （SD dependent var）		1.637
样本数 （Number of obs）	466.000		卡方值 （Chi-square）		28.725
p 值 （Prob > chi2）	0.000		赤池信息准则 （Akaike crit.（AIC））		1728.418

注：*** p < 0.01，* p < 0.1。

总体来看，CFPS 数据和 CHARLS 数据父代和子代的收入水平呈现出比较一致的稳定性，说明样本的收入分布具有很好的代表性。2014 年 CFPS 和 2015 年 CHARLS 研究结果也比较一致：父亲对孩子收入的影响更为重要，而 2016 年 CFPS 数据的结果却不太相同，女性劳动力也具有不可忽视的作用。CFPS 数据中，我们运用线性回归模型对代际收入弹性进行估计，从回归结果可以看出略低于已有的研究文献，可能是由于使用了一年收入的数据进行估算。与代内的收入分配相比，代际收入流动的研究对数据的要求更高，尤其是对收入测量和处理。但我国的数据来源时间跨度并不是很大，一般最多是二十年的时间，而且要能够持续配对上的数据就会变得更少，这一问题确实很难解决。但加入了年龄和年龄的平方项后，利用 CHARLS 数据，得出的代际收入弹性结果与其他学者的研究很相近，说明我国的确存在着一定程度的阶层固化。

第四节　城乡的代际收入弹性估计

近年来，农村学生进入我国顶尖高校的比例越来越少，农村的教育资源分配和公平性已经引起了社会的广泛关注。我国也在不断加大农村的教育投入，但农村的家庭背景还是制约农村学生教育投资的重要因素。我国特有两元经济结构，农村和城市经济体系的差异，总体上农村收入较低，并且许多农村家庭的孩子，经过读书后，留在城市，势必会大幅度地提高孩子的收入水平，使代际收入弹性受到震动。因此，这一部分，将分为农村和城市，分别测算代际收入弹性；并分析一种特殊的情况：父亲是农村户口、而孩子是城市户口时的代际收入弹性，这种情况代表了孩子发生了迁移，揭示人口流动对代际收入弹性的影响。

一、CFPS 数据

（一）父代和子代都是农村户口

父代和子代都是农村户口的如表 4 - 30a、表 4 - 30b 所示。

表 4 - 30a   2014 年 CFPS 数据父代和子代都是农村户口的代际收入弹性分析

子代收入对数 （lnchildincome）	系数 （Coef.）	标准误差 （St. Err）	t 值 （t-value）	p 值 （p-value）	显著性 （Sig.）
父代收入对数 （lnincome）	0.055	0.048	1.15	0.250	
常数项 （_cons）	9.243	0.467	19.78	0.000	***
因变量均值 （Mean dependent var）	9.779		因变量标准差 （SD dependent var）		0.955
判定系数 （R-squared）	0.002		样本数 （Number of obs）		548.000
F 统计量 （F-test）	1.327		p 值 （Prob > F）		0.250
赤池信息准则 （Akaike crit.（AIC））	1506.069		贝叶斯信息准则 （Bayesian crit.（BIC））		1514.681

注：*** p < 0.01。

表 4 - 30b   2016 年 CFPS 数据父代和子代都是农村户口的代际收入弹性分析

子代收入对数 （lnchildincome）	系数 （Coef.）	标准误差 （St. Err）	t 值 （t-value）	p 值 （p-value）	显著性 （Sig.）
父代收入对数 （lnincome）	0.027	0.050	0.54	0.591	

子代收入对数 （lnchildincome）	系数 （Coef.）	标准误差 （St. Err）	t 值 （t-value）	p 值 （p-value）	显著性 （Sig.）
父代年龄 （cfps_age）	0.176	0.127	1.38	0.169	
父代年龄平方项 （age²）	− 0.002	0.001	− 1.32	0.189	
子代年龄 （childcfps_age）	0.119	0.084	1.40	0.161	
子代年龄平方项 （childage²）	− 0.001	0.002	− 0.76	0.450	
常数项 （_cons）	3.058	2.811	1.09	0.277	

因变量均值 （Mean dependent var）	10.045	因变量标准差 （SD dependent var）	0.947
判定系数 （R-squared）	0.101	样本数 （Number of obs）	418.000
F 统计量 （F-test）	9.232	p 值 （Prob > F）	0.000
赤池信息准则 （Akaike crit.（AIC））	1107.220	贝叶斯信息准则 （Bayesian crit.（BIC））	1131.432

（二）父代和子代都是非农村户口

父代和子代都是非农村户口如表 4 – 31 所示。

表 4 – 31a　2014 年 CFPS 数据父代和子代都是非农村户口的代际收入弹性分析

子代收入对数 （lnchildincome）	系数 （Coef.）	标准误差 （St. Err）	t 值 （t-value）	p 值 （p-value）	显著性 （Sig.）
父代收入对数 （lnincome）	0.202	0.091	2.22	0.027	**
常数项 （_cons）	7.921	0.924	8.57	0.000	***

子代收入对数 （lnchildincome）	系数 （Coef.）	标准误差 （St. Err）	t 值 （t-value）	p 值 （p-value）	显著性 （Sig.）
因变量均值 （Mean dependent var）	9.966	因变量标准差 （SD dependent var）		1.138	
判定系数 （R-squared）	0.018	样本数 （Number of obs）		277.000	
F 统计量 （F-test）	4.926	p 值 （Prob > F）		0.027	
赤池信息准则 （Akaike crit.（AIC））	855.623	贝叶斯信息准则 （Bayesian crit.（BIC））		862.871	

注：*** p < 0.01，** p < 0.05。

表 4 - 31b　2016 年 CFPS 数据父代和子代都是非农村户口的代际收入弹性分析

子代收入对数 （lnchildincome）	系数 （Coef.）	标准误差 （St. Err）	t 值 （t-value）	p 值 （p-value）	显著性 （Sig.）
父代收入对数 （lnincome）	0.159	0.097	1.64	0.104	*
父代年龄 （cfps_age）	-0.208	0.300	-0.69	0.488	
父代年龄平方项 （age²）	0.002	0.003	0.77	0.440	
子代年龄 （childcfps_age）	0.794	0.201	3.96	0.000	***
子代年龄平方项 （childage²）	-0.014	0.004	-3.78	0.000	***
常数项 （_cons）	2.049	6.262	0.33	0.744	
因变量均值 （Mean dependent var）	9.969	因变量标准差 （SD dependent var）		1.220	
判定系数 （R-squared）	0.212	样本数 （Number of obs）		143.000	
F 统计量 （F-test）	7.387	p 值 （Prob > F）		0.000	
赤池信息准则 （Akaike crit.（AIC））	439.513	贝叶斯信息准则 （Bayesian crit.（BIC））		457.290	

注：*** p < 0.01，* p < 0.1。

（三）父代是农村户口、子代是非农村户口

父代是农村户口、子代是非农村户口的如表4-32所示。

表4-32a　　　**2014年CFPS数据父母是农村户口、子代是**
非农村户口的代际收入弹性分析

子代收入对数 （lnchildincome）	系数 （Coef.）	标准误差 （St. Err）	t值 （t-value）	p值 （p-value）	显著性 （Sig.）
父代收入对数 （lnincome）	0.181	0.142	1.27	0.209	
常数项 （_cons）	8.298	1.396	5.95	0.000	***

因变量均值 （Mean dependent var）	10.065	因变量标准差 （SD dependent var）	1.027
判定系数 （R-squared）	0.029	样本数 （Number of obs）	57.000
F统计量 （F-test）	1.619	p值 （Prob > F）	0.209
赤池信息准则 （Akaike crit.（AIC））	166.178	贝叶斯信息准则 （Bayesian crit.（BIC））	170.264

注：*** p<0.01。

表4-32b　　　**2016年CFPS数据父母是农村户口、子代是**
非农村户口的代际收入弹性分析

子代收入对数 （lnchildincome）	系数 （Coef.）	标准误差 （St. Err）	t值 （t-value）	p值 （p-value）	显著性 （Sig.）
父代收入对数 （lnincome）	0.164	0.170	0.96	0.341	
常数项 （_cons）	9.046	1.713	5.28	0.000	***

因变量均值 （Mean dependent var）	10.693	因变量标准差 （SD dependent var）	0.861
判定系数 （R-squared）	0.021	样本数 （Number of obs）	45.000

子代收入对数 （lnchildincome）	系数 （Coef.）	标准误差 （St. Err）	t 值 （t-value）	p 值 （p-value）	显著性 （Sig.）
F 统计量 （F-test）	0.929		p 值 （Prob > F）		0.341
赤池信息准则 （Akaike crit.（AIC））	116.271		贝叶斯信息准则 （Bayesian crit.（BIC））		119.885

注：*** p < 0.01。

总体上看，2014 年数据：农村家庭 548 户，城市家庭 277 户。农村家庭中父代收入与子代收入的相关系数为 0.055（见表 4-30a），城市家庭中父代收入和子代收入的相关系数为 0.202（见表 4-31a）。农村的相关系数要小于城市，说明农村中代际收入流动性更大，代际收入保持性差。而父代和子代户口不一致的，说明后代有了迁移的情形，结果不够显著（见表 4-32a），说明迁移改变了代际流动性。

2016 年数据：农村家庭 418 户，城市家庭 143 户。农村家庭中父代收入与子代收入的相关系数为 0.027，不显著（见表 4-30b）；城市家庭中父代收入和子代收入的相关系数为 0.159，结果显著（见表 4-31b）。与 2014 年的数据比较，结果虽然不同，但趋势是基本相同的，说明农村内部的代际流动性不强，城市内部的代际收入保持性更强，并且迁移改变了代际流动性（见表 4-32b）。

二、CHARLS 数据

（一）按照父代和子代户口分类的 logistic 回归

根据前面的分析可以看出，很多农村家庭的孩子通过上大学去城市落户，如果从父代和子代的户口去区分，分类别地回归，可以看出迁移后的变化。例如，特别关注户口变量里的两个选项：农村户口和非农村户口；然后分为三类进行回归：父代是农村户口、孩子也是农村户口的；父代是非农村户口、孩子也是非农村户口的；父代是农村户口，但孩子是非农村户口的。虽然这种分类并不十分严密，但大致可以看出，农村的孩子如果离开了家庭，在城市落户，这种类型的代际传递机制会怎样。这似乎可以看出，迁移对于代际传递机制的影响。

同样利用父代和子代的配对数据，观察在城市和农村的代际收入弹性。农村中父母和孩子配对数据 1829 对，城市中父母和孩子配对数据

440 对。这样分组以后，可以发现，农村的代际收入弹性为 0.262（见表 4 - 33），城市的代际收入弹性为 0.367（见表 4 - 34），并且这两种情况的结果都很显著。表 4 - 35 代表了父代为农村户口、而孩子为非农村户口的迁移情形，代际收入弹性为负的，而且也不显著。说明迁移确实可以改变收入的传递。

1. 父代和子代都是农村户口

表 4 - 33　　　　　CHARLS 数据父代和子代都是农村户口的 logistic 回归

子代收入 （cb069）	系数 （Coef.）	标准误差 （St. Err）	t 值 （t-value）	p 值 （p-value）	显著性 （Sig.）
父代收入对数 （lnga002_w2_2bparent）	0.262	0.036	7.21	0.000	***
父代年龄（parentage）	0.010	0.011	0.94	0.349	
子代年龄（childage）	0.070	0.011	6.33	0.000	***
常数项（_cons）	0.887	0.652	1.36	0.174	
常数项（_cons）	1.941	0.636	3.05	0.002	***
常数项（_cons）	2.956	0.632	4.67	0.000	***
常数项（_cons）	4.289	0.634	6.77	0.000	***
常数项（_cons）	5.295	0.638	8.31	0.000	***
常数项（_cons）	6.539	0.644	10.15	0.000	***
常数项（_cons）	8.304	0.656	12.67	0.000	***
常数项（_cons）	9.425	0.675	13.96	0.000	***
常数项（_cons）	10.052	0.700	14.37	0.000	***
常数项（_cons）	10.616	0.737	14.41	0.000	***

因变量均值 （Mean dependent var）	6.220	因变量标准差 （SD dependent var）		1.559
样本数 （Number of obs）	1829.000	卡方值 （Chi-square）		115.728
p 值 （Prob > chi2）	0.000	赤池信息准则 （Akaike crit.（AIC））		6604.331

注：*** p < 0.01。

2. 父代和子代都是非农村户口

表 4 - 34 　　　CHARLS 数据父代和子代都是非农村户口的 logistic 回归

子代收入 （cb069）	系数 （Coef.）	标准误差 （St. Err）	t 值 （t-value）	p 值 （p-value）	显著性 （Sig.）
父代收入对数 （lnga002_w2_2bparent）	0.367	0.087	4.20	0.000	***
父代年龄（parentage）	0.010	0.027	0.37	0.713	
子代年龄（childage）	0.122	0.028	4.40	0.000	***
常数项（_cons）	2.575	1.422	1.81	0.070	*
常数项（_cons）	4.081	1.329	3.07	0.002	***
常数项（_cons）	5.272	1.313	4.01	0.000	***
常数项（_cons）	6.391	1.318	4.85	0.000	***
常数项（_cons）	7.329	1.329	5.51	0.000	***
常数项（_cons）	8.538	1.345	6.35	0.000	***
常数项（_cons）	10.183	1.364	7.47	0.000	***
常数项（_cons）	11.020	1.375	8.01	0.000	***
常数项（_cons）	11.794	1.395	8.45	0.000	***
常数项（_cons）	12.499	1.431	8.74	0.000	***
因变量均值 （Mean dependent var）	6.793	因变量量标准差 （SD dependent var）			1.696
样本数 （Number of obs）	440.000	卡方值 （Chi-square）			62.400
p 值 （Prob > chi2）	0.000	赤池信息准则 （Akaike crit.（AIC））			1635.718

注：***p<0.01，*p<0.1。

3. 户口迁移情形下的代际收入弹性分析

表 4 - 35 　　　CHARLS 数据父代是农村户口、子代是非农村户口的 logistic 回归

子代收入 （cb069）	系数 （Coef.）	标准误差 （St. Err）	t 值 （t-value）	p 值 （p-value）	显著性 （Sig.）
父代收入对数 （lnga002_w2_2bparent）	0.158	0.119	1.32	0.186	

子代收入 （cb069）	系数 （Coef.）	标准误差 （St. Err）	t 值 （t-value）	p 值 （p-value）	显著性 （Sig.）
父代年龄（parentage）	-0.009	0.035	-0.25	0.806	
子代年龄（childage）	0.143	0.036	4.01	0.000	***
常数项（_cons）	-0.222	2.249	-0.10	0.921	
常数项（_cons）	0.480	2.136	0.22	0.822	
常数项（_cons）	1.765	2.055	0.86	0.390	
常数项（_cons）	3.409	2.033	1.68	0.094	*
常数项（_cons）	4.754	2.040	2.33	0.020	**
常数项（_cons）	5.701	2.054	2.78	0.006	***
常数项（_cons）	7.314	2.075	3.52	0.000	***
常数项（_cons）	8.767	2.095	4.19	0.000	***
常数项（_cons）	9.717	2.131	4.56	0.000	***
常数项（_cons）	10.418	2.189	4.76	0.000	***

因变量均值 （Mean dependent var）	7.146	因变量标准差 （SD dependent var）	1.519
样本数 （Number of obs）	233.000	卡方值 （Chi-square）	28.297
p 值 （Prob > chi2）	0.000	赤池信息准则 （Akaike crit.（AIC））	834.841

注：*** p < 0.01，** p < 0.05，* p < 0.1。

（二）在城乡分类的基础上，分析性别对代际收入弹性的影响

根据城市和农村，进一步区分父母和孩子的性别，分析代际传递的特点。

1. 父母和孩子都是农村户口

在农村，父亲与儿子的代际收入弹性为 0.371（见表 4 - 36），父亲与女儿的代际收入弹性为 0.285（见表 4 - 37），母亲与儿子的代际收入弹性为 0.212（见表 4 - 38），母亲与女儿的代际收入弹性为 0.204（见表 4 - 39），结果都是显著的。可以看出，从父代上看，父亲对孩子收入的影响比母亲大；从子代上看，父母对儿子收入的影响比对女儿的大。

表 4-36　　　　　　　　CHARLS 数据农村父亲和儿子的代际收入弹性

子代收入 （cb069）	系数 （Coef.）	标准误差 （St. Err）	t 值 （t-value）	p 值 （p-value）	显著性 （Sig.）
父代收入对数 （lnga002_w2_2bparent）	0.371	0.063	5.92	0.000	***
父代年龄（parentage）	0.021	0.018	1.15	0.249	
子代年龄（childage）	0.063	0.018	3.50	0.000	***
常数项（_cons）	2.173	1.163	1.87	0.062	*
常数项（_cons）	3.232	1.136	2.85	0.004	***
常数项（_cons）	4.382	1.129	3.88	0.000	***
常数项（_cons）	5.794	1.133	5.11	0.000	***
常数项（_cons）	6.761	1.140	5.93	0.000	***
常数项（_cons）	8.154	1.153	7.07	0.000	***
常数项（_cons）	10.147	1.177	8.62	0.000	***
常数项（_cons）	11.836	1.261	9.39	0.000	***
常数项（_cons）	13.228	1.530	8.65	0.000	***
因变量均值 （Mean dependent var）	6.159	因变量标准差 （SD dependent var）		1.459	
样本数 （Number of obs）	705.000	卡方值 （Chi-square）		53.758	
p 值 （Prob > chi2）	0.000	赤池信息准则 （Akaike crit.（AIC））		2465.732	

注：*** p < 0.01，* p < 0.1。

表 4-37　　　　　　　　CHARLS 数据农村父亲和女儿的代际收入弹性

子代收入 （cb069）	系数 （Coef.）	标准误差 （St. Err）	t 值 （t-value）	p 值 （p-value）	显著性 （Sig.）
父代收入对数 （lnga002_w2_2bparent）	0.285	0.070	4.07	0.000	***
父代年龄（parentage）	0.008	0.021	0.35	0.723	
子代年龄（childage）	0.091	0.021	4.31	0.000	***
常数项（_cons）	1.634	1.265	1.29	0.196	
常数项（_cons）	2.956	1.239	2.39	0.017	**

子代收入 （cb069）	系数 （Coef.）	标准误差 （St. Err）	t 值 （t-value）	p 值 （p-value）	显著性 （Sig.）
常数项（_cons）	3.757	1.237	3.04	0.002	***
常数项（_cons）	4.955	1.240	4.00	0.000	***
常数项（_cons）	6.025	1.248	4.83	0.000	***
常数项（_cons）	7.181	1.259	5.70	0.000	***
常数项（_cons）	8.789	1.274	6.90	0.000	***
常数项（_cons）	9.834	1.297	7.58	0.000	***
常数项（_cons）	10.294	1.317	7.82	0.000	***
常数项（_cons）	10.635	1.339	7.94	0.000	***
因变量均值 （Mean dependent var）	6.234	因变量标准差 （SD dependent var）		1.668	
样本数 （Number of obs）	561.000	卡方值 （Chi-square）		49.587	
p 值 （Prob > chi2）	0.000	赤池信息准则 （Akaike crit.（AIC））		2092.964	

注：*** $p < 0.01$，** $p < 0.05$。

表 4-38　　　　CHARLS 数据农村母亲和儿子的代际收入弹性

子代收入 （cb069）	系数 （Coef.）	标准误差 （St. Err）	t 值 （t-value）	p 值 （p-value）	显著性 （Sig.）
父代收入对数 （lnga002_w2_2bparent）	0.212	0.085	2.50	0.012	**
父代年龄（parentage）	0.020	0.027	0.75	0.454	
子代年龄（childage）	0.052	0.026	2.01	0.045	**
常数项（_cons）	0.782	1.484	0.53	0.598	
常数项（_cons）	1.365	1.467	0.93	0.352	
常数项（_cons）	2.269	1.457	1.56	0.119	
常数项（_cons）	3.551	1.457	2.44	0.015	**
常数项（_cons）	4.611	1.466	3.15	0.002	***
常数项（_cons）	5.958	1.483	4.02	0.000	***
常数项（_cons）	7.671	1.510	5.08	0.000	***

子代收入 （cb069）	系数 （Coef.）	标准误差 （St. Err）	t 值 （t-value）	p 值 （p-value）	显著性 （Sig.）
常数项（_cons）	8.396	1.536	5.47	0.000	***
常数项（_cons）	9.261	1.598	5.79	0.000	***
常数项（_cons）	10.367	1.795	5.78	0.000	***
因变量均值 （Mean dependent var）	6.304	因变量标准差 （SD dependent var）		1.572	
样本数 （Number of obs）	316.000	卡方值 （Chi-square）		17.371	
p 值 （Prob > chi2）	0.001	赤池信息准则 （Akaike crit.（AIC））		1157.390	

注：*** p < 0.01，** p < 0.05。

表 4 – 39　　　　CHARLS 数据农村母亲和女儿的代际收入弹性

子代收入 （cb069）	系数 （Coef.）	标准误差 （St. Err）	t 值 （t-value）	p 值 （p-value）	显著性 （Sig.）
父代收入对数 （lnga002_w2_2bparent）	0.204	0.103	1.99	0.047	**
父代年龄（parentage）	0.040	0.033	1.23	0.218	
子代年龄（childage）	0.028	0.033	0.85	0.393	
常数项（_cons）	−0.698	1.985	−0.35	0.725	
常数项（_cons）	0.927	1.772	0.52	0.601	
常数项（_cons）	2.633	1.731	1.52	0.128	
常数项（_cons）	4.151	1.735	2.39	0.017	**
常数项（_cons）	5.124	1.744	2.94	0.003	***
常数项（_cons）	6.102	1.757	3.47	0.001	***
常数项（_cons）	7.881	1.789	4.41	0.000	***
常数项（_cons）	9.020	1.838	4.91	0.000	***
常数项（_cons）	9.314	1.862	5.00	0.000	***
常数项（_cons）	9.726	1.907	5.10	0.000	***
因变量均值 （Mean dependent var）	6.287	因变量标准差 （SD dependent var）		1.545	

子代收入 （cb069）	系数 （Coef.）	标准误差 （St. Err）	t 值 （t-value）	p 值 （p-value）	显著性 （Sig.）
样本数 （Number of obs）	244.000	卡方值 （Chi-square）		9.599	
p 值 （Prob > chi2）	0.022	赤池信息准则 （Akaike crit.（AIC））		895.948	

注：*** p < 0.01， ** p < 0.05。

2. 父代和子代都是非农村户口

父代和子代都是非农村户口的如表 4 - 40 ~ 表 4 - 43 所示。

表 4 - 40 　　　　　　　CHARLS 数据城市父亲和儿子的代际收入弹性

子代收入 （cb069）	系数 （Coef.）	标准误差 （St. Err）	t 值 （t-value）	p 值 （p-value）	显著性 （Sig.）
父代收入对数 （lnga002_w2_2bparent）	0.864	0.247	3.50	0.000	***
父代年龄（parentage）	− 0.005	0.047	− 0.10	0.916	
子代年龄（childage）	0.190	0.053	3.62	0.000	***
常数项（_cons）	10.312	3.351	3.08	0.002	***
常数项（_cons）	11.360	3.334	3.41	0.001	***
常数项（_cons）	12.559	3.349	3.75	0.000	***
常数项（_cons）	13.527	3.384	4.00	0.000	***
常数项（_cons）	14.860	3.426	4.34	0.000	***
常数项（_cons）	16.445	3.457	4.76	0.000	***
常数项（_cons）	16.934	3.465	4.89	0.000	***
常数项（_cons）	18.003	3.491	5.16	0.000	***
常数项（_cons）	19.406	3.596	5.40	0.000	***
因变量均值 （Mean dependent var）	6.849	因变量标准差 （SD dependent var）		1.725	
样本数 （Number of obs）	152.000	卡方值 （Chi-square）		30.664	
p 值 （Prob > chi2）	0.000	赤池信息准则 （Akaike crit.（AIC））		570.346	

注：*** p < 0.01。

表 4 – 41 　　　　　　CHARLS 数据城市父亲和女儿的代际收入弹性

子代收入 （cb069）	系数 （Coef.）	标准误差 （St. Err）	t 值 （t-value）	p 值 （p-value）	显著性 （Sig.）
父代收入对数 （lnga002_w2_2bparent）	0.155	0.140	1.11	0.268	
父代年龄（parentage）	– 0.012	0.052	– 0.22	0.823	
子代年龄（childage）	0.074	0.050	1.48	0.138	
常数项（_cons）	– 1.753	2.627	– 0.67	0.505	
常数项（_cons）	0.389	2.460	0.16	0.874	
常数项（_cons）	1.661	2.455	0.68	0.499	
常数项（_cons）	2.531	2.460	1.03	0.304	
常数项（_cons）	3.426	2.464	1.39	0.165	
常数项（_cons）	5.035	2.480	2.03	0.042	**
常数项（_cons）	6.019	2.499	2.41	0.016	**
常数项（_cons）	6.372	2.511	2.54	0.011	**
常数项（_cons）	6.899	2.538	2.72	0.007	***
因变量均值 （Mean dependent var）	7.073	因变量标准差 （SD dependent var）		1.721	
样本数 （Number of obs）	124.000	卡方值 （Chi-square）		5.678	
p 值 （Prob > chi2）	0.128	赤池信息准则 （Akaike crit.（AIC））		483.017	

注：*** p < 0.01，** p < 0.05。

表 4 – 42 　　　　　　CHARLS 数据城市母亲和儿子的代际收入弹性

子代收入 （cb069）	系数 （Coef.）	标准误差 （St. Err）	t 值 （t-value）	p 值 （p-value）	显著性 （Sig.）
父代收入对数 （lnga002_w2_2bparent）	0.332	0.189	1.76	0.078	*
父代年龄（parentage）	0.012	0.063	0.18	0.856	
子代年龄（childage）	0.194	0.063	3.09	0.002	***
常数项（_cons）	6.013	3.091	1.95	0.052	*
常数项（_cons）	6.975	3.072	2.27	0.023	**

子代收入 （cb069）	系数 （Coef.）	标准误差 （St. Err）	t 值 （t-value）	p 值 （p-value）	显著性 （Sig.）
常数项（_cons）	8.064	3.083	2.62	0.009	***
常数项（_cons）	9.123	3.111	2.93	0.003	***
常数项（_cons）	11.063	3.180	3.48	0.001	***
常数项（_cons）	12.652	3.235	3.91	0.000	***
常数项（_cons）	14.018	3.304	4.24	0.000	***
因变量均值 （Mean dependent var）	6.576	因变量标准差 （SD dependent var）		1.506	
样本数 （Number of obs）	92.000	卡方值 （Chi-square）		27.208	
p 值 （Prob > chi2）	0.000	赤池信息准则 （Akaike crit.（AIC））		314.212	

注：*** p < 0.01，** p < 0.05，* p < 0.1。

表 4 - 43   CHARLS 数据城市母亲和女儿的代际收入弹性

子代收入 （cb069）	系数 （Coef.）	标准误差 （St. Err）	t 值 （t-value）	p 值 （p-value）	显著性 （Sig.）
父代收入对数 （lnga002_w2_2bparent）	0.409	0.209	1.95	0.051	*
父代年龄（parentage）	0.053	0.091	0.58	0.559	
子代年龄（childage）	0.070	0.083	0.84	0.398	
常数项（_cons）	5.427	3.354	1.62	0.106	*
常数项（_cons）	6.647	3.340	1.99	0.047	**
常数项（_cons）	7.619	3.359	2.27	0.023	**
常数项（_cons）	8.613	3.384	2.54	0.011	**
常数项（_cons）	9.588	3.414	2.81	0.005	***
常数项（_cons）	11.848	3.512	3.37	0.001	***
常数项（_cons）	13.297	3.627	3.67	0.000	***
因变量均值 （Mean dependent var）	6.472	因变量标准差 （SD dependent var）		1.760	

子代收入 （cb069）	系数 （Coef.）	标准误差 （St. Err）	t值 （t-value）	p值 （p-value）	显著性 （Sig.）
样本数 （Number of obs）	72.000		卡方值 （Chi-square）		9.700
p值 （Prob > chi2）	0.021		赤池信息准则 （Akaike crit.（AIC））		270.468

注：*** p < 0.01，** p < 0.05，* p < 0.1。

城市中父亲与儿子的代际收入弹性为0.864（见表4－40），结果显著；父亲与女儿的代际收入弹性为0.155（见表4－41），结果不显著；母亲与儿子的代际收入弹性为0.332，结果显著（见表4－42）；母亲与女儿的代际收入弹性为0.409，结果显著（见表4－43）。同样也是父亲对孩子收入的影响要更大一些，尤其是父亲对于儿子的影响。

无论在农村还是城市，母亲的作用是小于父亲的，原因可能是母亲通常不是作为家庭收入的主要承担者。在某种程度上，家庭的收入是由父亲来决定的。父亲对孩子收入的影响更大一些，尤其是城市家庭，如果孩子可以通过迁移改变自己的居住地区，会打破代际传递的保持性，从而有利于提高自己的收入，完全的农村家庭很难跳出原来的家庭收入范围。

第五节　分年龄段的回归分析

随着研究的逐步深入，很多研究者认为实际数据很难体现为持久性的收入，当年的收入代表的是暂时性收入或短期收入，因此简单的回归方程存在测量结果偏低的问题。即使是利用五年的平均收入，也并不能是持久收入的完美测算；还有的研究提出采用工具变量法来克服解决这一问题。这一部分，分年龄段进行回归分析，观察不同年龄段代际收入弹性的特点。

一、CFPS 数据

（一）按照子代年龄段的回归分析
1. 子代年龄小于25岁
子代年龄小于25岁的回归分析如表4－44所示。

表 4 - 44a   **2014 年 CFPS 数据子代年龄小于 25 岁的回归分析**

子代收入对数 （lnchildincome）	系数 （Coef.）	标准误差 （St. Err）	t 值 （t-value）	p 值 （p-value）	显著性 （Sig.）
父代收入对数 （lnincome）	- 0.020	0.052	- 0.39	0.695	
常数项 （_cons）	9.768	0.513	19.03	0.000	***
因变量均值 （Mean dependent var）	9.568		因变量标准差 （SD dependent var）		1.041
判定系数 （R-squared）	0.000		样本数 （Number of obs）		528.000
F 统计量 （F-test）	0.154		p 值 （Prob > F）		0.695
赤池信息准则 （Akaike crit.（AIC））	1543.235		贝叶斯信息准则 （Bayesian crit.（BIC））		1551.773

注：*** p < 0.01。

表 4 - 44b   **2016 年 CFPS 数据子代年龄小于 25 岁的回归分析**

子代收入对数 （lnchildincome）	系数 （Coef.）	标准误差 （St. Err）	t 值 （t-value）	p 值 （p-value）	显著性 （Sig.）
父代收入对数 （lnincome）	0.077	0.066	1.16	0.246	
常数项 （_cons）	9.022	0.653	13.82	0.000	***
因变量均值 （Mean dependent var）	9.777		因变量标准差 （SD dependent var）		1.042
判定系数 （R-squared）	0.004		样本数 （Number of obs）		303.000
F 统计量 （F-test）	1.349		p 值 （Prob > F）		0.246
赤池信息准则 （Akaike crit.（AIC））	886.524		贝叶斯信息准则 （Bayesian crit.（BIC））		893.951

注：*** p < 0.01。

2. 子代年龄 25～35 岁

子代年龄为 25～35 岁的回归分析如表 4-45 所示。

表 4-45a   **2014 年 CFPS 数据子代年龄 25～35 岁的回归分析**

子代收入对数 （lnchildincome）	系数 （Coef.）	标准误差 （St. Err）	t 值 （t-value）	p 值 （p-value）	显著性 （Sig.）
父代收入对数 （lnincome）	0.330	0.054	6.12	0.000	***
常数项 （_cons）	6.964	0.537	12.97	0.000	***

因变量均值 （Mean dependent var）	10.237	因变量标准差 （SD dependent var）	0.860
判定系数 （R-squared）	0.094	样本数 （Number of obs）	364.000
F 统计量 （F-test）	37.434	p 值 （Prob > F）	0.000
赤池信息准则 （Akaike crit.（AIC））	890.235	贝叶斯信息准则 （Bayesian crit.（BIC））	898.030

注：*** p < 0.01。

表 4-45b   **2016 年 CFPS 数据子代年龄 25～35 岁的回归分析**

子代收入对数 （lnchildincome）	系数 （Coef.）	标准误差 （St. Err）	t 值 （t-value）	p 值 （p-value）	显著性 （Sig.）
父代收入对数 （lnincome）	0.092	0.059	1.57	0.117	
常数项 （_cons）	9.436	0.583	16.19	0.000	***

因变量均值 （Mean dependent var）	10.349	因变量标准差 （SD dependent var）	0.917
判定系数 （R-squared）	0.008	样本数 （Number of obs）	299.000
F 统计量 （F-test）	2.472	p 值 （Prob > F）	0.117
赤池信息准则 （Akaike crit.（AIC））	797.062	贝叶斯信息准则 （Bayesian crit.（BIC））	804.463

注：*** p < 0.01。

3. 子代年龄 35~45 岁

子代年龄在 35~45 岁的回归分析如表 4-46 所示。

表 4-46a　　　**2014 年 CFPS 数据子代年龄 35~45 岁的回归分析**

子代收入对数 (lnchildincome)	系数 (Coef.)	标准误差 (St. Err)	t 值 (t-value)	p 值 (p-value)	显著性 (Sig.)
父代收入对数 (lnincome)	0.371	0.255	1.46	0.168	
常数项 (_cons)	6.684	2.447	2.73	0.016	**
因变量均值 (Mean dependent var)	10.229		因变量标准差 (SD dependent var)		0.953
判定系数 (R-squared)	0.131		样本数 (Number of obs)		16.000
F 统计量 (F-test)	2.118		p 值 (Prob > F)		0.168
赤池信息准则 (Akaike crit. (AIC))	44.571		贝叶斯信息准则 (Bayesian crit. (BIC))		46.116

注：** p < 0.05。

表 4-46b　　　**2016 年 CFPS 数据子代年龄 35~45 岁的回归分析**

子代收入对数 (lnchildincome)	系数 (Coef.)	标准误差 (St. Err)	t 值 (t-value)	p 值 (p-value)	显著性 (Sig.)
父代收入对数 (lnincome)	0.040	0.189	0.21	0.835	
常数项 (_cons)	9.947	1.766	5.63	0.000	***
因变量均值 (Mean dependent var)	10.316		因变量标准差 (SD dependent var)		1.045
判定系数 (R-squared)	0.001		样本数 (Number of obs)		34.000
F 统计量 (F-test)	0.044		p 值 (Prob > F)		0.835
赤池信息准则 (Akaike crit. (AIC))	102.438		贝叶斯信息准则 (Bayesian crit. (BIC))		105.491

注：*** p < 0.01。

2014 年数据表明：孩子年龄为 90 年代出生的，代际收入弹性为 -0.020（见表 4 -44a），结果不显著；80 年代出生的代际收入弹性为 0.330（见表 4 -45a）；70 年代出生的，代际收入弹性为 0.371（见表 4 -46a），但结果不够显著；由于孩子是 60 年代出生的研究数据不足，所以没有给出分析。2016 年数据表明：孩子年龄为 90 年代出生的，代际收入弹性为 0.077（见表 4 -44b）；80 年代出生的代际收入弹性为 0.092（见表 4 -45b）；70 年代出生的，代际收入弹性为 0.040（见表 4 -46b）；虽然结果都不显著，但结果的趋势与 2014 年的数据结果基本相同。很显然，年龄为中间部分的代际收入弹性更大一些，正好体现了这一年龄段比较符合用来估计代际收入弹性。

（二）按照父代年龄段的回归分析

1. 父代年龄为 60 ~ 70 岁

父代年龄为 60 ~ 70 岁的回归分析如表 4 -47 所示。

表 4 -47a　　　2014 年 CFPS 数据父代年龄为 60 ~ 70 岁的回归分析

子代收入对数 （lnchildincome）	系数 （Coef.）	标准误差 （St. Err）	t 值 （t-value）	p 值 （p-value）	显著性 （Sig.）
父代收入对数 （lnincome）	0.278	0.186	1.49	0.147	
常数项 （_cons）	7.559	1.827	4.14	0.000	***
因变量均值 （Mean dependent var）	10.272		因变量标准差 （SD dependent var）		0.882
判定系数 （R-squared）	0.074		样本数 （Number of obs）		30.000
F 统计量 （F-test）	2.221		p 值 （Prob > F）		0.147
赤池信息准则 （Akaike crit.（AIC））	78.298		贝叶斯信息准则 （Bayesian crit.（BIC））		81.100

注：*** p < 0.01。

表 4 -47b　　　2016 年 CFPS 数据父代年龄为 60 ~ 70 岁的回归分析

子代收入对数 （lnchildincome）	系数 （Coef.）	标准误差 （St. Err）	t 值 （t-value）	p 值 （p-value）	显著性 （Sig.）
父代收入对数 （lnincome）	-0.025	0.130	-0.19	0.849	

子代收入对数 （lnchildincome）	系数 （Coef.）	标准误差 （St. Err）	t 值 （t-value）	p 值 （p-value）	显著性 （Sig.）
常数项 （_cons）	10.578	1.221	8.66	0.000	***
因变量均值 （Mean dependent var）	10.346	因变量标准差 （SD dependent var）		1.014	
判定系数 （R-squared）	0.001	样本数 （Number of obs）		53.000	
F 统计量 （F-test）	0.037	p 值 （Prob > F）		0.849	
赤池信息准则 （Akaike crit.（AIC））	154.861	贝叶斯信息准则 （Bayesian crit.（BIC））		158.801	

注：*** p < 0.01。

2. 父代年龄为 50～60 岁

父代年龄为 50～60 岁的回归分析如表 4 - 48 所示。

表 4 - 48a　　　　2014 年 CFPS 数据父代年龄为 50～60 岁的回归分析

子代收入对数 （lnchildincome）	系数 （Coef.）	标准误差 （St. Err）	t 值 （t-value）	p 值 （p-value）	显著性 （Sig.）
父代收入对数 （lnincome）	0.167	0.055	3.02	0.003	***
常数项 （_cons）	8.445	0.552	15.31	0.000	***
因变量均值 （Mean dependent var）	10.107	因变量标准差 （SD dependent var）		0.937	
判定系数 （R-squared）	0.023	样本数 （Number of obs）		391.000	
F 统计量 （F-test）	9.142	p 值 （Prob > F）		0.003	
赤池信息准则 （Akaike crit.（AIC））	1052.490	贝叶斯信息准则 （Bayesian crit.（BIC））		1060.428	

注：*** p < 0.01。

表 4 - 48b　　　　　　**2016 年 CFPS 数据父代年龄为 50～60 岁的回归分析**

子代收入对数 (lnchildincome)	系数 (Coef.)	标准误差 (St. Err)	t 值 (t-value)	p 值 (p-value)	显著性 (Sig.)
父代收入对数 (lnincome)	0.077	0.065	1.18	0.240	
常数项 (_cons)	9.543	0.648	14.72	0.000	***
因变量均值 (Mean dependent var)	10.304		因变量标准差 (SD dependent var)		0.921
判定系数 (R-squared)	0.005		样本数 (Number of obs)		280.000
F 统计量 (F-test)	1.389		p 值 (Prob > F)		0.240
赤池信息准则 (Akaike crit. (AIC))	750.300		贝叶斯信息准则 (Bayesian crit. (BIC))		757.570

注：*** p < 0.01。

3. 父代年龄为 40～50 岁

父代年龄为 40～50 岁的回归分析如表 4 - 49 所示。

表 4 - 49a　　　　　　**2014 年 CFPS 数据父代年龄为 40～50 岁的回归分析**

子代收入对数 (lnchildincome)	系数 (Coef.)	标准误差 (St. Err)	t 值 (t-value)	p 值 (p-value)	显著性 (Sig.)
父代收入对数 (lnincome)	0.043	0.058	0.75	0.453	
常数项 (_cons)	9.192	0.572	16.07	0.000	***
因变量均值 (Mean dependent var)	9.620		因变量标准差 (SD dependent var)		1.047
判定系数 (R-squared)	0.001		样本数 (Number of obs)		466.000
F 统计量 (F-test)	0.564		p 值 (Prob > F)		0.453
赤池信息准则 (Akaike crit. (AIC))	1368.009		贝叶斯信息准则 (Bayesian crit. (BIC))		1376.298

注：*** p < 0.01。

表 4 –49b　　　　2016 年 CFPS 数据父代年龄为 40～50 岁的回归分析

子代收入对数 (lnchildincome)	系数 (Coef.)	标准误差 (St. Err)	t 值 (t-value)	p 值 (p-value)	显著性 (Sig.)
父代收入对数 (lnincome)	0.109	0.067	1.64	0.102	*
常数项 (_cons)	8.754	0.660	13.27	0.000	***

因变量均值 (Mean dependent var)		9.833	因变量标准差 (SD dependent var)		1.042
判定系数 (R-squared)		0.009	样本数 (Number of obs)		293.000
F 统计量 (F-test)		2.695	p 值 (Prob > F)		0.102
赤池信息准则 (Akaike crit.(AIC))		856.159	贝叶斯信息准则 (Bayesian crit.(BIC))		863.520

注：*** p < 0.01，* p < 0.1。

4. 父代年龄为 40 岁以下

父代年龄为 40 岁以下的回归分析如表 4 –50 所示。

表 4 –50a　　　　2014 年 CFPS 数据父代年龄为 40 岁以下的回归分析

子代收入对数 (lnchildincome)	系数 (Coef.)	标准误差 (St. Err)	t 值 (t-value)	p 值 (p-value)	显著性 (Sig.)
父代收入对数 (lnincome)	- 0.187	0.228	- 0.82	0.422	
常数项 (_cons)	11.271	2.210	5.10	0.000	***

因变量均值 (Mean dependent var)		9.468	因变量标准差 (SD dependent var)		0.919
判定系数 (R-squared)		0.032	样本数 (Number of obs)		22.000
F 统计量 (F-test)		0.671	p 值 (Prob > F)		0.422
赤池信息准则 (Akaike crit.(AIC))		60.960	贝叶斯信息准则 (Bayesian crit.(BIC))		63.142

注：*** p < 0.01。

表 4 –50b　　　2016 年 CFPS 数据父代年龄为 40 岁以下的回归分析

子代收入对数 （lnchildincome）	系数 （Coef.）	标准误差 （St. Err）	t 值 （t-value）	p 值 （p-value）	显著性 （Sig.）
父代收入对数 （lnincome）	0.185	0.404	0.46	0.659	
常数项 （_cons）	7.485	3.968	1.89	0.096	*

因变量均值 （Mean dependent var）	9.290	因变量标准差 （SD dependent var）	1.345
判定系数 （R-squared）	0.026	样本数 （Number of obs）	10.000
F 统计量 （F-test）	0.210	p 值 （Prob > F）	0.659
赤池信息准则 （Akaike crit.（AIC））	36.989	贝叶斯信息准则 （Bayesian crit.（BIC））	37.594

注：* p < 0.1。

　　2014 年数据表明：父代年龄为 60 岁 ~ 70 岁，代际收入弹性为 0.278，结果不显著（见表 4 – 47a）；年龄为 50 ~ 60 岁，代际收入弹性为 0.167（见表 4 – 48a），结果显著；年龄为 40 ~ 50 岁，代际收入弹性为 0.043，结果不够显著（见表 4 – 49a）；年龄是 40 岁以下的，代际收入弹性是负的，也不够显著（见表 4 – 50a）。从父代的年龄段上看，年龄处于 50 ~ 60 岁的代际收入弹性更大一些，更适合估计代际收入弹性。2016 年的数据表明：父代年龄为 60 岁 ~ 70 岁，代际收入弹性为 - 0.025，结果不显著（见表 4 – 47b）；年龄为 50 ~ 60 岁，代际收入弹性为 0.077（见表 4 – 48b），结果不显著；年龄为 40 ~ 50 岁，代际收入弹性为 0.109，结果显著（见表 4 – 49b）；年龄是 40 岁以下的，代际收入弹性是 0.185，结果不显著（见表 4 – 50b）。从父代的年龄段上看，年龄处于 40 ~ 50 岁的代际收入弹性更大一些，更适合估计代际收入弹性，与 2014 年的数据不太一致。但总体来看：年龄处于 20 多岁阶段的子代，收入会显著低于持久性收入，年龄处于 30 ~ 40 岁，收入会接近于持久收入。因此，通常的研究将子代的年龄限制在 30 岁和 40 岁，而父代的年龄大致在 40 ~ 60 岁比较合适。

二、CHARLS 数据

（一）按照子代不同年龄段的回归分析

1. 子代是 1990 年以后出生

子代是 1990 年以后出生的 logistic 回归如表 4 - 51 所示。

表 4 - 51　　　　　CHARLS 数据子代是 1990 年以后出生的 logistic 回归

子代收入 （cb069）	系数 （Coef.）	标准误差 （St. Err）	t 值 （t-value）	p 值 （p-value）	显著性 （Sig.）
父代收入对数 （lnga002_w2_2bparent）	0.138	0.065	2.13	0.033	**
父代年龄（parentage）	-0.005	0.016	-0.32	0.747	
子代年龄（childage）	0.321	0.036	8.95	0.000	***
常数项（_cons）	4.948	1.178	4.20	0.000	***
常数项（_cons）	5.946	1.171	5.08	0.000	***
常数项（_cons）	6.845	1.172	5.84	0.000	***
常数项（_cons）	8.186	1.183	6.92	0.000	***
常数项（_cons）	9.413	1.195	7.88	0.000	***
常数项（_cons）	10.773	1.204	8.95	0.000	***
常数项（_cons）	12.966	1.243	10.43	0.000	***
常数项（_cons）	13.669	1.283	10.65	0.000	***

因变量均值 （Mean dependent var）	5.697	因变量标准差 （SD dependent var）	1.511
样本数 （Number of obs）	755.000	卡方值 （Chi-square）	90.068
p 值 （Prob > chi2）	0.000	赤池信息准则 （Akaike crit.（AIC））	2642.582

注：*** p < 0.01，** p < 0.05。

2. 子代是 1980～1989 年出生的

子代是 1980～1989 年出生的 logistic 回归如表 4 - 52 所示。

表 4 - 52　　　　　CHARLS 数据子代是 1980 ~ 1989 年出生的 logistic 回归

子代收入 （cb069）	系数 （Coef.）	标准误差 （St. Err）	t 值 （t-value）	p 值 （p-value）	显著性 （Sig.）
父代收入对数 （lnga002_w2_2bparent）	0.334	0.035	9.58	0.000	***
父代年龄（parentage）	0.022	0.011	2.02	0.043	**
子代年龄（childage）	0.041	0.017	2.40	0.016	**
常数项（_cons）	0.610	0.718	0.85	0.396	
常数项（_cons）	2.020	0.682	2.96	0.003	***
常数项（_cons）	3.075	0.676	4.55	0.000	***
常数项（_cons）	4.430	0.676	6.55	0.000	***
常数项（_cons）	5.416	0.679	7.97	0.000	***
常数项（_cons）	6.574	0.685	9.59	0.000	***
常数项（_cons）	8.107	0.692	11.71	0.000	***
常数项（_cons）	9.183	0.702	13.09	0.000	***
常数项（_cons）	9.708	0.711	13.66	0.000	***
常数项（_cons）	10.506	0.736	14.28	0.000	***

因变量均值 （Mean dependent var）	6.563	因变量标准差 （SD dependent var）		1.603
样本数 （Number of obs）	1957.000	卡方值 （Chi-square）		101.775
p 值 （Prob > chi2）	0.000	赤池信息准则 （Akaike crit.（AIC））		7197.405

注：*** p < 0.01，** p < 0.05。

3. 子代是 1970 ~ 1979 年出生的

子代是 1970 ~ 1979 年出生的 logistic 回归如表 4 - 53 所示。

表 4 - 53　　　　　CHARLS 数据子代是 1970 ~ 1979 年出生的 logistic 回归

子代收入 （cb069）	系数 （Coef.）	标准误差 （St. Err）	t 值 （t-value）	p 值 （p-value）	显著性 （Sig.）
父代收入对数 （lnga002_w2_2bparent）	0.271	0.060	4.52	0.000	***

子代收入 （cb069）	系数 （Coef.）	标准误差 （St. Err）	t 值 （t-value）	p 值 （p-value）	显著性 （Sig.）
父代年龄（parentage）	0.021	0.038	0.56	0.572	
子代年龄（childage）	0.020	0.034	0.60	0.550	
常数项（_cons）	-0.104	2.429	-0.04	0.966	
常数项（_cons）	0.599	2.409	0.25	0.804	
常数项（_cons）	1.968	2.395	0.82	0.411	
常数项（_cons）	3.277	2.395	1.37	0.171	
常数项（_cons）	4.108	2.398	1.71	0.087	*
常数项（_cons）	5.318	2.404	2.21	0.027	**
常数项（_cons）	7.178	2.411	2.98	0.003	***
常数项（_cons）	8.329	2.423	3.44	0.001	***
常数项（_cons）	9.357	2.455	3.81	0.000	***
常数项（_cons）	9.647	2.472	3.90	0.000	***

因变量均值 （Mean dependent var）	6.674	因变量标准差 （SD dependent var）	1.544
样本数 （Number of obs）	479.000	卡方值 （Chi-square）	20.940
p 值 （Prob > chi2）	0.000	赤池信息准则 （Akaike crit.（AIC））	1728.570

注：*** p<0.01，** p<0.05，* p<0.1。

4. 子代是 1960~1969 年出生的

子代是 1960~1969 年出生的 logistic 回归如表 4-54 所示。

表 4-54　CHARLS 数据子代是 1960~1969 年出生的 logistic 回归

子代收入 （cb069）	系数 （Coef.）	标准误差 （St. Err）	t 值 （t-value）	p 值 （p-value）	显著性 （Sig.）
父代收入对数 （lnga002_w2_2bparent）	-0.858	0.674	-1.27	0.203	
父代年龄（parentage）	-0.217	0.364	-0.59	0.552	
子代年龄（childage）	-0.527	0.461	-1.14	0.253	

子代收入 （cb069）	系数 （Coef.）	标准误差 （St. Err）	t 值 （t-value）	p 值 （p-value）	显著性 （Sig.）
常数项（_cons）	− 48.929	44.948	− 1.09	0.276	
常数项（_cons）	− 47.272	44.784	− 1.06	0.291	
常数项（_cons）	− 43.244	44.093	− 0.98	0.327	
因变量均值 （Mean dependent var）	7.700	因变量标准差 （SD dependent var）		0.823	
样本数 （Number of obs）	10.000	卡方值 （Chi-square）		2.585	
p 值 （Prob > chi2）	0.460	赤池信息准则 （Akaike crit.（AIC））		30.636	

表 4 – 51 中的代际收入弹性为 0.138，结果显著；表 4 – 52 中的代际收入弹性为 0.334，结果显著；表 4 – 53 中的代际收入弹性为 0.271，结果显著；表 4 – 54 中的结果是负的，也不够显著。总体上看：子代处于中间年龄段的代际收入弹性大一些，年龄处于两边的代际收入弹性小一些。

（二）按照父代不同年龄段的 logistic 回归

1. 父代年龄为 35 ~ 45 岁

父代年龄为 35 ~ 45 岁的 logistic 回归如表 4 – 55 所示。

表 4 –55　　　　　CHARLS 数据父代年龄为 35 ~ 45 岁的 logistic 回归

子代收入 （cb069）	系数 （Coef.）	标准误差 （St. Err）	t 值 （t-value）	p 值 （p-value）	显著性 （Sig.）
父代收入对数 （lnga002_w2_2bparent）	− 0.041	0.202	− 0.20	0.839	
父代年龄（parentage）	− 0.007	0.107	− 0.06	0.950	
子代年龄（childage）	0.060	0.055	1.09	0.275	
常数项（_cons）	− 2.323	5.079	− 0.46	0.647	
常数项（_cons）	− 1.188	5.063	− 0.23	0.814	
常数项（_cons）	− 0.263	5.058	− 0.05	0.959	
常数项（_cons）	0.921	5.065	0.18	0.856	

子代收入 （cb069）	系数 （Coef.）	标准误差 （St. Err）	t 值 （t-value）	p 值 （p-value）	显著性 （Sig.）
常数项（_cons）	2.005	5.068	0.40	0.692	
常数项（_cons）	3.618	5.078	0.71	0.476	
因变量均值 （Mean dependent var）	5.218	因变量标准差 （SD dependent var）		1.494	
样本数 （Number of obs）	101.000	卡方值 （Chi-square）		1.230	
p 值 （Prob > chi2）	0.746	赤池信息准则 （Akaike crit.（AIC））		376.490	

2. 父代年龄为 45～55 岁

父代年龄为 45～55 岁的 logistic 回归如表 4-56 所示。

表 4-56　　　　CHARLS 数据父代年龄为 45～55 岁的 logistic 回归

子代收入 （cb069）	系数 （Coef.）	标准误差 （St. Err）	t 值 （t-value）	p 值 （p-value）	显著性 （Sig.）
父代收入对数 （lnga002_w2_2bparent）	0.303	0.042	7.17	0.000	***
父代年龄（parentage）	-0.025	0.023	-1.09	0.277	
子代年龄（childage）	0.162	0.017	9.62	0.000	***
常数项（_cons）	1.579	1.123	1.41	0.160	
常数项（_cons）	2.810	1.109	2.53	0.011	**
常数项（_cons）	3.788	1.106	3.42	0.001	***
常数项（_cons）	5.099	1.108	4.60	0.000	***
常数项（_cons）	6.200	1.112	5.58	0.000	***
常数项（_cons）	7.453	1.117	6.67	0.000	***
常数项（_cons）	9.039	1.124	8.04	0.000	***
常数项（_cons）	10.077	1.135	8.88	0.000	***
常数项（_cons）	10.900	1.156	9.43	0.000	***
常数项（_cons）	11.782	1.205	9.78	0.000	***

子代收入 （cb069）	系数 （Coef.）	标准误差 （St. Err）	t 值 （t-value）	p 值 （p-value）	显著性 （Sig.）
因变量均值 （Mean dependent var）	6.198	因变量标准差 （SD dependent var）			1.571
样本数 （Number of obs）	1522.000	卡方值 （Chi-square）			141.536
p 值 （Prob > chi2）	0.000	赤池信息准则 （Akaike crit.（AIC））			5505.636

注：*** p < 0.01，** p < 0.05。

3. 父代年龄为 55~65 岁

父代年龄为 55~65 岁的 logistic 回归如表 4 - 57 所示。

表 4 - 57　　　CHARLS 数据父代年龄为 55~65 岁的 logistic 回归

子代收入 （cb069）	系数 （Coef.）	标准误差 （St. Err）	t 值 （t-value）	p 值 （p-value）	显著性 （Sig.）
父代收入对数 （lnga002_w2_2bparent）	0.298	0.037	8.12	0.000	***
父代年龄（parentage）	-0.022	0.019	-1.16	0.247	
子代年龄（childage）	0.053	0.010	5.30	0.000	***
常数项（_cons）	-1.398	1.173	-1.19	0.233	
常数项（_cons）	-0.441	1.159	-0.38	0.704	
常数项（_cons）	0.625	1.153	0.54	0.588	
常数项（_cons）	1.978	1.152	1.72	0.086	*
常数项（_cons）	2.897	1.153	2.51	0.012	**
常数项（_cons）	4.029	1.156	3.49	0.000	***
常数项（_cons）	5.704	1.160	4.92	0.000	***
常数项（_cons）	6.791	1.167	5.82	0.000	***
常数项（_cons）	7.371	1.174	6.28	0.000	***
常数项（_cons）	8.033	1.190	6.75	0.000	***
因变量均值 （Mean dependent var）	6.627	因变量标准差 （SD dependent var）			1.614
样本数 （Number of obs）	1579.000	卡方值 （Chi-square）			89.247
p 值 （Prob > chi2）	0.000	赤池信息准则 （Akaike crit.（AIC））			5791.084

注：*** p < 0.01，** p < 0.05，* p < 0.1。

父母年龄为 35 岁 ~ 45 岁,代际收入弹性为负的,结果不显著(见表 4 - 55);年龄为 45 ~ 55 岁的代际收入弹性为 0.303,结果显著(见表 4 - 56);年龄为 55 ~ 65 岁的代际收入弹性为 0.298,结果显著(见表 4 - 57)。从父代的年龄上看,年龄处于 45 ~ 55 岁的年龄,也就是中间部分的代际收入弹性更大一些。总体来看,用 CHARLS 数据分析的结果与 CFPS 的估计基本一致。无论是父代还是子代中间年龄段更适合用来估计代际收入弹性。

第六节　分位数回归

分位数回归是回归分析的方法之一。最早由罗杰科恩克(Roger Koenker)和吉尔伯特·巴塞特(Gilbert Bassett)于 1978 年提出。分位数回归研究自变量与因变量的条件分位数之间的关系。传统的回归分析得到的是中央的趋势,而分位数回归可以得到因变量的条件概率分布。分位数回归属于非参数统计方法之一。通常情况下,普通最小二乘法(OLS)的回归结果得出的结论显示的是对于平均收入意义下的父代收入对子代收入的影响。代际收入弹性很可能不是线性的关系,也就是不同收入水平上的代际收入弹性可能会不同。因此,分位数是非常有利于看到不同分位点的变化。

一般常用的是四分位数(Quartile),把所有数值由小到大排列,并分成四等份,处于三个分割点位置的数值就是四分位数。这里采用的是 CF-PS2014 年和 2016 年的数据,首先进行简单的分位数回归,然后进一步按照父代和子代的城乡和性别分类回归。

一、父代和子代收入的分位数回归

首先进行了父代和子代的四分位回归,2014 年的分析结果见表 4 - 58a,从回归系数可以看出,父代的代际收入弹性随着分位数而变化的情形。收入在 25%、50% 和 75% 上的回归系数分别为 0.160、0.233 和 0.105,结果都是显著。表明随着分位点的变化,相应的回归系数表现出先上升后下降的趋势,说明处于中等收入的子代对父代收入的依赖程度最大。如果进一步增加分位数点,考察处于 10%、25%、50%、75% 和 90% 的回归系数(见表 4 - 59a),更好地反映了代际收入的相关性。可以看到,整体的趋势依旧是两边低、中间高的趋势。父代收入水平高,子代受父代收入的影响相对较小，他们的收入很可能是通过自己努力的结果或者是高收入群体对收入信息有一定的隐瞒。

2016年的分析结果见表4-58b，从回归系数可以看出，父代的代际收入弹性随着分位数而变化的情形。收入在25%、50%和75%上的回归系数分别为0.129、0.060和0.079，收入在25%和75%上结果是显著的，收入在50%上的结果是不显著的。表明这几年，代际流动性已经发生了微妙的变化，中间收入阶层的流动性很强，而两端收入出现了阶层固化的趋势，并且低收入阶层的代际保持性更强。如果进一步增加分位数点，考察处于10%、25%、50%、75%和90%的回归系数（见表4-59b），更好地反映了代际收入的相关性。可以看到，收入在25%和75%的父代收入和子代收入的相关性最强，收入10%和90%的不明显。与2014年的数据结果相比，有中间阶层流动性增强，向两端开始代际收入弹性增加的趋势。

表4-58a　　　　2014年CFPS数据父代和子代收入的四分位回归

子代收入对数 （lnchildincome）	系数 （Coef.）	标准误差 （St. Err）	t 值 （t-value）	p 值 （p-value）	显著性 （Sig.）
父代收入对数（lnincome）	0.160	0.071	2.24	0.025	**
常数项（_cons）	7.715	0.690	11.18	0.000	***
父代收入对数（lnincome）	0.233	0.076	3.06	0.002	***
常数项（_cons）	7.777	0.752	10.34	0.000	***
父代收入对数（lnincome）	0.105	0.036	2.89	0.004	***
常数项（_cons）	9.485	0.349	27.14	0.000	***
因变量均值 （Mean dependent var）	9.848		因变量标准差 （SD dependent var）		1.024

注：*** p<0.01，** p<0.05。

表4-58b　　　　2016年CFPS数据父代和子代收入的四分位回归

子代收入对数 （lnchildincome）	系数 （Coef.）	标准误差 （St. Err）	t 值 （t-value）	p 值 （p-value）	显著性 （Sig.）
父代收入对数（lnincome）	0.129	0.058	2.25	0.025	**
常数项（_cons）	8.371	0.560	14.96	0.000	***
父代收入对数（lnincome）	0.060	0.046	1.31	0.190	

子代收入对数 （lnchildincome）	系数 （Coef.）	标准误差 （St. Err）	t 值 （t-value）	p 值 （p-value）	显著性 （Sig.）
常数项（_cons）	9.689	0.460	21.04	0.000	***
父代收入对数（lnincome）	0.079	0.032	2.46	0.014	**
常数项（_cons）	9.962	0.332	29.98	0.000	***
因变量均值 （Mean dependent var）	10.074		因变量标准差 （SD dependent var）		1.024

注：*** p < 0.01，** p < 0.05。

表 4-59a　　　　2014 年 CFPS 数据父代和孩子收入的分位回归

（10、20、50、75、90 分位数）

子代收入对数 （lnchildincome）	系数 （Coef.）	标准误差 （St. Err）	t 值 （t-value）	p 值 （p-value）	显著性 （Sig.）
父代收入对数（lnincome）	-0.059	0.074	-0.80	0.423	
常数项（_cons）	8.925	0.691	12.92	0.000	***
父代收入对数（lnincome）	0.160	0.086	1.86	0.064	*
常数项（_cons）	7.715	0.839	9.19	0.000	***
父代收入对数（lnincome）	0.233	0.074	3.15	0.002	***
常数项（_cons）	7.777	0.752	10.34	0.000	***
父代收入对数（lnincome）	0.105	0.046	2.28	0.023	**
常数项（_cons）	9.485	0.466	20.34	0.000	***
父代收入对数（lnincome）	0.140	0.031	4.46	0.000	***
常数项（_cons）	9.530	0.305	31.28	0.000	***
因变量均值 （Mean dependent var）	9.848		因变量标准差 （SD dependent var）		1.024

注：*** p < 0.01，** p < 0.05，* p < 0.1。

表 4-59b　　　　2016 年 CFPS 数据父代和孩子收入的分位回归

（10、20、50、75、90 分位数）

子代收入对数 （lnchildincome）	系数 （Coef.）	标准误差 （St. Err）	t 值 （t-value）	p 值 （p-value）	显著性 （Sig.）
父代收入对数（lnincome）	-0.075	0.121	-0.63	0.531	
常数项（_cons）	9.342	1.194	7.82	0.000	***

子代收入对数 （lnchildincome）	系数 （Coef.）	标准误差 （St. Err）	t 值 （t-value）	p 值 （p-value）	显著性 （Sig.）
父代收入对数（lnincome）	0.129	0.071	1.84	0.067	*
常数项（_cons）	8.371	0.704	11.89	0.000	***
父代收入对数（lnincome）	0.060	0.036	1.68	0.094	*
常数项（_cons）	9.689	0.361	26.81	0.000	***
父代收入对数（lnincome）	0.079	0.033	2.42	0.016	**
常数项（_cons）	9.962	0.327	30.42	0.000	***
父代收入对数（lnincome）	0.057	0.041	1.39	0.165	
常数项（_cons）	10.570	0.421	25.11	0.000	***
因变量均值 （Mean dependent var）	10.074		因变量标准差 （SD dependent var）		1.024

注：*** p<0.01，** p<0.05，* p<0.1。

二、按照城乡分类：父代和子代收入的分位数回归

（一）父代和子代都是农村户口

从 2014 年的数据看，处于 25% 和 90% 分位点的结果显著（见表 4-60a），还是 2016 年的数据，在农村，处于各个分位点的回归系数都很小，并且都不显著（表 4-60b）。

表 4-60a　　　2014 年 CFPS 数据父代和子代都是农村户口的分位数回归
（10、20、50、75、90 分位数）

子代收入对数 （lnchildincome）	系数 （Coef.）	标准误差 （St. Err）	t 值 （t-value）	p 值 （p-value）	显著性 （Sig.）
父代收入对数（lnincome）	0.000	0.119	0.00	1.000	
常数项（_cons）	8.517	1.102	7.73	0.000	***
父代收入对数（lnincome）	0.150	0.066	2.27	0.023	**
常数项（_cons）	7.792	0.688	11.33	0.000	***
父代收入对数（lnincome）	0.056	0.100	0.55	0.580	
常数项（_cons）	9.485	1.015	9.34	0.000	***
父代收入对数（lnincome）	0.061	0.034	1.81	0.071	*

子代收入对数 （lnchildincome）	系数 （Coef.）	标准误差 （St. Err）	t 值 （t-value）	p 值 （p-value）	显著性 （Sig.）
常数项（_cons）	9.853	0.334	29.47	0.000	***
父代收入对数（lnincome）	0.086	0.030	2.83	0.005	***
常数项（_cons）	9.940	0.288	34.51	0.000	***
因变量均值 （Mean dependent var）	9.779		因变量标准差 （SD dependent var）		0.955

注：*** p < 0.01，** p < 0.05，* p < 0.1。

表 4 - 60b　　　　2016 年 CFPS 数据父代和子代都是农村户口的分位数回归
（10、20、50、75、90 分位数）

子代收入对数 （lnchildincome）	系数 （Coef.）	标准误差 （St. Err）	t 值 （t-value）	p 值 （p-value）	显著性 （Sig.）
父代收入对数（lnincome）	-0.079	0.142	-0.56	0.577	
常数项（_cons）	9.475	1.406	6.74	0.000	***
父代收入对数（lnincome）	0.084	0.088	0.95	0.345	
常数项（_cons）	8.815	0.879	10.02	0.000	***
父代收入对数（lnincome）	0.056	0.050	1.12	0.265	
常数项（_cons）	9.699	0.491	19.77	0.000	***
父代收入对数（lnincome）	0.051	0.032	1.59	0.113	
常数项（_cons）	10.180	0.298	34.18	0.000	***
父代收入对数（lnincome）	0.031	0.043	0.72	0.469	
常数项（_cons）	10.745	0.439	24.48	0.000	***
因变量均值 （Mean dependent var）	10.045		因变量均值 （Mean dependent var）		0.947

注：*** p < 0.01。

（二）父代和子代都是非农村户口

2014 年的分析结果见表 4 - 61a，在城市，收入较低的回归系数是负的，不够显著，随着收入的提高，回归系数先升后降，也同样出现了中间比较大的特点，说明中间收入的代际传递比较明显。而 2016 年的数据结果（表 4 - 61b）都不够显著。

表 4 -61a　　　2014 年 CFPS 数据父代和子代都是非农村户口的分位数回归

子代收入对数 （lnchildincome）	系数 （Coef.）	标准误差 （St. Err）	t 值 （t-value）	p 值 （p-value）	显著性 （Sig.）
父代收入对数（lnincome）	-0.133	0.114	-1.17	0.244	
常数项（_cons）	9.486	1.152	8.24	0.000	***
父代收入对数（lnincome）	0.337	0.225	1.50	0.136	
常数项（_cons）	6.108	2.215	2.76	0.006	***
父代收入对数（lnincome）	0.354	0.090	3.92	0.000	***
常数项（_cons）	6.660	0.966	6.89	0.000	***
父代收入对数（lnincome）	0.233	0.072	3.25	0.001	***
常数项（_cons）	8.368	0.728	11.50	0.000	***
父代收入对数（lnincome）	0.164	0.119	1.38	0.168	
常数项（_cons）	9.504	1.233	7.71	0.000	***
因变量均值 （Mean dependent var）	9.966	因变量标准差 （SD dependent var）		1.138	

注：*** p < 0.01。

表 4 -61b　　　2016 年 CFPS 数据父代和子代都是非农村户口的分位数回归

子代收入对数 （lnchildincome）	系数 （Coef.）	标准误差 （St. Err）	t 值 （t-value）	p 值 （p-value）	显著性 （Sig.）
父代收入对数（lnincome）	0.215	0.295	0.73	0.467	
常数项（_cons）	5.911	3.128	1.89	0.061	*
父代收入对数（lnincome）	0.152	0.178	0.85	0.394	
常数项（_cons）	7.883	1.641	4.80	0.000	***
父代收入对数（lnincome）	0.122	0.114	1.07	0.288	
常数项（_cons）	9.078	1.184	7.67	0.000	***
父代收入对数（lnincome）	0.091	0.074	1.22	0.223	
常数项（_cons）	9.883	0.749	13.20	0.000	***
父代收入对数（lnincome）	0.144	0.078	1.84	0.068	*
常数项（_cons）	9.828	0.699	14.06	0.000	***
因变量均值 （Mean dependent var）	9.969	因变量标准差 （SD dependent var）		1.220	

注：*** p < 0.01，* p < 0.1。

三、按照性别分类：父代和子代收入的分位数回归

（一）父亲和儿子的收入分位数回归

2014 年父亲和儿子配对的数据为 320 对（见表 4 – 62a），收入处于 10%、25%、50%、75% 和 90% 上的回归系数分别为 0. 139、0. 154、0. 230、0. 203 和 0. 263，除了 10% 以外，其他结果都是显著的。表明随着分位点的变化，各个分位点的回归系数呈现出先上升后下降、再上升的趋势。表明随着收入增加，代际收入保持性增加。2016 年的数据表明，在各个分位点上，结果都不显著（见表 4 – 62b）。

表 4 – 62a　　　　　　2014 年 CFPS 数据父亲和儿子的收入分位数回归

子代收入对数 （lnchildincome）	系数 （Coef.）	标准误差 （St. Err）	t 值 （t-value）	p 值 （p-value）	显著性 （Sig.）
父代收入对数（lnincome）	0. 139	0. 140	0. 99	0. 321	
常数项（_cons）	7. 088	1. 375	5. 16	0. 000	***
父代收入对数（lnincome）	0. 154	0. 126	1. 23	0. 220	
常数项（_cons）	7. 860	1. 270	6. 19	0. 000	***
父代收入对数（lnincome）	0. 230	0. 113	2. 03	0. 043	**
常数项（_cons）	7. 929	1. 160	6. 83	0. 000	***
父代收入对数（lnincome）	0. 203	0. 048	4. 22	0. 000	***
常数项（_cons）	8. 599	0. 458	18. 78	0. 000	***
父代收入对数（lnincome）	0. 263	0. 050	5. 24	0. 000	***
常数项（_cons）	8. 335	0. 461	18. 07	0. 000	***
因变量均值 （Mean dependent var）	9. 964		因变量标准差 （SD dependent var）		1. 002

注：*** p < 0. 01，** p < 0. 05。

表 4 – 62b　　　　　　2016 年 CFPS 数据父亲和儿子的收入分位数回归

子代收入对数 （lnchildincome）	系数 （Coef.）	标准误差 （St. Err）	t 值 （t-value）	p 值 （p-value）	显著性 （Sig.）
父代收入对数（lnincome）	0. 198	0. 509	0. 39	0. 698	
常数项（_cons）	6. 985	5. 205	1. 34	0. 181	

子代收入对数 （lnchildincome）	系数 （Coef.）	标准误差 （St. Err）	t 值 （t-value）	p 值 （p-value）	显著性 （Sig.）
父代收入对数（lnincome）	0.038	0.185	0.20	0.839	
常数项（_cons）	9.420	1.876	5.02	0.000	***
父代收入对数（lnincome）	0.031	0.103	0.30	0.766	
常数项（_cons）	10.104	1.001	10.09	0.000	***
父代收入对数（lnincome）	0.090	0.065	1.40	0.164	
常数项（_cons）	9.889	0.679	14.56	0.000	***
父代收入对数（lnincome）	−0.004	0.084	−0.05	0.960	
常数项（_cons）	11.199	0.832	13.46	0.000	***
因变量均值 （Mean dependent var）	10.205	因变量标准差 （SD dependent var）		0.944	

注：*** p < 0.01。

（二）父亲和女儿的收入分位数回归

2014 年父亲和女儿配对的数据为 235 对（见表 4 - 63a），而 2016 年的配对数据为 149 对（见表 4 - 63b），结果都不够显著。

表 4 - 63a   **2014 年 CFPS 数据父亲和女儿的收入分位数回归**

子代收入对数 （lnchildincome）	系数 （Coef.）	标准误差 （St. Err）	t 值 （t-value）	p 值 （p-value）	显著性 （Sig.）
父代收入对数（lnincome）	−0.038	0.245	−0.15	0.877	
常数项（_cons）	8.359	2.421	3.45	0.001	***
父代收入对数（lnincome）	0.173	0.170	1.01	0.312	
常数项（_cons）	7.459	1.763	4.23	0.000	***
父代收入对数（lnincome）	0.109	0.145	0.75	0.453	
常数项（_cons）	8.801	1.463	6.02	0.000	***
父代收入对数（lnincome）	0.000	0.127	0.00	1.000	
常数项（_cons）	10.309	1.299	7.93	0.000	***
父代收入对数（lnincome）	−0.011	0.063	−0.18	0.860	
常数项（_cons）	10.909	0.629	17.35	0.000	***
因变量均值 （Mean dependent var）	9.678	因变量标准差 （SD dependent var）		1.025	

注：*** p < 0.01。

表4-63b　　　　2016 年 CFPS 数据父亲和女儿的收入分位数回归

子代收入对数 （lnchildincome）	系数 （Coef.）	标准误差 （St. Err）	t 值 （t-value）	p 值 （p-value）	显著性 （Sig.）
父代收入对数（lnincome）	-0.292	0.279	-1.04	0.298	
常数项（_cons）	11.205	2.875	3.90	0.000	***
父代收入对数（lnincome）	-0.031	0.144	-0.21	0.830	
常数项（_cons）	9.607	1.370	7.01	0.000	***
父代收入对数（lnincome）	0.144	0.113	1.28	0.204	
常数项（_cons）	8.630	1.149	7.51	0.000	***
父代收入对数（lnincome）	0.146	0.113	1.29	0.199	
常数项（_cons）	9.110	1.084	8.40	0.000	***
父代收入对数（lnincome）	0.227	0.146	1.56	0.122	
常数项（_cons）	8.839	1.373	6.44	0.000	***
因变量均值 （Mean dependent var）	9.878	因变量标准差 （SD dependent var）		1.095	

注：*** $p < 0.01$。

（三）母亲和儿子的收入分位数回归

2014 年母亲和儿子配对的数据为 210 对（见表 4-64a），收入处于 10%、25%、50%、75% 和 90% 上的回归系数分别为 -0.079、0.340、0.396、0.130 和 0.177，除了 10% 以外，其他结果都是显著的。表明随着分位点的变化，各个分位点的回归系数呈现出先上升后下降、再上升的趋势。这些结果与父亲对儿子的影响作用相似。而 2016 年母亲和儿子的配对数据为 148 对（见表 4-64b），处于各个收入阶层的结果都不显著。

表4-64a　　　　2014 年 CFPS 数据母亲和儿子的收入分位数回归

子代收入对数 （lnchildincome）	系数 （Coef.）	标准误差 （St. Err）	t 值 （t-value）	p 值 （p-value）	显著性 （Sig.）
父代收入对数（lnincome）	-0.079	0.145	-0.55	0.584	
常数项（_cons）	9.135	1.340	6.82	0.000	***
父代收入对数（lnincome）	0.340	0.207	1.64	0.103	*
常数项（_cons）	6.204	1.875	3.31	0.001	***
父代收入对数（lnincome）	0.396	0.162	2.45	0.015	**

子代收入对数 （lnchildincome）	系数 （Coef.）	标准误差 （St. Err）	t 值 （t-value）	p 值 （p-value）	显著性 （Sig.）
常数项（_cons）	6.329	1.642	3.85	0.000	***
父代收入对数（lnincome）	0.130	0.050	2.61	0.010	**
常数项（_cons）	9.360	0.490	19.12	0.000	***
父代收入对数（lnincome）	0.177	0.092	1.94	0.054	*
常数项（_cons）	9.277	0.850	10.91	0.000	***
因变量均值 （Mean dependent var）	9.963	因变量标准差 （SD dependent var）		0.990	

注：*** p < 0.01，** p < 0.05，* p < 0.1。

表 4 - 64b　　　　　　　2016 年 CFPS 数据母亲和儿子的收入分位数回归

子代收入对数 （lnchildincome）	系数 （Coef.）	标准误差 （St. Err）	t 值 （t-value）	p 值 （p-value）	显著性 （Sig.）
父代收入对数（lnincome）	0.000	0.169	0.00	1.000	
常数项（_cons）	8.987	1.382	6.50	0.000	***
父代收入对数（lnincome）	0.075	0.202	0.37	0.712	
常数项（_cons）	9.025	1.987	4.54	0.000	***
父代收入对数（lnincome）	0.026	0.100	0.26	0.794	
常数项（_cons）	10.156	0.962	10.56	0.000	***
父代收入对数（lnincome）	0.020	0.041	0.49	0.622	
常数项（_cons）	10.602	0.416	25.51	0.000	***
父代收入对数（lnincome）	0.000	0.098	0.00	1.000	
常数项（_cons）	11.156	0.880	12.68	0.000	***
因变量均值 （Mean dependent var）	10.231	因变量标准差 （SD dependent var）		0.894	

注：*** p < 0.01。

（四）母亲和女儿的收入分位数回归

2014 年母亲和女儿配对的数据为 144 对（见表 4 - 65a），收入处于 10%、25%、50%、75% 和 90% 上的回归系数分别为 - 0.352、0.037、0.255、0.186 和 0.189，除了 25% 以外，其他结果都是显著。表明随着分位数的变化，收入较高的母亲对女儿收入的影响是显著的。与前面没有用分位数的回归相比，可以初步看出母亲对于孩子收入的影响比父亲小，结果并不显著。2016 年母亲和女儿的配对数据为 105 对（见表 4 - 65b），处于 50% 和 75% 收入的回归系数是显著的，为 0.383 和 0.252，说明处于中间收入的母亲对女儿的收入影响很大。

表 4 - 65a　　　　2014 年 CFPS 数据母亲和女儿的收入分位数回归

子代收入对数 (lnchildincome)	系数 (Coef.)	标准误差 (St. Err)	t 值 (t-value)	p 值 (p-value)	显著性 (Sig.)
父代收入对数（lnincome）	- 0.352	0.195	- 1.81	0.073	*
常数项（_cons）	11.154	1.765	6.32	0.000	***
父代收入对数（lnincome）	0.037	0.115	0.33	0.745	
常数项（_cons）	8.805	1.054	8.36	0.000	***
父代收入对数（lnincome）	0.255	0.142	1.80	0.074	*
常数项（_cons）	7.548	1.402	5.38	0.000	***
父代收入对数（lnincome）	0.186	0.076	2.46	0.015	**
常数项（_cons）　.	8.637	0.705	12.24	0.000	***
父代收入对数（lnincome）	0.189	0.057	3.30	0.001	***
常数项（_cons）	9.044	0.562	16.10	0.000	***
因变量均值 (Mean dependent var)	9.697	因变量标准差 (SD dependent var)		1.068	

注：*** p < 0.01，** p < 0.05，* p < 0.1。

表 4 - 65b　　　　2016 年 CFPS 数据母亲和女儿的收入分位数回归

子代收入对数 (lnchildincome)	系数 (Coef.)	标准误差 (St. Err)	t 值 (t-value)	p 值 (p-value)	显著性 (Sig.)
父代收入对数（lnincome）	0.314	0.367	0.85	0.394	
常数项（_cons）	5.057	3.559	1.42	0.158	
父代收入对数（lnincome）	0.379	0.282	1.35	0.181	
常数项（_cons）	5.674	2.790	2.03	0.045	**
父代收入对数（lnincome）	0.383	0.166	2.31	0.023	**
常数项（_cons）	6.307	1.619	3.90	0.000	***
父代收入对数（lnincome）	0.252	0.114	2.21	0.029	**

子代收入对数 （lnchildincome）	系数 （Coef.）	标准误差 （St. Err）	t 值 （t-value）	p 值 （p-value）	显著性 （Sig.）
常数项（_cons）	8.226	1.112	7.40	0.000	***
父代收入对数（lnincome）	0.125	0.123	1.02	0.310	
常数项（_cons）	9.862	1.221	8.08	0.000	***
因变量均值 （Mean dependent var）	9.842		因变量标准差 （SD dependent var）		1.178

注： *** p < 0.01， ** p < 0.05。

我国城市的代际收入弹性不是线性的，是非线性的变化趋势。父亲收入处于最高层的、在模型中估计的并不显著，并且弹性系数值偏小。可能是父亲太过于优秀，孩子很难再超越了，处于最高收入的保持是很难的。也有一些学者认为，我国收入调查中对于高收入居民的统计可能存在偏差。一方面，高收入群体可能会不愿意接受调查，这样样本的选取会有缺失；另一方面，即使接受了调查，也会有意地隐瞒或低报自己的收入，尤其是一些灰色收入。因此，我们可以猜测，高收入群体会有意识地保护自己的收入，因此高收入群体的代际收入弹性估计的偏小。

前面的均值回归仅从平均收入的角度计算总体的代际收入弹性。通过分位数回归结果，父代对孩子有显著的代际收入作用。从收入变化来看，代际收入弹性到高收入组下降很快，表明父辈的收入阶层越低，子女留在低收入阶层的可能性越大，而高收入阶层的影响相对要小。可以认为在某种程度上体现为"贫困陷阱"，说明我国低收入阶层的社会固化现象更明显。而母亲对于孩子的影响也不容忽视，说明家庭中经济地位的主要决定者不仅仅是父亲，母亲也发挥了同样的经济地位。由于农村地区的经济收入较低，因此，很可能是农村地区更容易陷入低水平陷阱中，尤其是父亲收入比较低的家庭。

美国经济学家纳尔森（1956）发表了《不发达国家的一种低水平均衡陷阱理论》一文，研究了发展中国家人均资本、人口增长、产出增长和人均收入增长的相互关系，说明了发展中国家存在低水平人均收入的反复轮回，难以实现增长。发展中国家人均收入水平较低，仅能维持最低的生活水平需要，储蓄水平也较低。如果以增大国民收入来提高储蓄和投资，会导致人口增长，会将人均收入水平拉回到较低的水平，发展中国家难以逾越"低水平均衡陷阱"。在我们的分析中，农村的低收入家庭，由于收入低，人力资本投资低，进而人力资本的收益少，财富的积累和非认知能力限制了低收入家庭的人力资本投资，从而影响了人力资本的提升，一代一代地循环下去，很难摆脱家庭低收入的均衡。与发展中国家相比，视角在微观层面，影响因素不同，但作用机制和后果相似，问题的原理和后果相同，所以借用了经典理论的词句。

我们还可以用转换矩阵的方法进一步分析每个收入群体的人群流动状况。

第七节　转换矩阵法

转换矩阵法是代际收入流动分析的一种重要方法。普利斯（Prais）首先将这种方法应用于收入流动性的分析中。根据代际收入结构的具体情况，构建转换矩阵：$P_{i,j}=[p_i, j(x, y)]$，其中 x，y 分别代表父代和子代的收入分布，$x \rightarrow y$ 表示从父代的 x 转变到子代的 y，矩阵中每个元素 $P_{i,j}$ 表示父代处于第 i 个收入阶层，子代处于第 j 个收入阶层的概率。

通常情况下，将收入五等分，父代和子代收入分别划分为五个等级，从 1 至 5 代表收入从低到高的 5 个阶层。矩阵里给出父母不同收入阶层下，子女的收入阶层分布状况，探讨这五个阶层收入的持续性和转移性，可以分析不同收入阶层的流动方向和方式，弥补回归分析的不足。这部分仍然采用 CFP 数据和 CHARLS 数据分别进行分析。

一、用 CFPS 数据分析

转换矩阵方法是常用的衡量代际相关性的方法。基本的原理是将父亲（或母亲）收入分为五等份；孩子的收入也分为五等份，然后计算父代收入处于某一等级、孩子收入处于某一等级的概率。例如，父代收入处于第一等级、孩子收入也处于第一等级的概率，反映了父代和孩子处于第一等级的保持率；父代收入处于第一等级、孩子收入处于第二等级的概率，表明了孩子收入相对于父母向上流动了一个等级的概率。

（一）父代和子代的收入转换矩阵

2014 年的分析结果见表 4 - 66a。父代收入处于最低层、子代还处于最低收入的概率为 26.84%；然后流动到第二等级的概率 29.47%，流动到第三等级的概率为 20.53%，流动到第四等级的概率为 13.68%，流动到最高收入的概率为 9.47%。收入处于第二等级的父代，子代还是处于第二等级的概率最大，为 27.32%，然后流动到第三等级的概率为 20.00%，流动到第一等级的概率为 20.49%。收入处于第三等级的父代，孩子还处于第三等级的概率最大为 26.49%，向上流动到第四等级和第五等级的概率为 13.25% 和 26.49%，向下流动到第一等级和第二等级的概率为 15.23% 和 18.54%。收入处于第四等级的父亲，孩子保持在第四等级的概率为 18.03%，流动到第一等级和第二等级的概率较大，分别为 15.85% 和 23.50%，向上流动到最高等级的概率为 18.58%。收入处于最高等级的父亲，孩子还是处于最高等级的概率最大为 26.11%，向下流动到第一等级、第二等级、第三等级和第四等级的概率为 20.56%、19.44%、16.67% 和 17.22%。从现有的收入数据来看，父代处于收入第一等级、第二等级、第三等级和第五等级，子代仍保持在本等级的概率都是最大，流动到相邻等级的概率也较大，流动到较远收入的概率较小，说明代际保持性很明显。

表 4-66a　　　　2014 年 CFPS 数据父代和子代的收入转换矩阵　　　　单位：人

子代收入的分位数	收入的分位数					总计
	1	2	3	4	5	
1	51 (26.84%)	56 (29.47%)	39 (20.53%)	26 (13.68%)	18 (9.47%)	190 (100.00%)
2	42 (20.49%)	56 (27.32%)	41 (20.00%)	24 (11.71%)	42 (20.49%)	205 (100.00%)
3	23 (15.23%)	28 (18.53%)	40 (26.49%)	20 (13.25%)	40 (26.49%)	151 (100.00%)
4	29 (15.85%)	43 (23.50%)	44 (24.04%)	33 (18.03%)	34 (18.58%)	183 (100.00%)
5	37 (20.56%)	35 (19.44%)	30 (16.67%)	31 (17.22%)	47 (26.11%)	180 (100.00%)
总计	182 (20.02%)	218 (23.98%)	194 (21.34%)	134 (14.74%)	181 (19.91%)	909 (100.00%)

2016 年的分析结果见表 4-66b。父代收入处于最低层、子代还处于最低收入的概率为 25.36%；然后流动到第二等级的概率 15.94%，流动到第三等级的概率为 20.29%，流动到第四等级的概率为 22.46%，流动

到最高收入的概率为 15.94%。收入处于第二等级的父代，子代还是处于第二等级的概率最大，为 26.50%，然后流动到第三等级的概率为 16.24%，流动到第一等级的概率为 19.66%。收入处于第三等级的父代，孩子还处于第三等级的概率为 15.62%，向上流动到第四等级概率为 24.22%，向下流动到第二等级的概率为 23.44%。收入处于第四等级的父亲，孩子保持在第四等级的概率为 18.25%，流动到第二等级和第三等级的概率较大，分别为 23.02% 和 20.63%，向上流动到最高等级的概率为 20.63%。收入处于最高等级的父亲，孩子还是处于最高等级的概率最大为 27.56%，向下流动到第一等级、第二等级、第三等级和第四等级的概率为 21.26%、17.32%、15.75% 和 18.11%。从现有的收入数据来看，父代处于收入第一等级、第二等级和第五等级，子代仍保持在本等级的概率都是最大，流动到相邻等级的概率也较大，而中间收入的第三和第四等级流动到相邻收入等级的概率大，说明和 2014 年的数据相比，呈现出来的特点为：中间阶层收入流动性强、两端的代际保持性很明显。

表 4-66b　　　　**2016 年 CFPS 数据父代和子代的收入转换矩阵**　　　　单位：人

子代收入的分位数	收入的分位数					总计
	1	2	3	4	5	
1	35 (25.36%)	22 (15.94%)	28 (20.29%)	31 (22.46%)	22 (15.94%)	138 (100.00%)
2	23 (19.66%)	31 (26.50%)	19 (16.24%)	20 (17.09%)	24 (20.51%)	117 (100.00%)
3	29 (22.66%)	30 (23.44%)	20 (15.62%)	31 (24.22%)	18 (14.06%)	128 (100.00%)
4	22 (17.46%)	29 (23.02%)	26 (20.63%)	23 (18.25%)	26 (20.63%)	126 (100.00%)
5	27 (21.26%)	22 (17.32%)	20 (15.75%)	23 (18.11%)	35 (27.56%)	127 (100.00%)
总计	136 (21.38%)	134 (21.07%)	113 (17.77%)	128 (20.13%)	125 (19.65%)	636 (100.00%)

(二) 按照性别分析的收入转换矩阵

1. 父亲和孩子的收入转换矩阵

2014 年父亲和孩子的收入转换矩阵分析结果见表 4 - 67a，主要特点是：父亲处于第一等级、第二等级、第三等级和第五等级，孩子仍然保持在这一等级的概率是最大的，父亲处于第四等级、孩子下向流动的概率较大，说明整体上看代际的保持性较强，中高收入阶层不太容易保持。2016 年父亲和孩子的收入转换矩阵分析结果见表 4 - 67b，主要特点是：父亲处于第一和第五等级，孩子仍然保持在这一等级的概率是最大的；父亲处于第二等级孩子向上流动的概率较大，处于第三等级孩子向下流动的概率较大。整体呈现出的特点：中间等级流动性强、最低和最高的收入保持性强。

表 4 -67a　　　　2014 年 CFPS 数据父亲和孩子的收入转换矩阵　　　　单位：人

子代收入的分位数	收入的分位数					总计
	1	2	3	4	5	
1	33 (29.73%)	25 (22.52%)	28 (25.32%)	11 (9.91%)	14 (12.61%)	111 (100.00%)
2	24 (19.05%)	35 (27.78%)	29 (23.02%)	11 (8.73%)	27 (22.43%)	126 (100.00%)
3	14 (12.39%)	28 (24.78%)	31 (27.43%)	17 (15.04%)	23 (20.35%)	113 (100.00%)
4	21 (22.34%)	22 (23.40%)	21 (22.34%)	15 (15.96%)	15 (15.96%)	94 (100.00%)
5	21 (18.92%)	21 (18.92%)	20 (18.02%)	19 (17.12%)	30 (27.03%)	94 (100.00%)
总计	113 (20.36%)	131 (23.60%)	129 (23.24%)	73 (13.15%)	109 (19.64%)	555 (100.00%)

表 4 -67b　　　　2016 年 CFPS 数据父亲和孩子的收入转换矩阵　　　　单位：人

子代收入的分位数	收入的分位数					总计
	1	2	3	4	5	
1	20 (23.81%)	14 (16.67%)	20 (23.81%)	14 (16.67%)	16 (19.05%)	84 (100.00%)

子代收入的分位数	收入的分位数					总计
	1	2	3	4	5	
2	14 (19.44%)	12 (16.67%)	14 (19.44%)	19 (26.39%)	13 (18.06%)	72 (100.00%)
3	15 (19.74%)	22 (28.95%)	11 (14.47%)	18 (23.68%)	10 (13.16%)	76 (100.00%)
4	13 (16.67%)	20 (25.64%)	14 (17.95%)	13 (16.67%)	18 (23.08%)	78 (100.00%)
5	18 (24.66%)	12 (16.44%)	12 (16.44%)	12 (16.44%)	19 (26.03%)	73 (100.00%)
总计	80 (20.89%)	80 (20.89%)	71 (18.54%)	76 (19.84%)	76 (19.84%)	383 (100.00%)

2. 母亲和孩子

2014 年分析结果见表 4 - 68a，母亲和孩子的收入转换矩阵特点是：没有发现像父亲那样比较明确的阶层保持性，流动比较大。说明父亲对孩子收入的影响更显著。2016 年分析结果见表 4 - 68b，母亲和孩子的收入转换矩阵特点是：一方面，与父亲相比，没有发现像父亲那样比较明确的阶层保持性，流动比较大；另一方面，与 2016 年父亲和孩子的特点相似，处于中间收入的流动性强、两端的收入保持性强。

表 4 - 68a　　　　**2014 年 CFPS 数据母亲和孩子的收入转换矩阵**　　　　单位：人

子代收入的分位数	收入的分位数					总计
	1	2	3	4	5	
1	18 (23.38%)	27 (35.06%)	15 (19.48%)	11 (14.29%)	6 (7.79%)	77 (100.00%)
2	12 (16.90%)	22 (30.99%)	12 (16.90%)	16 (22.54%)	9 (12.68%)	71 (100.00%)
3	12 (18.18%)	17 (25.76%)	12 (18.18%)	10 (15.15%)	15 (22.73%)	66 (100.00%)
4	16 (19.75%)	7 (8.64%)	20 (24.69%)	16 (19.75%)	22 (27.16%)	81 (100.00%)

子代收入的分位数	收入的分位数					总计
	1	2	3	4	5	
5	14 (23.73%)	11 (18.64%)	6 (10.17%)	14 (23.73%)	14 (23.73%)	59 (100.00%)
总计	72 (20.34%)	84 (23.73%)	65 (18.36%)	67 (18.93%)	66 (18.64%)	354 (100.00%)

表4-68b   **2016年CFPS数据母亲和孩子的收入转换矩阵**   单位：人

子代收入的分位数	收入的分位数					总计
	1	2	3	4	5	
1	20 (23.81%)	14 (16.67%)	20 (23.81%)	14 (16.67%)	16 (19.05%)	84 (100.00%)
2	14 (19.44%)	12 (16.67%)	14 (19.44%)	19 (26.39%)	13 (18.06%)	72 (100.00%)
3	15 (19.74%)	22 (28.95%)	11 (14.47%)	18 (23.68%)	10 (13.16%)	76 (100.00%)
4	13 (16.67%)	20 (25.64%)	14 (17.95%)	13 (16.67%)	18 (23.08%)	78 (100.00%)
5	18 (24.66%)	12 (16.44%)	12 (16.44%)	12 (16.44%)	19 (26.03%)	73 (100.00%)
总计	80 (20.89%)	80 (20.89%)	71 (18.54%)	76 (19.84%)	76 (19.84%)	383 (100.00%)

3. 父母和儿子的收入转换矩阵

2014年的分析结果见表4-69a，从父母与儿子的转换矩阵来看：父代处于第一、第三、第五阶层，孩子仍然保持在这一阶层的概率是最大的，第二阶层和第四阶层的下向流动的概率较大，说明总体来看，儿子的代际保持性比较强。2016年的分析结果见表4-69b，从父母与儿子的转换矩阵来看：没有发现很明显的代际保持性。

表 4-69a **2014 年 CFPS 数据父母和儿子的收入转换矩阵** 单位：人

子代收入的分位数	收入的分位数					总计
	1	2	3	4	5	
1	32 (29.63%)	24 (22.22%)	24 (22.22%)	21 (19.44%)	7 (6.48%)	108 (100.00%)
2	32 (26.89%)	22 (18.49%)	26 (21.85%)	18 (15.13%)	21 (17.65%)	119 (100.00%)
3	10 (10.87%)	14 (15.22%)	24 (26.09%)	21 (22.83%)	23 (25.00%)	92 (100.00%)
4	25 (23.36%)	21 (19.63%)	18 (16.82%)	24 (22.43%)	19 (17.76%)	107 (100.00%)
5	21 (20.19%)	12 (11.54%)	14 (13.46%)	26 (25.00%)	31 (29.81%)	104 (100.00%)
总计	120 (22.64%)	93 (17.55%)	106 (20.00%)	110 (20.75%)	101 (19.06%)	530 (100.00%)

表 4-69b **2016 年 CFPS 数据父母和儿子的收入转换矩阵** 单位：人

子代收入的分位数	收入的分位数					总计
	1	2	3	4	5	
1	17 (22.08%)	14 (18.18%)	18 (23.38%)	14 (18.18%)	14 (18.18%)	77 (100.00%)
2	17 (21.79%)	12 (15.38%)	21 (26.92%)	12 (15.38%)	16 (20.51%)	78 (100.00%)
3	20 (26.32%)	17 (22.37%)	17 (22.37%)	11 (14.47%)	11 (14.47%)	76 (100.00%)
4	16 (18.60%)	21 (24.42%)	18 (20.93%)	13 (15.12%)	18 (20.93%)	86 (100.00%)
5	10 (15.38%)	9 (13.85%)	12 (18.46%)	21 (32.31%)	13 (20.00%)	65 (100.00%)
总计	80 (20.94%)	73 (19.11%)	86 (22.51%)	71 (18.59%)	72 (18.85%)	382 (100.00%)

4. 父母和女儿的收入转换矩阵

2014 年的分析结果见表 4 – 70a，从父母与女儿的转换矩阵来看：父代处于第一、第四阶层和第五阶层，孩子仍然保持在这一阶层的概率是最大的，第二阶层和第三阶层在相邻的流动概率较大，说明总体来看，女儿的代际保持性也比较强。2016 年的分析结果见表 4 – 70b，从父母与女儿的转换矩阵来看：父代处于第一和第五阶层，孩子仍然保持在这一阶层的概率是最大的，第二阶层、第三阶层和第四阶层在相邻的流动概率较大，说明总体来看，女儿的两端收入保持性强、中间收入流动性强。

表 4 – 70a   **2014 年 CFPS 数据父母和女儿的收入转换矩阵**   单位：人

子代收入的分位数	收入的分位数					总计
	1	2	3	4	5	
1	22 （26.83%）	22 （26.83%）	13 （15.85%）	12 （14.63%）	13 （15.85%）	82 （100.00%）
2	14 （16.28%）	18 （20.93%）	22 （25.58%）	13 （15.12%）	19 （22.09%）	86 （100.00%）
3	14 （22.58%）	8 （12.90%）	13 （20.97%）	15 （24.19%）	12 （19.35%）	62 （100.00%）
4	12 （13.79%）	15 （17.24%）	19 （21.84%）	29 （33.33%）	12 （13.79%）	87 （100.00%）
5	14 （22.58%）	13 （20.97%）	10 （16.13%）	10 （16.13%）	15 （24.19%）	62 （100.00%）
总计	76 （20.05%）	76 （20.05%）	77 （20.32%）	79 （20.84%）	71 （18.73%）	379 （100.00%）

表 4 – 70b   **2016 年 CFPS 数据父母和女儿的收入转换矩阵**   单位：人

子代收入的分位数	收入的分位数					总计
	1	2	3	4	5	
1	13 （25.49%）	14 （27.45%）	11 （21.57%）	9 （17.65%）	4 （7.84%）	51 （100.00%）
2	13 （19.70%）	15 （22.73%）	12 （18.18%）	11 （16.67%）	15 （22.73%）	66 （100.00%）

子代收入的分位数	收入的分位数					总计
	1	2	3	4	5	
3	4 (11.11%)	13 (36.11%)	8 (22.22%)	6 (16.67%)	5 (13.89%)	36 (100.00%)
4	9 (16.98%)	10 (18.87%)	12 (22.64%)	10 (18.87%)	12 (22.64%)	53 (100.00%)
5	12 (25.00%)	9 (18.75%)	8 (16.67%)	5 (10.42%)	14 (29.17%)	48 (100.00%)
总计	51 (20.08%)	61 (24.02%)	51 (20.08%)	41 (16.14%)	50 (19.69%)	254 (100.00%)

(三) 分城乡的收入转换矩阵

为了进一步探究农村和城市收入转换矩阵的差异,分为农村和城市两组分别进行分析,然后进一步分性别进行分析。

1. 城市的收入转换矩阵

2014 年的分析结果见表 4-71a。在城市,各个阶层保持在本阶层的概率都是最大的,总体上表现出很明显的代际保持性。相对而言,收入处于第一等级和第五等级保持在本等级的概率更大,说明城市收入的两端流动性最差,有阶层固化的现象,中间阶层会好一些。2016 年的分析结果见表 4-71b。在城市,第一、第二、第五阶层保持在本阶层的概率都是最大的,中间第三和第四阶层流动到相邻阶层也较大,总体上表现出收入两端很明显的代际保持性、中间阶层流动性强的特点。与 2014 年的数据相比,城市收入的两端流动性最差,有阶层固化的现象,中间阶层会好一些。

表 4-71a   **2014 年 CFPS 数据城市的收入转换矩阵**   单位:人

子代收入的分位数	收入的分位数					总计
	1	2	3	4	5	
1	33 (30.28%)	26 (23.85%)	21 (19.27%)	18 (16.51%)	11 (10.09%)	109 (100.00%)
2	21 (20.00%)	25 (23.81%)	20 (19.05%)	19 (18.10%)	20 (19.05%)	105 (100.00%)

子代收入的分位数	收入的分位数					总计
	1	2	3	4	5	
3	18 (12.68%)	24 (16.90%)	45 (31.69%)	22 (15.49%)	33 (23.24%)	142 (100.00%)
4	19 (23.75%)	15 (18.75%)	11 (13.75%)	23 (28.75%)	12 (15.00%)	80 (100.00%)
5	18 (19.15%)	13 (13.83%)	16 (17.02%)	17 (18.09%)	30 (31.91%)	94 (100.00%)
总计	109 (20.57%)	103 (19.43%)	113 (21.32%)	99 (18.68%)	106 (20.00%)	530 (100.00%)

表4-71b　　　　　**2016年CFPS数据城市的收入转换矩阵**　　　单位：人

子代收入的分位数	收入的分位数					总计
	1	2	3	4	5	
1	23 (32.86%)	11 (15.71%)	12 (17.14%)	15 (21.43%)	9 (12.86%)	70 (100.00%)
2	12 (18.18%)	17 (25.76%)	13 (19.70%)	13 (19.70%)	11 (16.67%)	66 (100.00%)
3	12 (17.39%)	18 (26.09%)	13 (18.84%)	17 (24.64%)	9 (13.04%)	69 (100.00%)
4	9 (13.43%)	16 (23.88%)	14 (20.90%)	11 (16.42%)	17 (25.37%)	67 (100.00%)
5	16 (23.53%)	10 (14.71%)	11 (16.18%)	14 (20.59%)	17 (25.00%)	68 (100.00%)
总计	72 (21.18%)	72 (21.18%)	63 (18.53%)	70 (20.59%)	63 (18.53%)	340 (100.00%)

进一步再按照父代和子代的性别分为四种情况：父亲和儿子（见表4-72a和表4-72b）、父亲和女儿（见表4-73a和表4-73b）、母亲和儿子（见表4-74a和表4-74b）、母亲和女儿（见表4-75a和表4-75b）。

表4-72a　2014年 CFPS 数据城市中父亲和儿子的收入转换矩阵　　单位：人

子代收入的分位数	收入的分位数					总计
	1	2	3	4	5	
1	13 (34.21%)	11 (28.95%)	4 (10.53%)	8 (21.05%)	2 (5.26%)	38 (100.00%)
2	4 (9.76%)	11 (26.83%)	13 (31.71%)	5 (12.20%)	8 (19.51%)	41 (100.00%)
3	5 (14.71%)	8 (23.53%)	8 (23.53%)	7 (20.59%)	6 (17.65%)	34 (100.00%)
4	12 (30.00%)	5 (12.50%)	10 (25.00%)	9 (22.50%)	4 (10.00%)	40 (100.00%)
5	4 (11.43%)	3 (8.57%)	3 (8.57%)	12 (34.29%)	13 (37.14%)	35 (100.00%)
总计	38 (20.21%)	38 (20.21%)	38 (20.21%)	41 (21.81%)	33 (17.55%)	188 (100.00%)

表4-72b　2016年 CFPS 数据城市中父亲和儿子的收入转换矩阵　　单位：人

子代收入的分位数	收入的分位数					总计
	1	2	3	4	5	
1	35 (25.36%)	22 (15.94%)	28 (20.29%)	31 (22.46%)	22 (15.94%)	138 (100.00%)
2	23 (19.66%)	31 (26.50%)	19 (16.24%)	20 (17.09%)	24 (20.51%)	117 (100.00%)
3	29 (22.66%)	30 (23.44%)	20 (15.62%)	31 (24.22%)	18 (14.06%)	128 (100.00%)
4	22 (17.46%)	29 (23.02%)	26 (20.63%)	23 (18.25%)	26 (20.63%)	126 (100.00%)
5	27 (21.26%)	22 (17.32%)	20 (15.75%)	23 (18.11%)	35 (27.56%)	127 (100.00%)
总计	136 (21.38%)	134 (21.07%)	113 (17.77%)	128 (20.13%)	125 (19.65%)	636 (100.00%)

表 4 - 73a　　2014 年 CFPS 数据城市中父亲和女儿的收入转换矩阵　　单位：人

子代收入的分位数	收入的分位数					总计
	1	2	3	4	5	
1	8 （27.59%）	8 （27.59%）	5 （17.24%）	3 （10.34%）	5 （17.24%）	29 （100.00%）
2	3 （12.00%）	4 （16.00%）	9 （36.00%）	4 （16.00%）	5 （20.00%）	25 （100.00%）
3	2 （9.09%）	5 （22.73%）	7 （31.82%）	5 （22.73%）	3 （13.64%）	22 （100.00%）
4	8 （32.00%）	3 （12.00%）	2 （8.00%）	8 （32.00%）	4 （16.00%）	25 （100.00%）
5	5 （20.00%）	5 （20.00%）	7 （28.00%）	3 （12.00%）	5 （20.00%）	25 （100.00%）
总计	26 （20.63%）	25 （19.84%）	30 （23.81%）	23 （18.25%）	22 （17.46%）	126 （100.00%）

表 4 - 73b　　2016 年 CFPS 数据城市中父亲和女儿的收入转换矩阵　　单位：人

子代收入的分位数	收入的分位数					总计
	1	2	3	4	5	
1	35 （25.36%）	22 （15.94%）	28 （20.29%）	31 （22.46%）	22 （15.94%）	138 （100.00%）
2	23 （19.66%）	31 （26.50%）	19 （16.24%）	20 （17.09%）	24 （20.51%）	117 （100.00%）
3	29 （22.66%）	30 （23.44%）	20 （15.62%）	31 （24.22%）	18 （14.06%）	128 （100.00%）
4	22 （17.46%）	29 （23.02%）	26 （10.63%）	23 （18.25%）	26 （20.63%）	126 （100.00%）
5	27 （21.26%）	22 （17.32%）	20 （15.75%）	23 （18.11%）	35 （27.56%）	127 （100.00%）
总计	136 （21.38%）	134 （21.07%）	113 （17.77%）	128 （20.13%）	125 （19.65%）	636 （100.00%）

表4-74a　　2014年CFPS数据城市中母亲和儿子的收入转换矩阵　　单位：人

子代收入的分位数	收入的分位数					总计
	1	2	3	4	5	
1	8 (27.59%)	11 (37.93%)	7 (24.14%)	2 (6.90%)	1 (3.45%)	29 (100.00%)
2	6 (24.00%)	4 (16.00%)	7 (28.00%)	3 (12.00%)	5 (20.00%)	25 (100.00%)
3	4 (16.67%)	3 (12.50%)	4 (16.67%)	5 (20.83%)	8 (33.33%)	24 (100.00%)
4	4 (15.38%)	5 (19.23%)	6 (23.08%)	7 (26.92%)	4 (15.28%)	26 (100.00%)
5	5 (20.00%)	2 (8.00%)	4 (16.00%)	8 (32.00%)	6 (24.00%)	25 (100.00%)
总计	27 (20.93%)	25 (19.38%)	28 (21.71%)	25 (19.38%)	24 (18.60%)	129 (100.00%)

表4-74b　　2016年CFPS数据城市中母亲和儿子的收入转换矩阵　　单位：人

子代收入的分位数	收入的分位数					总计
	1	2	3	4	5	
1	35 (25.36%)	22 (15.94%)	28 (20.29%)	31 (22.46%)	22 (15.94%)	138 (100.00%)
2	23 (19.66%)	31 (26.50%)	19 (16.24%)	20 (17.09%)	24 (20.51%)	117 (100.00%)
3	29 (22.66%)	30 (23.44%)	20 (15.62%)	31 (24.22%)	18 (14.06%)	128 (100.00%)
4	22 (17.46%)	29 (23.02%)	26 (20.63%)	23 (18.25%)	26 (20.63%)	126 (100.00%)
5	27 (21.26%)	22 (17.32%)	20 (15.75%)	23 (18.11%)	35 (27.56%)	127 (100.00%)
总计	136 (21.38%)	134 (21.07%)	113 (17.77%)	128 (20.13%)	125 (19.65%)	636 (100.00%)

表 4 – 75a 　　2014 年 CFPS 数据城市中母亲和女儿的收入转换矩阵 　　单位：人

子代收入的分位数	收入的分位数					总计
	1	2	3	4	5	
1	4 (21.05%)	6 (31.58%)	4 (21.05%)	3 (15.79%)	2 (10.53%)	19 (100.00%)
2	4 (25.00%)	3 (18.75%)	5 (31.25%)	2 (12.50%)	2 (12.50%)	16 (100.00%)
3	4 (16.67%)	3 (12.50%)	5 (20.83%)	7 (29.17%)	5 (20.83%)	24 (100.00%)
4	3 (27.27%)	1 (9.09%)	3 (27.27%)	2 (18.18%)	2 (18.18%)	11 (100.00%)
5	3 (17.65%)	4 (23.53%)	1 (5.88%)	3 (17.65%)	6 (35.29%)	17 (100.00%)
总计	18 (20.69%)	17 (19.54%)	18 (20.69%)	17 (19.54%)	17 (19.54%)	87 (100.00%)

表 4 – 75b 　　2016 年 CFPS 数据城市中母亲和女儿的收入转换矩阵 　　单位：人

子代收入的分位数	收入的分位数					总计
	1	2	3	4	5	
1	35 (25.36%)	22 (15.94%)	28 (20.29%)	31 (22.46%)	22 (15.94%)	138 (100.00%)
2	23 (19.66%)	31 (26.50%)	19 (16.24%)	20 (17.09%)	24 (20.51%)	117 (100.00%)
3	29 (22.66%)	30 (23.44%)	20 (15.62%)	31 (24.22%)	18 (14.06%)	128 (100.00%)
4	22 (17.46%)	29 (23.02%)	26 (20.63%)	23 (18.25%)	26 (20.63%)	126 (100.00%)
5	27 (21.26%)	22 (17.32%)	20 (15.75%)	23 (18.11%)	35 (27.56%)	127 (100.00%)
总计	136 (21.38%)	134 (21.07%)	113 (17.77%)	128 (20.13%)	125 (19.65%)	636 (100.00%)

表 4 - 72a 和表 4 - 72b 中，2014 年和 2016 年的数据都表明：在城市中，非常明显的是父亲收入处于第一阶层和第五阶层的，儿子依旧处于这一阶层的概率最大，分别为 34.21%（2014 年）、25.36%（2016 年）和 37.14%（2014 年）、27.56%（2016 年），说明在城市中，父亲和儿子收入处于两端阶层的代际保持性最强。

表 4 - 73a 中，2014 年的数据表明：相比较于父亲和儿子的转换矩阵，父亲对女儿的影响也是较大的，主要体现在中间的阶层，比如处于第三、第四阶层的保持性是最大。说明女儿不像儿子特别受到家庭条件特别好或是家庭条件特别差的影响。但表 4 - 73b 中，2016 年的数据显示：依旧是父亲收入在第一阶层、第二阶层和第五阶层的保持性是最大的，父亲收入处于两端的收入保持性强、中间的收入流动性强。

表 4 - 74a 中，2014 年的数据表明：城市中，母亲对儿子的影响并不是特别显著，只有第四阶层保持在原阶层的概率是最大的。说明母亲对儿子的影响远没有父亲那么大。而表 4 - 74b 中，2016 年的数据表明：城市中，母亲对儿子的影响与父亲对儿子的影响基本是一致的。

表 4 - 75a 中，2014 年的数据表明：母亲对女儿的影响也没有那么显著，只有最高阶层保持在原有阶层的概率最大。总体上看母亲收入和孩子收入的相关性不是很强，各个阶层的流动比较均匀。而表 4 - 75b 中，2016 年的数据还是强化了前面的结论。

总体来看，2014 年的数据表明：在城市中父亲对孩子收入的影响要远大于母亲，尤其是父亲对儿子的影响最显著。而 2016 年的数据表明：父亲和母亲的作用几乎相同，主要是收入两端的代际保持性强、而中间收入的流动性强，出现了两段分化的特点。

2. 农村的收入转换矩阵

从 2014 年的数据来看：在农村中父母处于第一阶层、第二阶层和第四阶层，孩子还保持在本阶层的概率是最大的，分析结果见表 4 - 76a。从 2016 年的数据来看，没有明确的保持性（见表 4 - 76b）。总体来看，与城市相比，农村的代际收入保持性差一些。同样，进一步按照父母和孩子的性别分为四种情形：父亲和儿子（见表 4 - 77a 和表 4 - 77b）、父亲和女儿（见表 4 - 78a 和表 4 - 78b）、母亲和儿子（见表 4 - 79a 和表 4 - 79b）、母亲和女儿（见表 4 - 80a 和表 4 - 80b）。

表 4-76a　　　　　　2014 年 CFPS 数据农村的收入转换矩阵　　　　　　单位：人

子代收入的分位数	收入的分位数					总计
	1	2	3	4	5	
1	21 (29.17%)	18 (25.00%)	9 (12.50%)	15 (20.83%)	9 (12.50%)	72 (100.00%)
2	12 (15.19%)	20 (25.32%)	19 (24.05%)	19 (24.05%)	9 (11.39%)	79 (100.00%)
3	11 (17.46%)	11 (17.46%)	11 (17.46%)	12 (19.05%)	18 (28.57%)	63 (100.00%)
4	15 (17.86%)	13 (15.48%)	20 (23.81%)	23 (27.38%)	13 (15.48%)	84 (100.00%)
5	12 (21.43%)	16 (28.57%)	7 (12.50%)	10 (17.86%)	11 (19.64%)	56 (100.00%)
总计	71 (20.06%)	78 (22.03%)	66 (18.64%)	79 (22.32%)	60 (16.95%)	354 (100.00%)

表 4-76b　　　　　　2016 年 CFPS 数据农村的收入转换矩阵　　　　　　单位：人

子代收入的分位数	收入的分位数					总计
	1	2	3	4	5	
1	8 (21.62%)	6 (16.22%)	8 (21.62%)	9 (24.32%)	6 (16.22%)	37 (100.00%)
2	6 (17.14%)	11 (31.43%)	3 (8.57%)	9 (25.71%)	6 (17.14%)	35 (100.00%)
3	10 (26.32%)	5 (13.16%)	9 (23.68%)	8 (21.05%)	6 (15.79%)	38 (100.00%)
4	6 (17.65%)	7 (20.59%)	10 (29.41%)	7 (20.59%)	4 (11.76%)	34 (100.00%)
5	6 (16.67%)	7 (19.44%)	8 (22.22%)	6 (16.67%)	9 (25.00%)	36 (100.00%)
总计	36 (20.00%)	36 (20.00%)	38 (21.11%)	39 (21.67%)	31 (17.22%)	180 (100.00%)

表 4 - 77a　　**2014 年 CFPS 数据农村父亲和儿子的收入转换矩阵**　　单位：人

子代收入的分位数	收入的分位数					总计
	1	2	3	4	5	
1	6 (22.22%)	8 (29.63%)	3 (11.11%)	8 (29.63%)	2 (7.41%)	27 (100.00%)
2	6 (26.09%)	2 (8.70%)	4 (17.39%)	7 (30.43%)	4 (17.39%)	23 (100.00%)
3	8 (24.24%)	4 (12.12%)	9 (27.27%)	4 (12.12%)	8 (24.24%)	33 (100.00%)
4	4 (25.00%)	2 (12.50%)	3 (18.75%)	5 (31.25%)	2 (12.50%)	16 (100.00%)
5	5 (20.83%)	7 (29.17%)	3 (12.50%)	4 (16.67%)	5 (20.83%)	24 (100.00%)
总计	29 (23.58%)	23 (18.70%)	22 (17.89%)	28 (22.76%)	21 (17.07%)	123 (100.00%)

表 4 - 77b　　**2016 年 CFPS 数据农村父亲和儿子的收入转换矩阵**　　单位：人

子代收入的分位数	收入的分位数					总计
	1	2	3	4	5	
1	35 (25.36%)	22 (15.94%)	28 (20.29%)	31 (22.46%)	22 (15.94%)	138 (100.00%)
2	23 (19.66%)	31 (26.50%)	19 (16.24%)	20 (17.09%)	24 (20.51%)	117 (100.00%)
3	29 (22.66%)	30 (23.44%)	20 (15.62%)	31 (24.22%)	18 (14.06%)	128 (100.00%)
4	22 (17.46%)	29 (23.02%)	26 (20.63%)	23 (18.25%)	26 (20.63%)	126 (100.00%)
5	27 (21.26%)	22 (17.32%)	20 (15.75%)	23 (18.11%)	35 (27.56%)	127 (100.00%)
总计	136 (21.38%)	134 (21.07%)	113 (17.77%)	128 (20.13%)	125 (19.65%)	636 (100.00%)

表4-78a 2014年CFPS数据农村父亲和女儿的收入转换矩阵 单位：人

子代收入的分位数	收入的分位数					总计
	1	2	3	4	5	
1	6 (28.57%)	5 (23.81%)	4 (19.05%)	3 (14.29%)	3 (14.29%)	21 (100.00%)
2	3 (14.29%)	4 (19.05%)	7 (33.33%)	2 (9.52%)	5 (23.81%)	21 (100.00%)
3	4 (16.67%)	3 (12.50%)	6 (25.00%)	8 (33.33%)	3 (12.50%)	24 (100.00%)
4	2 (13.33%)	3 (20.00%)	3 (20.00%)	4 (26.67%)	3 (20.00%)	15 (100.00%)
5	5 (26.32%)	5 (26.32%)	1 (5.26%)	2 (10.53%)	6 (31.58%)	19 (100.00%)
总计	20 (20.00%)	20 (20.00%)	21 (21.00%)	19 (19.00%)	20 (20.00%)	100 (100.00%)

表4-78b 2016年CFPS数据农村父亲和女儿的收入转换矩阵 单位：人

子代收入的分位数	收入的分位数					总计
	1	2	3	4	5	
1	35 (25.36%)	22 (15.94%)	28 (20.29%)	31 (22.46%)	22 (15.94%)	138 (100.00%)
2	23 (19.66%)	31 (26.50%)	19 (16.24%)	20 (17.09%)	24 (20.51%)	117 (100.00%)
3	29 (22.66%)	30 (23.44%)	20 (15.62%)	31 (24.22%)	18 (14.06%)	128 (100.00%)
4	22 (17.46%)	29 (23.02%)	26 (20.63%)	23 (18.25%)	26 (20.63%)	126 (100.00%)
5	27 (21.26%)	22 (17.32%)	20 (15.75%)	23 (18.11%)	35 (27.56%)	127 (100.00%)
总计	136 (21.38%)	134 (21.07%)	113 (17.77%)	128 (20.13%)	125 (19.65%)	636 (100.00%)

表 4－79a　　　 **2014 年 CFPS 数据农村母亲和儿子的收入转换矩阵**　　　单位：人

子代收入的分位数	收入的分位数					总计
	1	2	3	4	5	
1	3 (18.75%)	5 (31.25%)	2 (12.50%)	3 (18.75%)	3 (18.75%)	16 (100.00%)
2	3 (18.75%)	4 (25.00%)	4 (25.00%)	5 (31.25%)	0 (0)	16 (100.00%)
3	4 (26.67%)	2 (13.33%)	7 (46.67%)	0 (0)	2 (13.33%)	15 (100.00%)
4	1 (6.67%)	2 (13.33%)	4 (26.67%)	3 (20.00%)	5 (33.33%)	15 (100.00%)
5	5 (33.33%)	2 (13.33%)	2 (13.33%)	3 (20.00%)	3 (20.00%)	15 (100.00%)
总计	16 (20.78%)	15 (19.48%)	19 (24.68%)	14 (18.18%)	13 (16.88%)	77 (100.00%)

表 4－79b　　　 **2016 年 CFPS 数据农村母亲和儿子的收入转换矩阵**　　　单位：人

子代收入的分位数	收入的分位数					总计
	1	2	3	4	5	
1	35 (25.36%)	22 (15.94%)	28 (20.29%)	31 (22.46%)	22 (15.94%)	138 (100.00%)
2	23 (19.66%)	31 (26.50%)	19 (16.24%)	20 (17.09%)	24 (20.51%)	117 (100.00%)
3	29 (22.66%)	30 (23.44%)	20 (15.62%)	31 (24.22%)	18 (14.06%)	128 (100.00%)
4	22 (17.46%)	29 (23.02%)	26 (20.63%)	23 (18.25%)	26 (20.63%)	126 (100.00%)
5	27 (21.26%)	22 (17.32%)	20 (15.75%)	23 (18.11%)	35 (27.56%)	127 (100.00%)
总计	136 (21.38%)	134 (21.07%)	113 (17.77%)	128 (20.13%)	125 (19.65%)	636 (100.00%)

表 4 - 80a   **2014 年 CFPS 数据农村母亲和女儿的收入转换矩阵**   单位：人

子代收入的分位数	收入的分位数					总计
	1	2	3	4	5	
1	2 (18.18%)	2 (18.18%)	3 (27.27%)	3 (27.27%)	1 (9.09%)	11 (100.00%)
2	3 (27.27%)	2 (18.18%)	3 (27.27%)	1 (9.09%)	2 (18.18%)	11 (100.00%)
3	3 (16.67%)	5 (27.78%)	2 (11.11%)	4 (22.22%)	4 (22.22%)	18 (100.00%)
4	2 (40.00%)	0 (0)	1 (20.00%)	1 (20.00%)	1 (20.00%)	5 (100.00%)
5	1 (11.11%)	2 (22.22%)	2 (22.22%)	2 (22.22%)	2 (22.22%)	9 (100.00%)
总计	11 (20.37%)	11 (20.37%)	11 (20.37%)	11 (20.37%)	10 (18.52%)	54 (100.00%)

表 4 - 80b   **2016 年 CFPS 数据农村母亲和女儿的收入转换矩阵**   单位：人

子代收入的分位数	收入的分位数					总计
	1	2	3	4	5	
1	35 (25.36%)	22 (15.94%)	28 (20.29%)	31 (22.46%)	22 (15.94%)	138 (100.00%)
2	23 (19.66%)	31 (26.50%)	19 (16.24%)	20 (17.09%)	24 (20.51%)	117 (100.00%)
3	29 (22.66%)	30 (23.44%)	20 (15.62%)	31 (24.22%)	18 (14.06%)	128 (100.00%)
4	22 (17.46%)	29 (23.02%)	26 (20.63%)	23 (18.25%)	26 (20.63%)	126 (100.00%)
5	27 (21.26%)	22 (17.32%)	20 (15.75%)	23 (18.11%)	35 (27.56%)	127 (100.00%)
总计	136 (21.38%)	134 (21.07%)	113 (17.77%)	128 (20.13%)	125 (19.65%)	636 (100.00%)

表 4 - 77a 中，2014 年的数据表明：农村中，父亲处于第三阶层和第

四阶层，儿子依然保持在这一阶层的概率是最大的，说明中间阶层的收入保持性好一些。而表4-77b中，2016年的数据表明：父亲收入在第一层级和第五层级的，儿子依然保持在这一层级的概率是最大的，说明两端的收入保持性更强一些。

表4-78a中，2014年的数据表明：在农村中，父亲处于第一阶层、第三阶层、第四阶层和第五阶层，女儿还保持在本阶层的概率是最大的，说明农村中父亲对女儿收入的影响还是很大的。表4-78b中，2016年数据的分析结果与2014年的基本一致，并且与前面父亲对儿子的影响相似，农村的两端收入保持性强。

总体来看，表4-79a中，2014年的数据表明只有第三阶层的收入保持性是最大，说明母亲对儿子收入的影响，不是很明显。而表4-79b中，2016的数据表明：第一、第二和第五阶层的收入保持性强，说明依然是两端收入出现阶层固化。

同样，表4-80a中，2014年数据显示：母亲对女儿的影响也不是很明显，各个阶层的流动性不是很规律，农村中母亲对孩子收入的作用不大。但表4-80b中，2016的数据表明农村母亲对女儿的影响是非常显著的。

从2014年数据来看，农村家庭，似乎处于中间收入阶层的保持性更强，但总体上母亲处于各个收入阶层里，孩子的流动都比较均匀，不存在着很明显的代际效应。在城市家庭，父亲处于收入两边阶层的孩子还保持在两段的概率相对要大，而中间等级相对流动性比两端的要差一些。而2016年的数据表明：无论是农村还是城市，都出现了两端流动性最差、中间流动性强的特点，说明我国开始出现两端阶层固化的趋势，而中间阶层的流动强比以前要好一些。说明我国存在明显的"富裕壁垒"和"贫困陷阱"现象，收入高的父亲和母亲更倾向于将其收入水平转移到子女身上。

二、用CHARLS数据分析

由于CHARLS数据中子代的收入是分等级的，因此，按照子代的收入等级把父代的收入也相应地划分为2~12等级。这样构建父代和子代的收入转换矩阵，见表4-81。收入处于第六等级和第八等级的父母，孩子还处于这一等级的概率是最大的，而父母处于第四等级、第七等级的父母，孩子处于相邻等级的概率是最大的。从现有的收入数据来看，父代处于收入第三等级到第十等级、子代保持在本等级的概率较大，流动到相邻等级的概率也较大，流动到较远收入的概率较小，说明非常容易形成低水平的收入陷阱。

表4-81　　　　　CHARLS数据父代和子代的收入转换矩阵　　　　单位：人

收入	收入											总计
	2	3	4	5	6	7	8	9	10	11	12	
2	1 (0.33%)	4 (1.32%)	22 (7.26%)	65 (21.45%)	79 (26.07%)	77 (25.41%)	42 (13.86%)	8 (2.64%)	1 (0.33%)	3 (0.99%)	1 (0.33%)	303 (100.00%)
3	9 (3.00%)	14 (4.67%)	22 (7.33%)	65 (21.67%)	72 (24.00%)	60 (20.00%)	47 (15.67%)	9 (3.00%)	1 (0.33%)	1 (0.33%)	0 (0)	300 (100.00%)
4	4 (1.01%)	11 (2.76%)	36 (9.05%)	99 (24.87%)	89 (22.36%)	80 (20.10%)	56 (14.07%)	10 (2.51%)	4 (1.01%)	4 (1.01%)	5 (1.26%)	398 (100.00%)
5	15 (1.74%)	25 (2.91%)	58 (6.74%)	164 (19.07%)	198 (23.02%)	210 (24.42%)	133 (15.47%)	41 (4.77%)	10 (1.16%)	3 (0.35%)	3 (0.35%)	860 (100.00%)
6	7 (1.25%)	14 (2.50%)	19 (3.40%)	107 (19.14%)	137 (24.51%)	133 (23.79%)	113 (20.21%)	20 (3.58%)	4 (0.72%)	3 (0.54%)	2 (0.36%)	559 (100.00%)
7	8 (1.50%)	16 (2.99%)	30 (5.61%)	73 (13.64%)	90 (16.82%)	163 (30.47%)	118 (22.06%)	21 (3.93%)	8 (1.50%)	3 (0.56%)	5 (0.93%)	535 (100.00%)
8	2 (0.87%)	4 (1.74%)	13 (5.65%)	19 (8.26%)	37 (16.09%)	65 (28.26%)	67 (29.13%)	14 (6.09%)	5 (2.17%)	2 (0.87%)	2 (0.87%)	230 (100.00%)
9	0	1 (11.11%)	1 (11.11%)	1 (11.11%)	1 (11.11%)	3 (33.33%)	0 (0)	2 (22.22%)	0 (0)	0 (0)	0 (0)	9 (100.00%)
10	0	0	0	2 (40.00%)	1 (20.00%)	1 (20.00%)	0 (0)	0 (0)	1 (20.00%)	0 (0)	0 (0)	5 (100.00%)
12	0	0	0	0	1 (33.33%)	1 (33.33%)	1 (33.33%)	0 (0)	0 (0)	0 (0)	0 (0)	3 (100.00%)
总计	46 (1.44%)	89 (2.78%)	201 (6.28%)	595 (18.58%)	705 (22.02%)	793 (24.77%)	577 (18.02%)	125 (3.90%)	34 (1.06%)	19 (0.59%)	18 (0.56%)	3202 (100.00%)

　　总体来看，代际收入流动有一种保持效应，即从最低收入等级流动到最高收入等级的概率较小，从最高收入等级转向到最低收入等级的概率也较小，但不同收入阶层间的流动性还是有差距的。与最高和最低收入阶层相比，处于中间收入阶层的代际收入流动性较强，总体而言，我国的代际收入流动性的特点是：中间收入阶层流动性强，两端收入阶层流动性差。

采用 CFPS 数据得出的结论，与其他学者研究的结论是比较一致的，很多学者的研究指出，我国贫困的代际化与财富的代际化日益显著。代际收入弹性呈现出两端代际收入弹性高、中间代际收入弹性低的特点。也就是说中间收入阶层的子女收入受父代收入的影响较小。此外，一些学者也指出，在高收入阶层和低收入阶层内部的流动性较强。最富收入阶层的子女除了大部分继续维持在与父母相同的收入阶层外，基本上都流向中等偏上收入阶层；低收入阶层子女绝大部分的代际流动性主要体现在最穷的收入阶层和中等偏下的收入阶层。高收入阶层和低收入阶层之间的流动性相对较弱。父母为最富和最穷两个收入阶层的子女流向低收入和高收入阶层的可能性都非常小，明显低于维持在父辈收入阶层和向中间收入阶层流动的概率。另外，父代为中等偏上和中等偏下两个收入阶层的子女流向最富和最穷阶层的可能性要略微大于流向最穷和最富阶层的可能性。

第八节　收入排名的相关性分析

目前，西方有一些学者，利用父代与子代收入排名的相关性来验证代际流动机制，他们发现，虽然父代和子代收入的直接相关性不是很突出，但是排名的相关性却很明显，说明父代和子代在社会中的相对位置改变不大。这里首先采用 CFPS 的数据来验证收入排名的相关性；而 CHARLS 数据中子代的收入不是连续的变量，已经做了分类，因此，也将父代的收入进行相应的分类排名，然后做相关性分析。

一、CFPS 数据

我们将父代和子代按照收入进行排名，然后做相关性分析，将 2014 年和 2016 年的分析结果总结为表 4 - 82。可以看到 2014 年的相关性为 0.1230，结果显著，说明父代和子代收入排名有很好的相关关系。2016 年的相关性为 0.0770，结果不够显著，这个与前面的结论是一致的。

表 4 - 82　　　　　　　　　CFPS 数据收入排名相关性

项目	2014 年 CFPS	2016 年 CFPS	CHARLS
收入排名相关性	0.1230 *	0.0770	0.1221 *

注：* p < 0.1。

进一步分为城市和农村两种情形，分别计算相关性，见表 4 - 83。农村的收入排名相关性很小，为 0.0365，不显著；城市收入排名的相关系数为 0.1519，比较显著。说明在城市里父代和子代的收入相关性是很明显的。2016 年分析结果表明：农村的收入排名相关性很小，为 0.0768，不够显著；城市收入排名的相关系数为 0.0773，不够显著。与 2014 年的数据相比，城市和农村没有明显的差异，父代和子代的收入相关性都不是很明显的。这些分析结论与前面计算代际收入弹性是一致的。

表 4 - 83　　　　　　CFPS 数据按照户口分类的收入排名相关性

项目	2014 年 CFPS	2016 年 CFPS
农村父代和子代收入排名的相关性	0.0365	0.0768
城市父代和子代收入排名的相关性	0.1519 *	0.0773

注：* p < 0.1。

二、CHARLS 数据

首先得出父代和子代收入排名的相关性分析，将分析结果放到表 4 - 82，以便于比较。可以看到用 CHARLS 数据得出的父代和子代收入排名的相关性为 0.1221，结果显著，与 2014 年 CFPS 的结果差不多。

然后按照父代和子代的性别分为四种情形进行分析，分析结果见表 4 - 84；最后进一步分为农村和城市两种情况进行估算，并且将这些分析结果总结到表 4 - 85。

表 4 - 84　　　　　　CHARLS 数据按照性别分类的收入排名相关性

项目	收入排名的相关性
父亲和儿子	0.1634 *
父亲和女儿	0.1468 *
母亲和儿子	0.1003 *
母亲和女儿	0.0477

注：* p < 0.1。

表 4 - 85　　　　　　CHARLS 数据按照户口分类的收入排名相关性

项目	收入排名的相关性
父代和子代都是农村户口	0.0996 *
父代和子代都是城市户口	0.1363 *

注：* p < 0.1。

表4-84中，按照性别分类的分析结果表明：父亲和儿子的收入排名相关性为0.1634，父亲和女儿的相关性为0.1468，母亲和儿子收入排名的相关性为0.1003，而母亲和女儿的相关性不显著，为0.0477。与前面代际收入弹性的结果是非常一致的。

表4-85中，通过城市和农村的分组可以看出：城市里父代和子代的收入相关性显著，系数为0.1363；而农村的相关性也显著，系数小一些为0.0996，多半因为农村的妇女几乎不工作，或是工作的收入很少，用这一数据分析与孩子收入的关系，并不是十分合理。

通过这种排名的相关性分析可以看出，我国存在着一定程度的代际收入相关性，尤其是城市的相关性更为显著。并且结合前面的转换矩阵可以看出，不同收入群体的特点是具有一定的分割性，不同收入群体的流动性不同，并不是完全一样的流动率，另外，高收入和低收入阶层由于只能向一个方向流动，因此，保持在原来阶层的概率会大一些，也就是存在着低水平的陷阱和财富的壁垒，中间收入阶层可以向两侧流动，因此，中间收入阶层显得流动性会大一些。尤其是随着我国经济体制改革收入差距的扩大，这种特点会进一步加强，也就是所谓的阶层固化，社会非常关注的贫困孩子是否能够通过自身的努力提高自己的社会阶层、改变命运。这种状况，似乎表明处于贫困收入阶层的孩子很难通过自身的努力进入到更高的社会阶层、改善自己的社会经济地位。上一代的社会经济地位会进一步复制到下一代。这时就需要政府采取相应的政策，适当干预，以利于经济的长期增长，这已经成为中国政府亟待解决的重要课题。

第九节　用家庭净收入衡量代际收入弹性

由于孩子的人力资本投资是基于家庭的收入，尤其是农村的收入多以家庭为单位，因此，用家庭的净收入代替父母的收入去衡量代际收入弹性，是非常合理的。前面运用CFPS数据衡量代际流动性时，也发现得到的数据值偏小，结果也不够显著。这里用CFPS数据，尝试性地用家庭净收入来衡量代际收入弹性。首先总体计算代际收入弹性；然后按照城市和农村来估算代际收入弹性；最后进一步按照孩子的性别进行分类分析。

一、总体估算家庭的代际收入弹性

2014 年配对 886 对，得到的代际收入弹性为 0.265（见表 4 - 86a）；2016 年配对 633 对，得到的代际收入弹性为 0.394（见表 4 - 86b）。这两年的数据都表明：用家庭收入去衡量代际收入弹性，数值明显提高了，结果显著。前面用 2016 年数据衡量的结果很多时候都不够显著，并且没有了很明显的性别差异，说明现在家庭中对孩子的人力资本投资主要是基于家庭的收入，这与经济学的以居民户为研究单位的基本假设是完全一致的。可以初步判定，2016 年虽然以父母单方的收入衡量的代际收入弹性下降了，但以家庭收入衡量的代际收入弹性却提高了，说明阶层固化更明显了。

表 4 - 86a　　　　　**2014 年 CFPS 数据用家庭净收入衡量代际收入弹性**

子代收入对数 （lnchildincome）	系数 （Coef.）	标准误差 （St. Err）	t 值 （t-value）	p 值 （p-value）	显著性 （Sig.）
家庭净收入对数 （lnfincome）	0.265	0.038	6.91	0.000	***
常数项 （_cons）	6.923	0.425	16.30	0.000	***
因变量均值 （Mean dependent var）	9.851		因变量标准差 （SD dependent var）		1.026
判定系数 （R-squared）	0.051		样本数 （Number of obs）		886.000
F 统计量 （F-test）	47.803		p 值 （Prob > F）		0.000
赤池信息准则 （Akaike crit.（AIC））	2515.456		贝叶斯信息准则 （Bayesian crit.（BIC））		2525.029

注：*** p < 0.01。

表 4 - 86b　　　　　**2016 年 CFPS 数据用家庭净收入衡量代际收入弹性**

子代收入对数 （lnchildincome）	系数 （Coef.）	标准误差 （St. Err）	t 值 （t-value）	p 值 （p-value）	显著性 （Sig.）
家庭净收入对数 （lnfincome）	0.394	0.057	6.93	0.000	***
常数项（_cons）	5.668	0.637	8.90	0.000	***

子代收入对数 （lnchildincome）	系数 （Coef.）	标准误差 （St. Err）	t 值 （t-value）	p 值 （p-value）	显著性 （Sig.）
因变量均值 （Mean dependent var）	10.076		因变量标准差 （SD dependent var）		1.024
判定系数 （R-squared）	0.071		样本数 （Number of obs）		633.000
F 统计量 （F-test）	48.095		p 值 （Prob > F）		0.000
赤池信息准则 （Akaike crit.（AIC））	1782.373		贝叶斯信息准则 （Bayesian crit.（BIC））		1791.274

注：*** p < 0.01。

二、按照城市和农村分别估算代际收入弹性

为了进一步揭示代际收入弹性的特点，这一部分按照户口和居住的信息分类研究。

（一）父代和子代都是农村户口

父代和子代都是农村户口的代际收入弹性如表 4 – 87 所示。

表 4 – 87a **2014 年 CFPS 数据农村户口代际收入弹性（用家庭净收入衡量）**

子代收入对数 （lnchildincome）	系数 （Coef.）	标准误差 （St. Err）	t 值 （t-value）	p 值 （p-value）	显著性 （Sig.）
家庭净收入对数 （lnfincome）	0.305	0.052	5.91	0.000	***
常数项（_cons）	6.426	0.570	11.28	0.000	***
因变量均值 （Mean dependent var）	9.784		因变量标准差 （SD dependent var）		0.954
判定系数 （R-squared）	0.062		样本数 （Number of obs）		527.000
F 统计量 （F-test）	34.947		p 值 （Prob > F）		0.000
赤池信息准则 （Akaike crit.（AIC））	1415.075		贝叶斯信息准则 （Bayesian crit.（BIC））		1423.609

注：*** p < 0.01。

表4－87b　　2016 年 CFPS 数据农村户口代际收入弹性（用家庭净收入衡量）

子代收入对数 （lnchildincome）	系数 （Coef.）	标准误差 （St. Err）	t 值 （t-value）	p 值 （p-value）	显著性 （Sig.）
家庭净收入对数 （lnfincome）	0.289	0.071	4.08	0.000	***
常数项（_cons）	6.837	0.787	8.69	0.000	***
因变量均值 （Mean dependent var）	10.042		因变量标准差 （SD dependent var）		0.948
判定系数 （R-squared）	0.039		样本数 （Number of obs）		416.000
F 统计量 （F-test）	16.658		p 值 （Prob > F）		0.000
赤池信息准则 （Akaike crit.（AIC））	1123.059		贝叶斯信息准则 （Bayesian crit.（BIC））		1131.120

注：*** p < 0.01。

（二）父代和子代都居住在农村

父代和子代都居住在农村的代际收入弹性如表4－88 所示。

表4－88a　　2014 年 CFPS 数据农村居住代际收入弹性（用家庭净收入衡量）

子代收入对数 （lnchildincome）	系数 （Coef.）	标准误差 （St. Err）	t 值 （t-value）	p 值 （p-value）	显著性 （Sig.）
家庭净收入对数 （lnfincome）	0.351	0.073	4.78	0.000	***
常数项（_cons）	5.825	0.825	7.06	0.000	***
因变量均值 （Mean dependent var）	9.756		因变量标准差 （SD dependent var）		0.993
判定系数 （R-squared）	0.063		样本数 （Number of obs）		344.000
F 统计量 （F-test）	22.817		p 值 （Prob > F）		0.000
赤池信息准则 （Akaike crit.（AIC））	952.088		贝叶斯信息准则 （Bayesian crit.（BIC））		959.770

注：*** p < 0.01。

表 4 - 88b　　　2016 年 CFPS 数据农村居住代际收入弹性（用家庭净收入衡量）

子代收入对数 （lnchildincome）	系数 （Coef.）	标准误差 （St. Err）	t 值 （t-value）	p 值 （p-value）	显著性 （Sig.）
家庭净收入对数 （lnfincome）	0.428	0.103	4.14	0.000	***
常数项（_cons）	5.301	1.152	4.60	0.000	***
因变量均值 （Mean dependent var）	10.060	因变量标准差 （SD dependent var）	0.982		
判定系数 （R-squared）	0.088	样本数 （Number of obs）	180.000		
F 统计量 （F-test）	17.134	p 值 （Prob > F）	0.000		
赤池信息准则 （Akaike crit.（AIC））	490.911	贝叶斯信息准则 （Bayesian crit.（BIC））	497.297		

注：*** $p < 0.01$。

2014 年父代和子代都是农村户口的家庭代际收入弹性为 0.305，结果显著（见表 4 - 87a）；按照居住信息衡量的，都在农村居住的家庭代际收入弹性为 0.351，结果显著（见表 4 - 88a）；2016 年父代和子代都是农村户口的家庭代际收入弹性为 0.289，结果显著（见表 4 - 87b）；都在农村居住的代际收入弹性为 0.428（见表 4 - 88b）。父代和子代都是在农村居住，表明完全没有在城市打工的这些群体，这些群体的代际收入弹性是非常高的，而且 2016 年比 2014 年的数值更大，说明在农村的确有很明显的阶层固化的现象。

（三）父代和子代都是城市户口

父代和子代都是城市户口的代际收入弹性如表 4 - 89 所示。

表 4 - 89a　　　2014 年 CFPS 数据城市户口的代际收入弹性（用家庭净收入衡量）

子代收入对数 （lnchildincome）	系数 （Coef.）	标准误差 （St. Err）	t 值 （t-value）	p 值 （p-value）	显著性 （Sig.）
家庭净收入对数 （lnfincome）	0.192	0.066	2.92	0.004	***
常数项（_cons）	7.820	0.738	10.59	0.000	***

子代收入对数 （lnchildincome）	系数 （Coef.）	标准误差 （St. Err）	t 值 （t-value）	p 值 （p-value）	显著性 （Sig.）
因变量均值 （Mean dependent var）	9.964		因变量标准差 （SD dependent var）		1.139
判定系数 （R-squared）	0.030		样本数 （Number of obs）		276.000
F 统计量 （F-test）	8.511		p 值 （Prob > F）		0.004
赤池信息准则 （Akaike crit.（AIC））	849.768		贝叶斯信息准则 （Bayesian crit.（BIC））		857.008

注：*** p < 0.01。

表 4 - 89b   2016 年 CFPS 数据城市户口的代际收入弹性（用家庭净收入衡量）

子代收入对数 （lnchildincome）	系数 （Coef.）	标准误差 （St. Err）	t 值 （t-value）	p 值 （p-value）	显著性 （Sig.）
家庭净收入对数 （lnfincome）	0.577	0.131	4.42	0.000	***
常数项（_cons）	3.457	1.480	2.34	0.021	**
因变量均值 （Mean dependent var）	9.980		因变量标准差 （SD dependent var）		1.216
判定系数 （R-squared）	0.122		样本数 （Number of obs）		142.000
F 统计量 （F-test）	19.510		p 值 （Prob > F）		0.000
赤池信息准则 （Akaike crit.（AIC））	442.980		贝叶斯信息准则 （Bayesian crit.（BIC））		448.892

注：*** p < 0.01，** p < 0.05。

（四）父代和子代都居住在城市

父代和子代都居住在城市的代际收入弹性如表 4 - 90 所示。

表 4 - 90a   2014 年 CFPS 数据城市居住的代际收入弹性（用家庭净收入衡量）

子代收入对数 （lnchildincome）	系数 （Coef.）	标准误差 （St. Err）	t 值 （t-value）	p 值 （p-value）	显著性 （Sig.）
家庭净收入对数 （lnfincome）	0.235	0.046	5.13	0.000	***
常数项（_cons）	7.338	0.507	14.48	0.000	***

子代收入对数 （lnchildincome）	系数 （Coef.）	标准误差 （St. Err）	t 值 （t-value）	p 值 （p-value）	显著性 （Sig.）
因变量均值 （Mean dependent var）	9.925	因变量标准差 （SD dependent var）			1.035
判定系数 （R-squared）	0.048	样本数 （Number of obs）			518.000
F 统计量 （F-test）	26.280	p 值 （Prob > F）			0.000
赤池信息准则 （Akaike crit.（AIC））	1482.679	贝叶斯信息准则 （Bayesian crit.（BIC））			1491.179

注：*** p < 0.01。

表 4 - 90b   2016 年 CFPS 数据城市居住的代际收入弹性（用家庭净收入衡量）

子代收入对数 （lnchildincome）	系数 （Coef.）	标准误差 （St. Err）	t 值 （t-value）	p 值 （p-value）	显著性 （Sig.）
家庭净收入对数 （lnfincome）	0.455	0.081	5.63	0.000	***
常数项（_cons）	4.968	0.913	5.44	0.000	***
因变量均值 （Mean dependent var）	10.101	因变量标准差 （SD dependent var）			1.063
判定系数 （R-squared）	0.086	样本数 （Number of obs）			337.000
F 统计量 （F-test）	31.707	p 值 （Prob > F）			0.000
赤池信息准则 （Akaike crit.（AIC））	969.960	贝叶斯信息准则 （Bayesian crit.（BIC））			977.600

注：*** p < 0.01。

2014 年父代和子代都是城市户口的家庭代际收入弹性为 0.192，结果显著（见表 4 - 89a），也比前面的分析要高；父代和子代都在城市居住的代际收入弹性为 0.235，结果显著（见表 4 - 90a）。2016 年的城市户口的代际收入弹性为 0.577，结果显著（见表 4 - 89b）；都在城市居住的代际收入弹性为 0.455，结果显著（见表 4 - 90b）。城市户口的代际收入弹性比农村高，说明单纯的城市户口的代际收入弹性高于农村。而在城市居住的，有一部分是农村户口，但是在城市居住的，依旧有很高的代际收入弹性。其实，从两年的数据对比可以看出，单纯的城市户口和单纯居住在农村，代际收入弹性都很高，大致在0.5左右。农村户口，而到城市工作的父代和子代的打工一族，代际收入弹性也较大，在0.4左右。

（五）父代和子代户口和居住信息不一致

如果父代和子代户口不一致时，代表了子代的迁移。父代是农村户口、子代是城市户口的，代际收入弹性为0.252，但结果不显著（见表4-91a）；父代居住在城市、子辈居住在城市的，代际收入弹性为0.193，结果也不显著（见表4-91b）。这与前面的结论很一致，迁移改变了代际流动性。

表4-91a　　　2016年CFPS数据父代是农村户口、子代是城市户口

子代收入对数 （lnchildincome）	系数 （Coef.）	标准误差 （St. Err）	t值 （t-value）	p值 （p-value）	显著性 （Sig.）
家庭净收入对数 （lnfincome）	0.252	0.154	1.64	0.109	*
常数项（_cons）	7.832	1.752	4.47	0.000	***
因变量均值 （Mean dependent var）	10.693		因变量标准差 （SD dependent var）		0.861
判定系数 （R-squared）	0.059		样本数 （Number of obs）		45.000
F统计量 （F-test）	2.678		p值 （Prob > F）		0.109
赤池信息准则 （Akaike crit. (AIC)）	114.514		贝叶斯信息准则 （Bayesian crit. (BIC)）		118.127

注：*** p<0.01，* p<0.1。

表4-91b　　　2016年CFPS数据父代居住农村、子代居住城市

子代收入对数 （lnchildincome）	系数 （Coef.）	标准误差 （St. Err）	t值 （t-value）	p值 （p-value）	显著性 （Sig.）
家庭净收入对数 （lnfincome）	0.193	0.155	1.24	0.217	
常数项（_cons）	7.984	1.701	4.70	0.000	***
因变量均值 （Mean dependent var）	10.096		因变量标准差 （SD dependent var）		0.979

子代收入对数 （lnchildincome）	系数 （Coef.）	标准误差 （St. Err）	t 值 （t-value）	p 值 （p-value）	显著性 （Sig.）
判定系数 （R-squared）	0.021	样本数 （Number of obs）		75.000	
F 统计量 （F-test）	1.549	p 值 （Prob > F）		0.217	
赤池信息准则 （Akaike crit.（AIC））	211.147	贝叶斯信息准则 （Bayesian crit.（BIC））		215.782	

注：*** p < 0.01。

三、在农村和城市中按照孩子的性别估算代际收入弹性

下面将在城市和农村内部，进一步按照子代的性别进行分类分析。因为父代收入用家庭收入进行衡量，所以不再区分父代的性别，只是分析家庭收入对儿子和女儿收入的影响

（一）农村家庭的代际收入弹性

1. 农村家庭对儿子的代际收入弹性

农村家庭对儿子的代际收入弹性如表 4 - 92、表 4 - 93 所示。

表 4 - 92a　　　　　**2014 年 CFPS 数据农村户口对儿子的代际收入弹性**

子代收入对数 （lnchildincome）	系数 （Coef.）	标准误差 （St. Err）	t 值 （t-value）	p 值 （p-value）	显著性 （Sig.）
家庭净收入对数 （lnfincome）	0.314	0.065	4.81	0.000	***
常数项（_cons）	6.413	0.724	8.86	0.000	***
因变量均值 （Mean dependent var）	9.889	因变量标准差 （SD dependent var）		0.897	
判定系数 （R-squared）	0.071	样本数 （Number of obs）		306.000	
F 统计量 （F-test）	23.133	p 值 （Prob > F）		0.000	
赤池信息准则 （Akaike crit.（AIC））	782.508	贝叶斯信息准则 （Bayesian crit.（BIC））		789.955	

注：*** p < 0.01。

表 4 - 92b **2016 年 CFPS 数据农村户口对儿子的代际收入弹性**

子代收入对数 （lnchildincome）	系数 （Coef.）	标准误差 （St. Err）	t 值 （t-value）	p 值 （p-value）	显著性 （Sig.）
家庭净收入对数 （lnfincome）	0.259	0.086	3.01	0.003	***
常数项（_cons）	7.327	0.955	7.67	0.000	***
因变量均值 （Mean dependent var）	10.194		因变量标准差 （SD dependent var）	0.871	
判定系数 （R-squared）	0.035		样本数 （Number of obs）	253.000	
F 统计量 （F-test）	9.045		p 值 （Prob > F）	0.003	
赤池信息准则 （Akaike crit.（AIC））	641.973		贝叶斯信息准则 （Bayesian crit.（BIC））	649.040	

注：*** p < 0.01。

表 4 - 93a **2014 年 CFPS 数据农村居住对儿子的代际收入弹性**

子代收入对数 （lnchildincome）	系数 （Coef.）	标准误差 （St. Err）	t 值 （t-value）	p 值 （p-value）	显著性 （Sig.）
家庭净收入对数 （lnfincome）	0.452	0.093	4.85	0.000	***
常数项（_cons）	4.743	1.048	4.53	0.000	***
因变量均值 （Mean dependent var）	9.818		因变量标准差 （SD dependent var）	0.928	
判定系数 （R-squared）	0.109		样本数 （Number of obs）	194.000	
F 统计量 （F-test）	23.550		p 值 （Prob > F）	0.000	
赤池信息准则 （Akaike crit.（AIC））	502.188		贝叶斯信息准则 （Bayesian crit.（BIC））	508.724	

注：*** p < 0.01。

表 4 - 93b   **2016 年 CFPS 数据农村居住对儿子的代际收入弹性**

子代收入对数 （lnchildincome）	系数 （Coef.）	标准误差 （St. Err）	t 值 （t-value）	p 值 （p-value）	显著性 （Sig.）
家庭净收入对数 （lnfincome）	0.364	0.112	3.26	0.001	***
常数项（_cons）	6.237	1.241	5.03	0.000	***
因变量均值 （Mean dependent var）	10.273		因变量标准差 （SD dependent var）		0.836
判定系数 （R-squared）	0.083		样本数 （Number of obs）		120.000
F 统计量 （F-test）	10.612		p 值 （Prob > F）		0.001
赤池信息准则 （Akaike crit.（AIC））	290.342		贝叶斯信息准则 （Bayesian crit.（BIC））		295.917

注：*** p < 0.01。

2. 农村家庭对女儿的代际收入弹性

农村家庭对女儿的代际收入弹性如表 4 - 94、表 4 - 95 所示。

表 4 - 94a   **2014 年 CFPS 数据农村户口对女儿的代际收入弹性**

子代收入对数 （lnchildincome）	系数 （Coef.）	标准误差 （St. Err）	t 值 （t-value）	p 值 （p-value）	显著性 （Sig.）
家庭净收入对数 （lnfincome）	0.269	0.083	3.25	0.001	***
常数项（_cons）	6.696	0.909	7.37	0.000	***
因变量均值 （Mean dependent var）	9.640		因变量标准差 （SD dependent var）		1.012
判定系数 （R-squared）	0.046		样本数 （Number of obs）		221.000
F 统计量 （F-test）	10.546		p 值 （Prob > F）		0.001
赤池信息准则 （Akaike crit.（AIC））	625.157		贝叶斯信息准则 （Bayesian crit.（BIC））		631.954

注：*** p < 0.01。

表 4 - 94b　　　　　**2016 年 CFPS 数据农村户口对女儿的代际收入弹性**

子代收入对数 （lnchildincome）	系数 （Coef.）	标准误差 （St. Err）	t 值 （t-value）	p 值 （p-value）	显著性 （Sig.）
家庭净收入对数 （lnfincome）	0.349	0.116	3.02	0.003	***
常数项（_cons）	5.922	1.287	4.60	0.000	***
因变量均值 （Mean dependent var）	9.805		因变量标准差 （SD dependent var）		1.016
判定系数 （R-squared）	0.054		样本数 （Number of obs）		163.000
F 统计量 （F-test）	9.143		p 值 （Prob > F）		0.003
赤池信息准则 （Akaike crit.（AIC））	461.747		贝叶斯信息准则 （Bayesian crit.（BIC））		467.935

注：*** p < 0.01。

表 4 - 95a　　　　　**2014 年 CFPS 数据农村居住对女儿的代际收入弹性**

子代收入对数 （lnchildincome）	系数 （Coef.）	标准误差 （St. Err）	t 值 （t-value）	p 值 （p-value）	显著性 （Sig.）
家庭净收入对数 （lnfincome）	0.234	0.117	2.01	0.046	**
常数项（_cons）	7.060	1.304	5.41	0.000	***
因变量均值 （Mean dependent var）	9.677		因变量标准差 （SD dependent var）		1.069
判定系数 （R-squared）	0.027		样本数 （Number of obs）		150.000
F 统计量 （F-test）	4.045		p 值 （Prob > F）		0.046
赤池信息准则 （Akaike crit.（AIC））	444.566		贝叶斯信息准则 （Bayesian crit.（BIC））		450.587

注：*** p < 0.01，** p < 0.05。

表 4 - 95b   **2016 年 CFPS 数据农村居住对女儿的代际收入弹性**

子代收入对数 （lnchildincome）	系数 （Coef.）	标准误差 （St. Err）	t 值 （t-value）	p 值 （p-value）	显著性 （Sig.）
家庭净收入对数 （lnfincome）	0.598	0.187	3.19	0.002	***
常数项（_cons）	2.964	2.092	1.42	0.162	
因变量均值 （Mean dependent var）	9.634		因变量标准差 （SD dependent var）		1.114
判定系数 （R-squared）	0.150		样本数 （Number of obs）		60.000
F 统计量 （F-test）	10.210		p 值 （Prob > F）		0.002
赤池信息准则 （Akaike crit.（AIC））	176.454		贝叶斯信息准则 （Bayesian crit.（BIC））		180.643

注：*** p < 0.01。

2014 年户口在农村的家庭中对儿子的代际收入弹性为 0.314（见表 4 - 92a），2016 年户口在农村的家庭对儿子的代际收入弹性为 0.259（见表 4 - 92b）；2014 年在农村居住的家庭对儿子的代际收入弹性为 0.452（见表 4 - 93a）；2016 年在农村居住的家庭对儿子的代际收入弹性为 0.364（见表 4 - 93b）。2014 年户口在农村的家庭中对女儿的代际收入弹性为 0.269（见表 4 - 94a），2016 年户口在农村的家庭对女儿的代际收入弹性为 0.349（见表 4 - 94b）；2014 年居住在农村的家庭对女儿的代际收入弹性为 0.234（见表 4 - 95a），2016 年在农村居住的家庭对女儿的代际收入弹性为 0.598（见表 4 - 95b）。2014 年的数据表明，农村家庭对儿子的收入影响更大一些，但 2016 年的数据表明，农村家庭对儿子和女儿的收入影响差别不大。从时间变化趋势上看，农村户口和在农村居住这两种情形对儿子的影响在下降，而对女儿的影响在增加。而且都比单纯从父亲或母亲单方的衡量代际收入弹性要大。并且从居住的信息看，代际收入弹性要大于从户口的信息来看，说明迁移会影响代际流动性，在农村封闭区域的代际收入保持性更强。

（二）城市家庭的代际收入弹性

1. 城市家庭对儿子的代际收入弹性

城市家庭对儿子的代际收入弹性如表 4 - 96、表 4 - 97 所示。

表4-96a   **2014 年 CFPS 数据城市户口家庭对儿子的代际收入弹性**

子代收入对数 （lnchildincome）	系数 （Coef.）	标准误差 （St. Err）	t 值 （t-value）	p 值 （p-value）	显著性 （Sig.）
家庭净收入对数 （lnfincome）	0.158	0.096	1.65	0.100	*
常数项（_cons）	8.404	1.075	7.82	0.000	***
因变量均值 （Mean dependent var）	10.174	因变量标准差 （SD dependent var）		1.111	
判定系数 （R-squared）	0.017	样本数 （Number of obs）		159.000	
F 统计量 （F-test）	2.731	p 值 （Prob > F）		0.100	
赤池信息准则 （Akaike crit.（AIC））	484.931	贝叶斯信息准则 （Bayesian crit.（BIC））		491.068	

注：*** p<0.01，* p<0.1。

表4-96b   **2016 年 CFPS 数据城市户口家庭对儿子的代际收入弹性**

子代收入对数 （lnchildincome）	系数 （Coef.）	标准误差 （St. Err）	t 值 （t-value）	p 值 （p-value）	显著性 （Sig.）
家庭净收入对数 （lnfincome）	0.584	0.150	3.89	0.000	***
常数项（_cons）	3.537	1.712	2.07	0.042	**
因变量均值 （Mean dependent var）	10.184	因变量标准差 （SD dependent var）		1.100	
判定系数 （R-squared）	0.154	样本数 （Number of obs）		85.000	
F 统计量 （F-test）	15.140	p 值 （Prob > F）		0.000	
赤池信息准则 （Akaike crit.（AIC））	246.227	贝叶斯信息准则 （Bayesian crit.（BIC））		251.112	

注：*** p<0.01，** p<0.05。

表 4 - 97a　　　　**2014 年 CFPS 数据城市居住对儿子的代际收入弹性**

子代收入对数 （lnchildincome）	系数 （Coef.）	标准误差 （St. Err）	t 值 （t-value）	p 值 （p-value）	显著性 （Sig.）
家庭净收入对数 （lnfincome）	0.166	0.065	2.56	0.011	**
常数项（_cons）	8.253	0.717	11.51	0.000	***
因变量均值 （Mean dependent var）	10.082		因变量标准差 （SD dependent var）		1.022
判定系数 （R-squared）	0.021		样本数 （Number of obs）		310.000
F 统计量 （F-test）	6.546		p 值 （Prob > F）		0.011
赤池信息准则 （Akaike crit.（AIC））	889.825		贝叶斯信息准则 （Bayesian crit.（BIC））		897.298

注：*** p < 0.01，** p < 0.05。

表 4 - 97b　　　　**2016 年 CFPS 数据城市居住家庭对儿子的代际收入弹性**

子代收入对数 （lnchildincome）	系数 （Coef.）	标准误差 （St. Err）	t 值 （t-value）	p 值 （p-value）	显著性 （Sig.）
家庭净收入对数 （lnfincome）	0.417	0.097	4.31	0.000	***
常数项（_cons）	5.515	1.089	5.07	0.000	***
因变量均值 （Mean dependent var）	10.200		因变量标准差 （SD dependent var）		0.956
判定系数 （R-squared）	0.084		样本数 （Number of obs）		204.000
F 统计量 （F-test）	18.579		p 值 （Prob > F）		0.000
赤池信息准则 （Akaike crit.（AIC））	545.679		贝叶斯信息准则 （Bayesian crit.（BIC））		552.316

注：*** p < 0.01。

2. 城市家庭对女儿的代际收入弹性

2014 年的城市户口对儿子的代际收入弹性为 0. 158（见表 4 – 96a），2016 年的城市户口对儿子的代际收入弹性为 0. 584（见表 4 – 96b）；2014 年居住在城市的家庭对儿子的代际收入弹性为 0. 166（见表 4 – 97a）；2016 年居住在城市的家庭对儿子的代际收入弹性为 0. 417（见表 4 – 97b）。

2014 年的城市户口对女儿的代际收入弹性为 0. 216（见表 4 – 98a），2016 年的城市户口对女儿的代际收入弹性为 0. 494（见表 4 – 98b）；2014 年居住在城市的家庭对女儿的代际收入弹性为 0. 287（见表 4 – 99a）；2016 年居住在城市的家庭对女儿的代际收入弹性为 0. 535（见表 4 – 99b）。

表 4 – 98a　　　　2014 年 CFPS 数据城市户口家庭对女儿的代际收入弹性

子代收入对数 （lnchildincome）	系数 （Coef. ）	标准误差 （St. Err）	t 值 （t-value）	p 值 （p-value）	显著性 （Sig. ）
家庭净收入对数 （lnfincome）	0. 216	0. 087	2. 48	0. 015	**
常数项（_cons）	7. 271	0. 976	7. 45	0. 000	***
因变量均值 （Mean dependent var）	9. 679		因变量标准差 （SD dependent var）		1. 120
判定系数 （R-squared）	0. 051		样本数 （Number of obs）		117. 000
F 统计量 （F-test）	6. 155		p 值 （Prob > F）		0. 015
赤池信息准则 （Akaike crit. （AIC））	355. 353		贝叶斯信息准则 （Bayesian crit. （BIC））		360. 878

注：*** p < 0. 01，** p < 0. 05。

表 4 – 98b　　　　2016 年 CFPS 数据城市户口家庭对女儿的代际收入弹性

子代收入对数 （lnchildincome）	系数 （Coef. ）	标准误差 （St. Err）	t 值 （t-value）	p 值 （p-value）	显著性 （Sig. ）
家庭净收入对数 （lnfincome）	0. 494	0. 234	2. 11	0. 040	**
常数项（_cons）	4. 132	2. 635	1. 57	0. 123	

子代收入对数 （lnchildincome）	系数 （Coef.）	标准误差 （St. Err）	t 值 （t-value）	p 值 （p-value）	显著性 （Sig.）
因变量均值 （Mean dependent var）	9.677	因变量标准差 （SD dependent var）		1.323	
判定系数 （R-squared）	0.075	样本数 （Number of obs）		57.000	
F 统计量 （F-test）	4.446	p 值 （Prob > F）		0.040	
赤池信息准则 （Akaike crit.（AIC））	192.217	贝叶斯信息准则 （Bayesian crit.（BIC））		196.303	

注：** p<0.05。

表 4 - 99a   **2014 年 CFPS 数据城市居住家庭对女儿的代际收入弹性**

子代收入对数 （lnchildincome）	系数 （Coef.）	标准误差 （St. Err）	t 值 （t-value）	p 值 （p-value）	显著性 （Sig.）
家庭净收入对数 （lnfincome）	0.287	0.062	4.59	0.000	***
常数项（_cons）	6.553	0.687	9.54	0.000	***
因变量均值 （Mean dependent var）	9.691	因变量标准差 （SD dependent var）		1.011	
判定系数 （R-squared）	0.093	样本数 （Number of obs）		208.000	
F 统计量 （F-test）	21.074	p 值 （Prob > F）		0.000	
赤池信息准则 （Akaike crit.（AIC））	577.627	贝叶斯信息准则 （Bayesian crit.（BIC））		584.302	

注：*** p<0.01。

表 4 - 99b   **2016 年 CFPS 数据城市居住家庭对女儿的代际收入弹性**

子代收入对数 （lnchildincome）	系数 （Coef.）	标准误差 （St. Err）	t 值 （t-value）	p 值 （p-value）	显著性 （Sig.）
家庭净收入对数 （lnfincome）	0.535	0.138	3.87	0.000	***
常数项（_cons）	3.896	1.567	2.48	0.014	**

子代收入对数 （lnchildincome）	系数 （Coef.）	标准误差 （St. Err）	t 值 （t-value）	p 值 （p-value）	显著性 （Sig.）
因变量均值 （Mean dependent var）	9.949	因变量标准差 （SD dependent var）			1.196
判定系数 （R-squared）	0.103	样本数 （Number of obs）			133.000
F 统计量 （F-test）	14.973	p 值 （Prob > F）			0.000
赤池信息准则 （Akaike crit.（AIC））	413.702	贝叶斯信息准则 （Bayesian crit.（BIC））			419.483

注： *** p < 0.01， ** p < 0.05。

从 2016 年的数据看，代际收入弹性比 2014 年的高，说明现在子女的收入受家庭收入的影响更大一些；并且对儿子和女儿没有明显的差异。在城市中，具有城市户口的家庭对儿子的收入影响更大一些，但对女儿户口并不是很关键的，在城市居住的代际收入弹性更大一些。说明男性和女性在劳动力市场上可能是有分割的。女性虽然没有户口，但在城市找到工作相对容易一些。2014 年的数据说明在城市里家庭收入对女儿收入的影响更大一些。

四、按照子代性别估算代际收入弹性

（一）家庭收入对儿子的代际收入弹性

家庭收入对儿子的代际收入弹性如表 4 - 100 所示。

表 4 - 100a   2014 年 CFPS 数据家庭收入对儿子的代际收入弹性

子代收入对数 （lnchildincome）	系数 （Coef.）	标准误差 （St. Err）	t 值 （t-value）	p 值 （p-value）	显著性 （Sig.）
家庭净收入对数 （lnfincome）	0.235	0.053	4.46	0.000	***
常数项（_cons）	7.361	0.586	12.56	0.000	***
因变量均值 （Mean dependent var）	9.969	因变量标准差 （SD dependent var）			0.997
判定系数 （R-squared）	0.037	样本数 （Number of obs）			516.000

子代收入对数 （lnchildincome）	系数 （Coef.）	标准误差 （St. Err）	t 值 （t-value）	p 值 （p-value）	显著性 （Sig.）
F 统计量 （F-test）	19.938	p 值 （Prob > F）		0.000	
赤池信息准则 （Akaike crit.（AIC））	1444.393	贝叶斯信息准则 （Bayesian crit.（BIC））		1452.885	

注：*** p < 0.01。

表 4 - 100b　　　　　2016 年 CFPS 数据家庭收入对儿子的代际收入弹性

子代收入对数 （lnchildincome）	系数 （Coef.）	标准误差 （St. Err）	t 值 （t-value）	p 值 （p-value）	显著性 （Sig.）
家庭净收入对数 （lnfincome）	0.352	0.069	5.09	0.000	***
常数项（_cons）	6.279	0.774	8.11	0.000	***
因变量均值 （Mean dependent var）	10.215	因变量标准差 （SD dependent var）		0.924	
判定系数 （R-squared）	0.064	样本数 （Number of obs）		382.000	
F 统计量 （F-test）	25.934	p 值 （Prob > F）		0.000	
赤池信息准则 （Akaike crit.（AIC））	1001.270	贝叶斯信息准则 （Bayesian crit.（BIC））		1009.161	

注：*** p < 0.01。

（二）家庭收入对女儿的代际收入弹性

家庭收入对女儿的代际收入弹性如表 4 - 101 所示。

表 4 - 101a　　　　　2014 年 CFPS 数据家庭收入对女儿的代际收入弹性

子代收入对数 （lnchildincome）	系数 （Coef.）	标准误差 （St. Err）	t 值 （t-value）	p 值 （p-value）	显著性 （Sig.）
家庭净收入对数 （lnfincome）	0.282	0.055	5.10	0.000	***
常数项（_cons）	6.585	0.611	10.78	0.000	***

子代收入对数 （lnchildincome）	系数 （Coef.）	标准误差 （St. Err）	t 值 （t-value）	p 值 （p-value）	显著性 （Sig.）
因变量均值 （Mean dependent var）	9.687	因变量标准差 （SD dependent var）			1.044
判定系数 （R-squared）	0.066	样本数 （Number of obs）			370.000
F 统计量 （F-test）	26.009	p 值 （Prob > F）			0.000
赤池信息准则 （Akaike crit.（AIC））	1059.450	贝叶斯信息准则 （Bayesian crit.（BIC））			1067.277

注：*** p < 0.01。

表 4 – 101b　　　2016 年 CFPS 数据家庭收入对女儿的代际收入弹性

子代收入对数 （lnchildincome）	系数 （Coef.）	标准误差 （St. Err）	t 值 （t-value）	p 值 （p-value）	显著性 （Sig.）
家庭净收入对数 （lnfincome）	0.452	0.093	4.85	0.000	***
常数项（_cons）	4.804	1.046	4.59	0.000	***
因变量均值 （Mean dependent var）	9.863	因变量标准差 （SD dependent var）			1.128
判定系数 （R-squared）	0.086	样本数 （Number of obs）			251.000
F 统计量 （F-test）	23.493	p 值 （Prob > F）			0.000
赤池信息准则 （Akaike crit.（AIC））	753.293	贝叶斯信息准则 （Bayesian crit.（BIC））			760.344

注：*** p < 0.01。

2014 年的数据显示：家庭收入对儿子的代际收入弹性为 0.235（见表 4 -100a），对女儿的代际收入弹性为 0.282（见表 4 -101a）。说明从家庭收入的角度看，家庭收入对女儿收入的影响要大一些。2016 年的数据显示：家庭收入对儿子的代际收入弹性为 0.352（见表 4 -100b），对女儿的代际收入弹性为 0.452（见表 4 -101b）。说明从家庭收入的角度看，家庭收入对女儿收入的影响要大一些。而且随着时间代际收入弹性增加，说明有阶层固化的趋势。

五、按照家庭收入的分位数回归（2016年）

由于按照家庭收入进行代际收入弹性的数值明显比2014年高，我们进一步按照分位数进行分析，探究不同的收入等级，代际收入弹性的特点。其中，按照25%、50%和75%的分析结果见表4-102，处于在25%、50%和75%分位点的代际收入弹性分别为0.605、0.492和0.269。说明代际收入弹性不是线性的，随着收入的提高，家庭的代际收入弹性在减少，越是收入低的家庭越会形成阶层固化。

表4-102　　　　　2016年CFPS数据家庭收入的四分位数回归

子代收入对数 （lnchildincome）	系数 （Coef.）	标准误差 （St. Err）	t 值 （t-value）	p 值 （p-value）	显著性 （Sig.）
家庭净收入对数 （lnfincome）	0.605	0.119	5.08	0.000	***
常数项（_cons）	2.870	1.356	2.12	0.035	**
家庭净收入对数 （lnfincome）	0.492	0.072	6.85	0.000	***
常数项（_cons）	4.743	0.829	5.72	0.000	***
家庭净收入对数 （lnfincome）	0.269	0.077	3.51	0.000	***
常数项（_cons）	7.691	0.856	8.99	0.000	***
因变量均值 （Mean dependent var）	10.076		因变量标准差 （SD dependent var）		1.024

注：*** $p < 0.01$，** $p < 0.05$。

再进一步按照收入的10%、25%、50%、75%、90%的分析结果见表4-103。处于在10%、25%、50%、75%和90%的代际收入弹性为0.657、0.605、0.492、0.269和0.222。呈现的特点非常明显，收入越低，越可能陷入低收入陷阱中，低收入已经存在阶层固化。

表4-103　2016年CFPS数据家庭收入的分位数回归（10、20、50、75、90分位数）

子代收入对数 （lnchildincome）	系数 （Coef.）	标准误差 （St. Err）	t 值 （t-value）	p 值 （p-value）	显著性 （Sig.）
家庭净收入对数 （lnfincome）	0.657	0.198	3.32	0.001	***

子代收入对数 （lnchildincome）	系数 （Coef.）	标准误差 （St. Err）	t 值 （t-value）	p 值 （p-value）	显著性 （Sig.）
常数项（_cons）	1.467	2.151	0.68	0.496	
家庭净收入对数 （lnfincome）	0.605	0.099	6.12	0.000	***
常数项（_cons）	2.870	1.088	2.64	0.009	***
家庭净收入对数 （lnfincome）	0.492	0.084	5.86	0.000	***
常数项（_cons）	4.743	0.955	4.97	0.000	***
家庭净收入对数 （lnfincome）	0.269	0.069	3.91	0.000	***
常数项（_cons）	7.691	0.775	9.93	0.000	***
家庭净收入对数 （lnfincome）	0.222	0.051	4.40	0.000	***
常数项（_cons）	8.645	0.571	15.15	0.000	***
因变量均值 （Mean dependent var）	10.076		因变量标准差 （SD dependent var）		1.024

注：*** $p < 0.01$。

我们得出的结论与其他学者的研究结论基本一致。有些学者验证，随着时间的变化，近几年整体的代际流动性下降，因此，低收入阶层家庭的子代只有很少比例可以进入到较高的收入阶层，基本都在中等偏下的收入阶层；而高收入阶层的子代也基本上可以保持在中等偏上的收入阶层。从我们的分析可以看出，似乎低收入家庭更容易出现低水平的收入陷阱。

第十节 本 章 结 论

这一章采用 2014 年和 2016 年的 CFPS 数据以及 2015 年的 CHARLS 数据，估计二代的代际收入弹性。这两个数据库中父辈和子辈的年龄大致相同，CHARLS 数据的家庭农村比例稍高，因此平均收入偏低一些。两个数据库关于收入的统计口径不同，但特点基本相同：男性收入大于女性、父辈的收入比子辈要低，随着我国经济的发展，2016 年的收入差距比 2014 年的要大。这样可以大致进行比较估计得出代际收入流动性的特点。本章的内容较多，主要用代际收入弹性、分位数回归、转换矩阵和收入排名相关性几种方法估计我国代际流动性的大小，并考虑到我国特有的二元经济结构，分性别、城乡、年龄等进行分类分析。得出的主要结论为：

一、总体的代际收入弹性下降，并分类计算代际收入弹性

为了更好地比较分析，将总体的代际收入弹性以及按照性别和城乡分类后得出的代际收入弹性的研究结论整理为表 4 - 104。

表 4 - 104　　　　　　总体的代际收入弹性以及分类估计的代际收入弹性

项目	CFPS（2014）	CFPS（2016）	CHARLS（2015）
代际收入相关性	0.1145 **	0.1067 **	0.14 **
代际收入弹性	0.112 ***	0.081 *	0.296 ***
父亲和孩子	0.126 **	0.068	0.413 ***
母亲和孩子	0.117 *	0.153 **	0.318 ***
父母与儿子	0.155 ***	0.054	0.256 ***
父母与女儿	0.055	0.105	0.227 ***
农村	0.055	0.027	0.262 ***
城市	0.202 **	0.159 *	0.367 ***

注：*** $p < 0.01$，** $p < 0.05$，* $p < 0.1$。

2016 年结果与 2014 年相比不够显著。整体来说，可能是代际流动性增强了。

（一）按照性别分类分析

按照性别分析：2014 年 CFPS 数据分析结果表明：父亲对孩子收入的影响更大一些，母亲的影响不够显著；父母对儿子的收入有显著的影响，对女儿没有显著的影响。整体体现出有性别的偏向。2016 年 CFPS 数据结果有很大的不同，似乎母亲对孩子收入的影响更大一些，父亲的影响不够显著。没有发现明显的性别偏向。CFPS2014 年和 2016 年的数据处理方法完全相同，但得出的数据结果很不一致。通过进一步分析可以发现出现差别的原因。CHARLS 数据明显可以看出，父亲对孩子收入的影响更大一些。与 2014 年 CFPS 的数据结果类似。说明我国的代际流动性不大，有着很明显的阶层固化的趋势。

（二）按照城乡分类分析

CFPS2014 年数据估计农村的代际收入弹性小于城市，说明农村中代际收入流动性更大，代际收入保持性差。CHARLS2015 年的数据表明：从父代上看，父亲对孩子收入的影响比母亲大；从子代上看，父母对儿子收入的影响比对女儿的大。在城市，父亲与儿子的代际收入弹性为 0.864（见表 4 – 40），结果显著；父亲与女儿的代际收入弹性为 0.155（见表 4 – 41），结果不显著；母亲与儿子的代际收入弹性为 0.332（见表 4 – 42），结果显著；母亲与女儿的代际收入弹性为 0.409（见表 4 – 43），结果显著。与 CFPS2014 年的结论基本一致，父亲对孩子收入的影响要更大一些，尤其是父亲对于儿子的影响。无论在农村还是城市，母亲的作用是小于父亲的，原因可能是母亲通常不是作为家庭收入的主要承担者。2016 年数据与 2014 年的数据比较，结果虽然不同，但城乡趋势是基本相同的。从两个数据库的比较来看，农村的代际收入弹性小于城市。而父代和子代户口不一致的，说明后代有了迁移的情形，结果不够显著，说明迁移改变了代际流动性。

（三）分年龄段和区域分类估计代际收入弹性

CFPS2014 年和 2016 年的数据表明：从子代和父代的年龄上看，年龄为中间部分的代际收入弹性更大一些。CHARLS 的数据同样表明：子代处于中间年龄段的代际收入弹性大一些，年龄处于两边的代际收入弹性小一些，子代是 80 年代出生的代际收入弹性为 0.334（见表 4 – 52）。从父代的年龄上看，年龄处于 45 ~ 55 岁的年龄，也就是中间部分的代际收入弹性更大一些。用 CHARLS 数据分析的结果与 CFPS 的估计基本一致。无论是父代还是子代，中间年龄段更适合用来估计代际收入弹性。

将父代和子代分为东部、中部和西部估计代际收入弹性，没有发现明显的地域之间的区别。

二、分位数回归表明出现两端阶层固化的趋势

2014 年 CFPS 的分析结果：随着分位点的变化，各个分位点的回归系数呈现出先上升后下降的趋势，说明处于中等收入的子代对父代收入的依赖最大，整体的趋势依旧是两边低，中间高的趋势。2016 年的分析结果完全不同，呈现出中间低、两边高的特点。表明这几年，代际流动性已经发生了微妙的变化，中间收入阶层的流动性很强，而两端收入出现了阶层固化的趋势，并且低收入阶层的代际保持性更强。2014 年是中间收入阶层的代际收入弹性大一些，2016 年开始，从中间阶层向两端蔓延，两端的代际收入弹性出现增加的趋势。

三、用转换矩阵法得出收入最底层和最高层的收入保持性更强

通过转换矩阵法：得出的结论与分位数回归的结论基本一致。2014年CPFS数据表明：父代处于收入第一、第二、第三和第五等级，子代仍保持在本等级的概率都是最大，流动到相邻等级的概率也较大，流动到较远收入的概率较小，说明代际保持性很明显。2016年的CFPS分析结果表明：父代处于收入第一、第二和第五等级，子代仍保持在本等级的概率都是最大，说明和2014年的数据相比，呈现出来的特点基本一致。2014年CFPS分析结果表明：母亲和孩子的收入转换矩阵没有像父亲那样比较明确的阶层保持性，流动比较大。母亲收入和孩子收入的相关性不是很强，各个阶层的流动比较均匀。说明父亲对孩子收入的影响更显著。而2016年CFPS分析结果看：父亲和母亲的作用几乎相同，主要是收入两端的代际保持性强、而中间收入的流动性强，出现了两端分化的特点。无论是农村还是城市，都出现了两端流动性最差、中间流动性强的特点，说明我国开始出现两端阶层固化的趋势，而中间阶层的流动强比以前要好一些。说明我国存在明显的"富裕壁垒"和"贫困陷阱"现象，收入高的父亲和母亲更倾向于将其收入水平转移到子女身上。

这些研究结论与其他学者研究的结论是比较一致的，有些学者验证，随着时间的变化，近几年整体的代际流动性下降。我国贫困的代际化与财富的代际化日益显著。代际收入弹性呈现出两端封闭性的特征，整体而言，处于中间收入的具有更高的代际收入流动性，而处于最低收入和最高收入的保持性更强。从我们的分析可以看出，似乎低收入家庭更容易出现低水平的收入陷阱。

四、收入排名的相关性分析显示总体的流动性增强

将父代和子代按照收入进行排名，然后做相关性分析，CFPS2014年的相关性为0.1230（见表4-82），结果显著；CFPS2016年的相关性为0.0770（见表4-82），结果不够显著，这个与前面的结论是一致的。与CFPS2014年的数据相比，城市和农村没有明显的差异，父代和子代的收入相关性都不是很明显的。这些分析结论与前面计算代际收入弹性是一致的。从总体上看，代际流动性加强了，但两端收入有阶层固化的趋势。

五、用家庭净收入衡量代际收入弹性明显增加，更能反映出城市和农村的差异

从 CFPS2014 年和 2016 年的数据分析得出的代际收入弹性明显小于 CHARLS 数据以及其他学者的研究。因此，本书特别分析家庭的净收入对子代收入的影响。得到的研究结论总结为表 4 – 105，以便于对比分析。

表 4 – 105　　　　　　　　用家庭净收入衡量的代际收入弹性

项目	CFPS2014	CFPS2016
总体代际收入弹性	0. 265 ***	0. 394 ***
农村户口	0. 305 ***	0. 289 ***
农村居住	0. 351 ***	0. 428 ***
城市户口	0. 192 ***	0. 577 ***
城市居住	0. 235 ***	0. 455 ***
对儿子	0. 235 ***	0. 352 ***
对女儿	0. 282 ***	0. 452 ***
农村户口对儿子	0. 314 ***	0. 259 ***
农村居住对儿子	0. 452 ***	0. 364 ***
农村户口对女儿	0. 269 ***	0. 349 ***
农村居住对女儿	0. 234 **	0. 598 ***
城市户口对儿子	0. 158 *	0. 584 ***
城市居住对儿子	0. 166 **	0. 417 ***
城市户口对女儿	0. 216 **	0. 494 **
城市居住对女儿	0. 287 ***	0. 535 ***

注：***$p < 0.01$，**$p < 0.05$，*$p < 0.1$。

用家庭收入衡量的代际收入弹性明显比前面高很多，结果显著。说明用家庭收入衡量的代际收入弹性更为接近现实。总体来看，随着时间的变化趋势是代际收入弹性是增加的，说明有阶层固化的趋势。

从性别上看，家庭收入对女儿的收入影响更大一些，男孩可能更多地靠自己的努力。从城乡上看，CFPS2014 年的农村代际收入弹性高于城市；而 CFPS2016 年是城市的代际收入弹性更高一些。这种变化很大程度上是人口流动带来的。我国人口流动的人数逐年递增，很多是父辈和子辈都出

去打工了，因此，农村户口的家庭很多去城市打工，居住在城市。因此农村户口的人数要多于在农村居住的，而居住在农村的，是完全在家务农的，从数据发现这些单纯的农村居住的代际收入弹性很高，说明有很多农村家庭到城市打工后改变了代际收入的保持性。而在城市居住的，有一部分是农村户口，因此，居住和户口的人群是交叉的。从两年的数据对比可以看出，单纯的城市户口和单纯的农村居住，是完全没有受到人口流动影响的，代际收入弹性都很高。在农村封闭区域的代际收入保持性更强。农村户口、而到城市工作的父代和子代的打工一族，代际收入弹性也较大，在 0.4 左右，因为受到城市代际收入弹性的影响。如果父代和子代户口不一致时，代表了子代的迁移，结果不显著。这与前面的结论很一致，迁移改变了代际流动性。

按照家庭收入估计的 CFPS2016 年的代际收入弹性明显比 CFPS2014 年高，我们进一步按照分位数进行分析，探究不同的收入等级代际收入弹性的特点。其中，处于 25%、50% 和 75% 分位点的代际收入弹性为：0.605、0.492 和 0.269（见表 4 – 102）。说明代际收入弹性不是线性的，随着收入的提高，家庭的代际收入弹性在减少，收入越低，越可能陷入低收入陷阱中，低收入已经存在阶层固化。

第五章 中国三代的代际流动性分析

三代的代际相关性分析，指祖辈（祖父、外祖父、祖母、外祖母）与孙辈（孙子、孙女、外孙子、外孙女）之间的收入相关性，在西方已经有一些学者进行了研究，而且还有关于四代的研究，发现并不是像我们想象的那样，代际收入相关性会随着时间跨度的增加而减弱，而是三代的代际收入保持性还是很强。我国在这方面的研究很少，主要是因为缺少三代及四代的数据。这里我们用两个数据库的资料估算三代的代际收入弹性。

第一节 CFPS 数据库

通过家庭关系的数据库，匹配了家庭中的父亲和孩子、母亲和孩子的配对数据，并根据父亲和母亲的关系，进一步匹配了祖父和孩子、祖母和孩子、外祖父和孩子、外祖母和孩子，整理出三代家庭的信息。由于要选择有收入的个体信息，就会发现很多祖辈缺少收入的数据，或是收入的数据不是很准确，所以对配对的数据进行缩尾保留处理，这样可以保留数据。发现 2014 年配对后数据 624 对，其中：祖父和孙辈的数据为 232 对，祖母和孙辈的数据为 335 对，外祖父和孙辈的数据为 24 对，外祖母和孙辈的数据为 33 对。可以看出外祖父和外祖母的数据少，会影响到结论的可信性。2016 年没有充足的有收入信息的数据。因此，这里只是分析 2014 年的数据，并且后面着重分析祖父和祖母与孙辈之间的代际收入相关性。

一、祖辈和孙辈的基本变量描述

首先给出祖辈和孙辈变量的基本描述，祖辈和孙辈的教育水平见表 5-1、祖辈和孙辈的年龄和收入的基本描述见表 5-2。很明显的是：祖辈的教育程度要低于孙辈的教育水平。说明随着经济的发展，我国整体的教育水平是提高的。表 5-2 中，祖辈的平均年龄为 73 岁、最小为 59 岁、最大 95 岁；孙辈的平均年龄为 21 岁、最小为 16 岁、最大为 37 岁。祖辈的年平均收入为 1071.9 元，最大为 40240 元，最少为 5 元；孙辈的年平均收入为 18028.44 元，收入最少为 8 元，最大为 140000 元。孙辈的收入大大地超过了祖辈。为了防止收入的极值对研究结果的影响，我们对祖辈和孙辈的收入进行了缩尾替代处理。

表 5-1　　　　　　2014 年 CFPS 数据祖辈和孙辈的教育水平　　　　单位：人

教育水平	祖辈	孙辈
没登记	1（0.16%）	
文盲/半文盲	341（54.65%）	10（1.60%）
小学	126（20.19%）	78（12.50%）
初中	40（6.41%）	232（37.18%）
高中/中专/技校/职高	14（2.24%）	185（29.65%）
大专	2（0.32%）	69（11.06%）
大学本科	5（0.80%）	49（7.85%）
硕士		1（0.16%）
没必要读书	95（15.22%）	
合计	624（100%）	

表 5-2　　　　　　2014 年 CFPS 数据祖辈和孙辈的年龄、收入的基本描述

变量 （Variable）	样本数 （Obs）	均值 （Mean）	标准差 （Std. Dev.）	最小值 （Min）	最大值 （Max）
祖辈年龄 （grandcfps2~e）	624	73.468	6.994	59	95
孙辈年龄 （childcfps2~e）	624	21.532	3.784	16	37
祖辈收入 （grandp_inc~e）	624	1071.923	3497.587	5	40240
孙辈收入 （childp_inc~e）	624	18028.44	19816.06	8	140000

二、祖辈和孙辈的代际收入弹性

（一）祖辈和孙辈的收入回归分析（加入年龄项）

我们把祖辈和孙辈的收入都取对数，并加入了祖辈和孙辈的年龄项，分析结果见表5-3。总体来看，祖辈和孙辈的收入相关性是负的，而且并不显著。

表5-3   2014年CFPS数据祖辈和孙辈的代际收入弹性

孙辈收入对数 （lnchildp_income）	系数 （Coef.）	标准误差 （St. Err）	t值 （t-value）	p值 （p-value）	显著性 （Sig.）
祖辈收入对数 （lngrandp_income）	-0.033	0.036	-0.92	0.359	
祖辈年龄 （grandcfps2014_age）	-0.019	0.010	-1.98	0.049	**
孙辈年龄 （childcfps2014_age）	0.235	0.018	13.28	0.000	***
常数项 （_cons）	5.399	0.653	8.26	0.000	***

因变量均值 （Mean dependent var）	8.901	因变量标准差 （SD dependent var）	1.700
判定系数 （R-squared）	0.244	样本数 （Number of obs）	624.000
F统计量 （F-test）	66.530	p值 （Prob > F）	0.000
赤池信息准则 （Akaike crit.（AIC））	2266.248	贝叶斯信息准则 （Bayesian crit.（BIC））	2283.993

注： ***p<0.01， **p<0.05。

（二）按照农村户口和非农村户口估计代际收入弹性

1. 祖辈和孙辈都是农村户口

祖辈和孙辈都是农村户口的代际收入弹性如表5-4所示。

表 5 – 4   2014 年 CFPS 数据农村祖辈和孙辈的代际收入弹性

孙辈收入对数 （lnchildp_income）	系数 （Coef.）	标准误差 （St. Err）	t 值 （t-value）	p 值 （p-value）	显著性 （Sig.）
祖辈收入对数 （lngrandp_income）	– 0.031	0.053	– 0.58	0.564	
祖辈年龄 （grandcfps2014_age）	– 0.015	0.012	– 1.29	0.199	
孙辈年龄 （childcfps2014_age）	0.218	0.022	9.74	0.000	***
常数项 （_cons）	5.468	0.827	6.61	0.000	***

因变量均值 （Mean dependent var）	8.825	因变量标准差 （SD dependent var）	1.680
判定系数 （R-squared）	0.199	样本数 （Number of obs）	445.000
F 统计量 （F-test）	36.559	p 值 （Prob > F）	0.000
赤池信息准则 （Akaike crit.（AIC））	1632.939	贝叶斯信息准则 （Bayesian crit.（BIC））	1649.331

注：*** p < 0.01。

2. 祖辈和孙辈都是非农村户口

祖辈和孙辈都是非农村户口的代际收入弹性如表 5 – 5 所示。

表 5 – 5   2014 年 CFPS 数据城市祖辈和孙辈的代际收入弹性

孙辈收入对数 （lnchildp_income）	系数 （Coef.）	标准误差 （St. Err）	t 值 （t-value）	p 值 （p-value）	显著性 （Sig.）
祖辈收入对数 （lngrandp_income）	– 0.259	0.120	– 2.15	0.034	**
祖辈年龄 （grandcfps2014_age）	– 0.049	0.026	– 1.90	0.061	*
孙辈年龄 （childcfps2014_age）	0.278	0.041	6.73	0.000	***
常数项 （_cons）	8.500	2.152	3.95	0.000	***

孙辈收入对数 （lnchildp_income）	系数 （Coef.）	标准误差 （St. Err）	t 值 （t-value）	p 值 （p-value）	显著性 （Sig.）
因变量均值 （Mean dependent var）	9.154	因变量标准差 （SD dependent var）		1.835	
判定系数 （R-squared）	0.356	样本数 （Number of obs）		94.000	
F 统计量 （F-test）	16.548	p 值 （Prob > F）		0.000	
赤池信息准则 （Akaike crit. (AIC)）	346.553	贝叶斯信息准则 （Bayesian crit. (BIC)）		356.726	

注： *** p < 0.01， ** p < 0.05， * p < 0.1。

祖辈和孙辈都是农村户口的配对样本为 445 对（见表 5-4），祖辈和孙辈都是城市户口的配对样本为 94 对（见表 5-5），所得到的代际收入弹性依然都是负的，并不显著。说明我国祖辈和孙辈的收入不存在着显著的代际相关性。

三、祖父和孙辈的代际流动性分析

（一）祖父和孙辈的收入回归分析

祖辈和孙辈的回归结果见表 5-6，祖父和孙辈的收入相关系数为 -0.131，结果显著，说明祖父和孙辈存在着负的相关关系。加入了年龄和年龄的平方项以后，结果见表 5-7，回归方程拟合程度也很好，说明年龄是很重要的控制变量。

表 5-6　　　　　2014 年 CFPS 数据祖父和孙辈的收入回归分析

孙辈收入对数 （lnchildp_income）	系数 （Coef.）	标准误差 （St. Err）	t 值 （t-value）	p 值 （p-value）	显著性 （Sig.）
祖辈收入对数 （lngrandp_income）	-0.131	0.061	-2.14	0.034	**
常数项 （_cons）	9.475	0.353	26.84	0.000	***
因变量均值 （Mean dependent var）	8.762	因变量标准差 （SD dependent var）		1.766	

孙辈收入对数 (lnchildp_income)	系数 (Coef.)	标准误差 (St. Err)	t 值 (t-value)	p 值 (p-value)	显著性 (Sig.)
判定系数 (R-squared)	0.019		样本数 (Number of obs)		232.000
F 统计量 (F-test)	4.563		p 值 (Prob > F)		0.034
赤池信息准则 (Akaike crit. (AIC))	920.673		贝叶斯信息准则 (Bayesian crit. (BIC))		927.566

注: *** p < 0.01, ** p < 0.05。

表 5 – 7 2014 年 CFPS 数据祖父和孙辈的收入回归（加入年龄和年龄的平方项）

孙辈收入对数 (lnchildp_income)	系数 (Coef.)	标准误差 (St. Err)	t 值 (t-value)	p 值 (p-value)	显著性 (Sig.)
祖辈收入对数 (lngrandp_income)	-0.120	0.054	-2.23	0.027	**
祖辈年龄 (grandcfps2014_age)	0.627	0.358	1.75	0.081	*
孙辈年龄 (childcfps2014_age)	0.340	0.275	1.24	0.218	
祖辈年龄平方项 (grandage^2)	-0.004	0.002	-1.84	0.067	*
孙辈年龄平方项 (childage^2)	-0.002	0.006	-0.31	0.758	
常数项 (_cons)	-18.853	12.886	-1.46	0.145	
因变量均值 (Mean dependent var)	8.762		因变量标准差 (SD dependent var)		1.766
判定系数 (R-squared)	0.270		样本数 (Number of obs)		232.000
F 统计量 (F-test)	16.722		p 值 (Prob > F)		0.000
赤池信息准则 (Akaike crit. (AIC))	860.202		贝叶斯信息准则 (Bayesian crit. (BIC))		880.883

注: ** p < 0.05, * p < 0.1。

（二）按照户口分类估算祖父和孙辈的代际收入弹性

1. 农村祖父和孙辈的代际收入弹性

农村祖父和孙辈的代际收入弹性如表 5-8 所示。

表 5-8 　　　　　　　　2014 年 CFPS 数据农村祖父和孙辈的代际收入弹性

孙辈收入对数 （lnchildp_income）	系数 （Coef.）	标准误差 （St. Err）	t 值 （t-value）	p 值 （p-value）	显著性 （Sig.）
祖辈收入对数 （lngrandp_income）	-0.068	0.071	-0.96	0.339	
祖辈年龄 （grandcfps2014_age）	-0.024	0.022	-1.09	0.278	
孙辈年龄 （childcfps2014_age）	0.228	0.037	6.09	0.000	***
常数项 （_cons）	6.173	1.613	3.83	0.000	***

因变量均值 （Mean dependent var）	8.810	因变量标准差 （SD dependent var）	1.694
判定系数 （R-squared）	0.198	样本数 （Number of obs）	166.000
F 统计量 （F-test）	13.303	p 值 （Prob > F）	0.000
赤池信息准则 （Akaike crit.（AIC））	616.561	贝叶斯信息准则 （Bayesian crit.（BIC））	629.009

注：*** p<0.01。

2. 城市祖父和孙辈的代际收入弹性

城市祖父和孙辈的代际收入弹性如表 5-9 所示。

表 5-9 　　　　　　　　2014 年 CFPS 数据城市祖父和孙辈的代际收入弹性

孙辈收入对数 （lnchildp_income）	系数 （Coef.）	标准误差 （St. Err）	t 值 （t-value）	p 值 （p-value）	显著性 （Sig.）
祖辈收入对数 （lngrandp_income）	-0.575	0.262	-2.19	0.037	**

孙辈收入对数 （lnchildp_income）	系数 （Coef.）	标准误差 （St. Err）	t 值 （t-value）	p 值 （p-value）	显著性 （Sig.）
祖辈年龄 （grandcfps2014_age）	−0.045	0.061	−0.73	0.470	
孙辈年龄 （childcfps2014_age）	0.283	0.078	3.64	0.001	***
常数项 （_cons）	10.228	4.812	2.13	0.043	**

因变量均值 （Mean dependent var）	8.741	因变量标准差 （SD dependent var）	2.120
判定系数 （R-squared）	0.418	样本数 （Number of obs）	31.000
F 统计量 （F-test）	6.462	p 值 （Prob > F）	0.002
赤池信息准则 （Akaike crit.（AIC））	124.755	贝叶斯信息准则 （Bayesian crit.（BIC））	130.491

注：*** p < 0.01，** p < 0.05。

农村中祖父和孙辈的回归分析结果见表 5 – 8，城市中祖父和孙辈的回归分析结果见表 5 – 9。分开计算后，无论是城市还是农村，相关系数都是负的，农村的相关系数会更大一些，但都不够显著。

（三）祖父和孙辈的分位数回归

通过分位数的回归得出在不同收入阶层相关性的变化。这里依旧采用四分位回归，结果见表 5 – 10。

表 5 – 10　　　2014 年 CFPS 数据祖父和孙辈的分位数回归（四分位回归）

孙辈收入对数 （lnchildp_income）	系数 （Coef.）	标准误差 （St. Err）	t 值 （t-value）	p 值 （p-value）	显著性 （Sig.）
祖辈收入对数 （lngrandp_income）	−0.206	0.095	−2.17	0.031	**
常数项 （_cons）	8.492	0.540	15.73	0.000	***

孙辈收入对数 （lnchildp_income）	系数 （Coef.）	标准误差 （St. Err）	t 值 （t-value）	p 值 （p-value）	显著性 （Sig.）
祖辈收入对数 （lngrandp_income）	−0.292	0.134	−2.18	0.030	**
常数项 （_cons）	10.772	0.711	15.15	0.000	***
祖辈收入对数 （lngrandp_income）	−0.050	0.055	−0.91	0.365	
常数项 （_cons）	10.509	0.281	37.38	0.000	***
因变量均值 （Mean dependent var）	8.762		因变量标准差 （SD dependent var）		1.766

注：*** p < 0.01，** p < 0.05。

分析结果表明：在 25% 的分位数上回归系数为 −0.206，在 50% 的分位数上回归系数为 −0.292，在 75% 的分位数上回归系数为 −0.050，这种变化的趋势是先增加、然后下降，并且都是显著的。

（四）祖父和孙辈的收入转换矩阵

祖父和孙辈的转换矩阵结果见表 5−11，祖父处于最低收入阶层的、孙辈保持在最低收入阶层的概率为 20.37%，孙辈流动到各个阶层的概率分别为 16.67%、22.22%、25.93%、14.81%，说明流动到各个阶层的概率差不多。祖父处于第二阶层的、孙辈保持在第二阶层的概率为 20.41%，孙辈流动到各个阶层的概率分别为 8.16%、26.53%、24.49%、20.41%。第三、第四和第五阶层保持在原来阶层的概率并不是最大的，总体来看，每个阶层的流动没有明显的趋势。

表 5−11　　　　2014 年 CFPS 数据祖父和孙辈的收入转换矩阵　　　单位：人

孙辈收入的 分位数	收入的分位数					总计
	1	2	3	4	5	
1	11 （20.37%）	9 （16.67%）	12 （22.22%）	14 （25.93%）	8 （14.81%）	54 （100.00%）

孙辈收入的分位数	收入的分位数					总计
	1	2	3	4	5	
2	4 (8.16%)	10 (20.41%)	13 (26.53%)	12 (24.49%)	10 (20.41%)	49 (100.00%)
3	7 (17.50%)	8 (20.00%)	6 (15.00%)	11 (27.50%)	8 (20.00%)	40 (100.00%)
4	10 (22.22%)	7 (15.56%)	8 (17.78%)	9 (20.00%)	11 (24.44%)	45 (100.00%)
5	16 (36.36%)	11 (25.00%)	8 (18.18%)	4 (9.09%)	5 (11.36%)	44 (100.00%)
总计	48 (20.69%)	45 (19.40%)	47 (20.26%)	50 (21.55%)	42 (18.10%)	232 (100.00%)

四、祖母和孙辈的代际流动性分析

（一）祖母和孙辈的收入回归分析

祖母和孙辈的回归结果见表 5 - 12，祖母和孙辈的收入相关系数为 0.106，但不够显著；加入了年龄和年龄的平方项以后，结果见表 5 - 13，也没有得到显著的结果。说明祖母和孙辈的收入不存在显著的相关关系。

表 5 - 12   2014 年 CFPS 数据祖母和孙辈的收入回归分析

孙辈收入对数 （lnchildp_income）	系数 （Coef.）	标准误差 （St. Err）	t 值 （t-value）	p 值 （p-value）	显著性 （Sig.）
祖辈收入对数 （lngrandp_income）	0.106	0.069	1.53	0.126	
常数项 （_cons）	8.462	0.349	24.23	0.000	***
因变量均值 （Mean dependent var）	8.978		因变量标准差 （SD dependent var）		1.671
判定系数 （R-squared）	0.007		样本数 （Number of obs）		335.000

孙辈收入对数 （lnchildp_income）	系数 （Coef.）	标准误差 （St. Err）	t 值 （t-value）	p 值 （p-value）	显著性 （Sig.）
F 统计量 （F-test）	2.349		p 值 （Prob > F）		0.126
赤池信息准则 （Akaike crit.（AIC））	1295.479		贝叶斯信息准则 （Bayesian crit.（BIC））		1303.107

注：*** p < 0.01。

表 5 - 13　2014 年 CFPS 数据祖母和孙辈收入回归（加入年龄、年龄的平方项）

孙辈收入对数 （lnchildp_income）	系数 （Coef.）	标准误差 （St. Err）	t 值 （t-value）	p 值 （p-value）	显著性 （Sig.）
祖辈收入对数 （lngrandp_income）	0.066	0.062	1.07	0.287	
祖辈年龄 （grandcfps2014_age）	-0.001	0.195	-0.01	0.996	
孙辈年龄 （childcfps2014_age）	0.790	0.186	4.25	0.000	***
祖辈年龄平方项 （grandage^2）	0.000	0.001	-0.02	0.987	
孙辈年龄平方项 （childage^2）	-0.012	0.004	-3.15	0.002	***
常数项 （_cons）	-2.249	6.895	-0.33	0.745	
因变量均值 （Mean dependent var）	8.978		因变量标准差 （SD dependent var）		1.671
判定系数 （R-squared）	0.248		样本数 （Number of obs）		335.000
F 统计量 （F-test）	21.743		p 值 （Prob > F）		0.000
赤池信息准则 （Akaike crit.（AIC））	1210.187		贝叶斯信息准则 （Bayesian crit.（BIC））		1233.072

注：*** p < 0.01。

（二）按照户口分类估算祖母和孙辈的代际收入弹性

1. 农村祖母和孙辈的代际收入弹性

农村祖母和孙辈的代际收入弹性如表 5 - 14 所示。

表 5－14　　　　2014 年 CFPS 数据农村祖母和孙辈的代际收入弹性

孙辈收入对数 （lnchildp_income）	系数 （Coef.）	标准误差 （St. Err）	t 值 （t-value）	p 值 （p-value）	显著性 （Sig.）
祖辈收入对数 （lngrandp_income）	0.013	0.099	0.13	0.895	
祖辈年龄 （grandcfps2014_age）	−0.007	0.015	−0.43	0.668	
孙辈年龄 （childcfps2014_age）	0.210	0.031	6.87	0.000	***
常数项 （_cons）	4.788	1.053	4.55	0.000	***
因变量均值 （Mean dependent var）	8.854		因变量标准差 （SD dependent var）		1.678
判定系数 （R-squared）	0.195		样本数 （Number of obs）		249.000
F 统计量 （F-test）	19.737		p 值 （Prob > F）		0.000
赤池信息准则 （Akaike crit.（AIC））	917.549		贝叶斯信息准则 （Bayesian crit.（BIC））		931.619

注：*** p < 0.01。

2. 城市祖母和孙辈的代际收入弹性

城市祖母和孙辈的代际收入弹性如表 5－15 所示。

表 5－15　　　　2014 年 CFPS 数据城市祖母和孙辈的代际收入弹性

孙辈收入对数 （lnchildp_income）	系数 （Coef.）	标准误差 （St. Err）	t 值 （t-value）	p 值 （p-value）	显著性 （Sig.）
祖辈收入对数 （lngrandp_income）	−0.575	0.262	−2.19	0.037	**
祖辈年龄 （grandcfps2014_age）	−0.045	0.061	−0.73	0.470	
孙辈年龄 （childcfps2014_age）	0.283	0.078	3.64	0.001	***
常数项 （_cons）	10.228	4.812	2.13	0.043	**

孙辈收入对数 （lnchildp_income）	系数 （Coef.）	标准误差 （St. Err）	t 值 （t-value）	p 值 （p-value）	显著性 （Sig.）
因变量均值 （Mean dependent var）	8.741	因变量标准差 （SD dependent var）			2.120
判定系数 （R-squared）	0.418	样本数 （Number of obs）			31.000
F 统计量 （F-test）	6.462	p 值 （Prob > F）			0.002
赤池信息准则 （Akaike crit.（AIC））	124.755	贝叶斯信息准则 （Bayesian crit.（BIC））			130.491

注：*** p < 0.01，** p < 0.05。

农村中祖母和孙辈的回归分析结果见表 5 - 14，城市中祖母和孙辈的回归分析结果见表 5 - 15。分开计算后，无论是城市还是农村，相关系数都是正的，城市的相关系数会更大一些，但都不够显著。

（三）祖母和孙辈的分位数回归

分析结果见表 5 - 16，分位数回归的结果表明，在 25% 分位点上的回归系数为 0.164，在 50% 分位点上的回归系数为 0.026，在 75% 的分位点上的回归系数为 0.103。整体变化趋势是先减少，然后上升，但是结果不够显著。

表 5 - 16　　　　2014 年 CFPS 数据祖母和孙辈的分位数回归（四分位）

孙辈收入对数 （lnchildp_income）	系数 （Coef.）	标准误差 （St. Err）	t 值 （t-value）	p 值 （p-value）	显著性 （Sig.）
祖辈收入对数 （lngrandp_income）	0.164	0.114	1.43	0.153	
常数项 （_cons）	6.945	0.547	12.71	0.000	***
祖辈收入对数 （lngrandp_income）	0.026	0.127	0.20	0.841	
常数项 （_cons）	9.444	0.666	14.19	0.000	***
祖辈收入对数 （lngrandp_income）	0.103	0.067	1.54	0.124	

孙辈收入对数 （lnchildp_income）	系数 （Coef.）	标准误差 （St. Err）	t 值 （t-value）	p 值 （p-value）	显著性 （Sig.）
常数项 （_cons）	9.746	0.345	28.26	0.000	***
因变量均值 （Mean dependent var）	8.978		因变量标准差 （SD dependent var）		1.671

注：*** p < 0.01。

（四）祖母和孙辈的收入转换矩阵

祖母和孙辈的转换矩阵分析结果表 5 – 17，祖母处于最低收入阶层的，孙辈保持在最低收入阶层的概率为 26.88%，孙辈流动到各个阶层的概率分别为 18.28%、22.58%、16.13%、16.13%，说明流动到各个阶层的概率差不多。祖母处于第二阶层的，孙辈保持在第二阶层的概率为 19.28%，孙辈流动到各个阶层的概率分别为 18.07%、33.73%、10.84%、18.07%。处于五个阶层的祖母，孙辈流动到各个阶层的概率是差不多的，也就是说没有明显的阶层保持性，因此，从转换矩阵上看，也不存在明显的代际效应。

表 5 – 17　　　　2014 年 CFPS 数据祖母和孙辈的收入转换矩阵　　　　单位：人

孙辈收入 分位数	收入分位数					总计
	1	2	3	4	5	
1	25 （26.88%）	17 （18.28%）	21 （22.58%）	15 （16.13%）	15 （16.13%）	93 （100.00%）
2	15 （18.07%）	16 （19.28%）	28 （33.73%）	9 （10.84%）	15 （18.07%）	83 （100.00%）
3	4 （12.90%）	6 （19.35%）	7 （22.58%）	9 （29.03%）	5 （16.13%）	31 （100.00%）
4	14 （22.22%）	14 （22.22%）	11 （17.46%）	12 （19.05%）	12 （19.05%）	63 （100.00%）
5	10 （15.38%）	13 （20.00%）	14 （21.54%）	8 （12.31%）	20 （30.77%）	65 （100.00%）
总计	68 （20.30%）	66 （19.70%）	81 （24.18%）	53 （15.82%）	67 （20.00%）	335 （100.00%）

总体来看，外祖父和外祖母的数据比较少，几乎没有参考的价值；祖父和祖母的数据较多，可以得出比较可靠的结论。从祖父和祖母的数据来看，我国的代际传递不显著，主要原因是祖父和祖母的年龄较大，收入的数据很难反映他们一生的收入状况，孙辈比较年轻，收入数据也不能完全代表他们一生的收入状况。另外，这些人群正处于新中国成立、改革开放等经济体制改革阶段，经济收入也不具备平稳性，所以代表性很差。

第二节　CHARLS 数据库

利用家庭关系的数据库，整理出三代家庭的信息，因为只是需要个体收入的信息，因此只要有收入的就可以。个别的样本，缺少性别、户口等信息，这里就没有去掉，否则留下来的配对样本会太少。为了防止极值影响结果，对配对的数据进行了缩尾处理，并保留了极值数据。配对后的数据1289 对，其中祖父和孙辈的数据为 248 对，祖母和孙辈的数据为 439对，外祖父和孙辈的数据为 229 对，外祖母和孙辈的数据为 373 对。这里外祖父和外祖母的数据与祖父和祖母的数据差不多，因此，可以看到外祖父和外祖母的影响，并对比与祖父和祖母的影响。

一、基本变量描述

主要描述了祖辈和孙辈的教育水平（见表5－18、表5－19）、祖辈和孙辈的户口（见表5－20）、孙辈的性别（见表5－21），以及祖辈和孙辈的年龄和收入的均值和方差（见表5－22）。

（一）祖辈和孙辈的教育水平

表5－18　　　　　　　CHARLS 数据祖辈和孙辈的教育水平　　　　　　单位：人

教育水平	祖辈	孙辈
没接受正式教育	750（60.58%）	13（1.01%）
没有完成小学	142（11.47%）	47（3.65%）
私塾/家庭学校	30（2.42%）	207（16.07%）
小学	198（15.99%）	401（31.13%）
中学	62（5.01%）	122（9.47%）
高中	34（2.75%）	126（9.78%）

教育水平	祖辈	孙辈
职业教育	12（0.97%）	190（14.75%）
大专	4（0.32%）	161（12.50%）
本科	6（0.48%）	20（1.55%）
研究生		1（0.08%）
合计	1238（100%）	1288（100%）

表 5-19　　　　　　　　　CHARLS 数据祖辈的教育水平　　　　　　单位：人

教育水平	祖父	祖母	外祖父	外祖母
没接受正式教育	89	326	77	258
没有完成小学	41	35	32	34
私塾/家庭学校	13	6	10	1
小学	57	49	48	44
中学	18	10	22	12
高中	8	4	16	6
职业教育	5	1	3	3
大专	2	0	2	0
本科	0	1	4	1
合计	233	432	214	359

（二）祖辈和孙辈的户口

表 5-20　　　　　　　　　CHARLS 数据祖辈和孙辈的户口　　　　　　单位：人

户口状态	祖辈	孙辈
农村户口	998（78.03%）	899（70.02%）
非农村户口	242（18.92%）	343（26.71%）
没有统一的户口	38（2.97%）	41（3.19%）
没有户口	1（0.08%）	1（0.08%）
合计	1279（100%）	1284（100%）

（三）孙辈的性别比例

表 5 - 21　　　　　　　CHARLS 数据孙辈的性别比例

性别（Gender）	频数（Freq.）	比重（Percent）	累积比重（Cum.）
1. 男性（Male）	835	64.83	64.83
2. 女性（Female）	453	35.17	100.00
总计（Total）	1288	100.00	

（四）祖辈和孙辈的年龄、收入的基本描述

表 5 - 22　　　　　　　祖辈和孙辈的年龄、收入的基本描述

变量（Variable）	样本数（Obs）	均值 Mean	标准差（Std. Dev.）	最小值（Min）	最大值（Max）
祖辈年龄（grandage）	1001	80.756	7.824	41	115
孙辈年龄（childage）	1289	29.701	5.26	16	53
祖辈收入（grandincom ~ r）	1289	7397.433	12806.29	50	120000
孙辈收入（cb069）	1289	6.234	1.66	2	12

非常明显的结论是祖辈的教育程度要低于孙辈的教育水平。说明随着经济的发展，我国的整体教育水平是提高的。表 5 - 20 中，祖辈的农村户口所占比例 78.03%、非农村户口所占比例 18.92%；孙辈农村户口所占比例 70.02%、非农村户口所占比例 26.71%。孙辈的非农村户口所占的比例更高。表 5 - 21 中，从孙辈的性别上看，男性为 835 人，占 64.83%；女性为 453 人，占 35.17%，男性的比例偏高。表 5 - 22 中，祖辈的平均年龄为 81 岁，最小 41 岁，最大 115 岁。孙子的平均年龄为 30 岁，最小为 16 岁，最大为 53 岁。祖辈的平均收入为 7397 元，最大为 12 万元，最少为 50 元；孙辈的平均收入等级为 6.23，最少的等级为 2，最大的等级为 12。孙辈的收入大大地超过了祖辈。

二、祖辈和孙辈收入的相关性分析

（一）祖辈和孙辈收入的相关性分析

祖辈和孙辈收入的相关性分析如表 5 - 23 所示。

表 5 - 23 　　　　　　　　　祖辈和孙辈收入的相关性分析

变量（Variables）	(1)	(2)
（1）孙辈收入（cb069）	1.0000	
（2）祖辈收入（grandincomeyear）	0.1022 0.0002	1.0000

（二）按照祖辈和孙辈性别的相关性分析

按照祖辈和孙辈的性别，可以分为八种情形进行收入的相关性分析：祖父和孙子、祖父和孙女、祖母和孙子、祖母和孙女、外祖父和外孙子、外祖父和外孙女、外祖母和外孙子、外祖母和外孙女，将分析结果总结为表 5 - 24。

表 5 - 24 　　　CHARLS 数据按照性别分类的祖辈和孙辈收入的相关性

项目	收入的相关性分析
祖父和孙子	0.1592 *
祖父和孙女	0.1666
祖母和孙子	0.2529 *
祖母和孙女	0.1371
外祖父和外孙子	0.1765 *
外祖父和外孙女	0.0517
外祖母和外孙子	0.0786
外祖母和外孙女	0.3075 *

注：* p < 0.1。

这里同样采用 pwcorr 相关性分析，计算祖父与孙子的收入相关性为 0.1592、祖母和孙子的收入相关性为 0.2529，这两个结果显著；祖父与孙女的收入相关性为 0.1666、祖母和孙女的相关性为 0.1371，这两个结果不显著。说明祖父母对孙子的收入有一定的相关关系。外祖父与外孙子收入的相关性为 0.1765、外祖母和外孙女收入的相关性为 0.3075，这两个结果显著；外祖父与孙子收入的相关性为 0.0517、外祖母和孙子的相关性为 0.0786，这两个结果不显著。说明外祖父母对外孙子、外祖母对外孙女的收入有一定的相关关系。

从上面的数据可以看出，外祖母和外孙女的相关性最高，然后是祖母和孙子、祖父和孙子，外祖父和孙子。说明这种传递路径大致是：祖父和祖母—父亲—孙子，外祖父和外祖母—母亲—外孙子和外孙女。

（三）按照祖辈和孙辈户口的相关性分析

同样分成三种情形：祖辈和孙辈都是农村户口、祖辈和孙辈都是非农村户口、祖辈和孙辈的户口不一致，分析结果总结为表 5 – 25。

表 5 –25　　　　CHARLS 数据按照户口分类的祖辈和孙辈收入的相关性

户口状态	收入的相关性分析
祖辈和孙辈都是农村户口	0. 1610 *
祖辈和孙辈都是非农村户口	0. 0653
祖辈是农村户口、孙辈是非农村户口	0. 0432
祖辈是非农村户口、孙辈是农村户口	0. 0053

注：* p < 0. 1。

分析结果表明：祖辈和孙辈都是农村户口的，相关系数为 0. 1610，结果显著；祖辈和孙辈都是非农村户口的，相关系数为 0. 0653，不显著；祖辈和孙辈户口不一致的，相关系数都很小，也不显著。说明在农村存在很明显的三代收入保持性，在城市不存在着三代的收入相关性。

三、祖辈和孙辈收入的 logistic 回归

用 logistic 回归祖辈和孙辈收入得出的分析结果见 5 – 26，说明祖辈和孙辈收入的相关系数为 0. 203。加入了年龄项后，相关系数上升了，分析结果见表 5 – 27，所以后面的分析中都加入年龄项。

表 5 – 26　　　　CHARLS 数据祖辈和孙辈收入的 logistic 回归

孙辈收入 （cb069）	系数 （Coef.）	标准误差 （St. Err）	t 值 （t-value）	p 值 （p-value）	显著性 （Sig.）
祖辈收入对数 （lngrandincome）	0. 203	0. 035	5. 76	0. 000	***

孙辈收入 （cb069）	系数 （Coef.）	标准误差 （St. Err）	t 值 （t-value）	p 值 （p-value）	显著性 （Sig.）
常数项（_cons）	−2.773	0.361	−7.69	0.000	***
常数项（_cons）	−1.268	0.292	−4.35	0.000	***
常数项（_cons）	−0.315	0.279	−1.13	0.259	
常数项（_cons）	0.884	0.276	3.20	0.001	***
常数项（_cons）	1.717	0.279	6.16	0.000	***
常数项（_cons）	2.876	0.287	10.03	0.000	***
常数项（_cons）	4.430	0.308	14.39	0.000	***
常数项（_cons）	5.587	0.351	15.91	0.000	***
常数项（_cons）	5.938	0.375	15.84	0.000	***
常数项（_cons）	7.172	0.531	13.51	0.000	***
因变量均值 （Mean dependent var）	6.234		因变量标准差 （SD dependent var）		1.660
样本数 （Number of obs）	1289.000		卡方值 （Chi-square）		33.234
p 值 （Prob > chi2）	0.000		赤池信息准则 （Akaike crit.（AIC））		4869.670

注：*** p < 0.01。

表 5-27　　CHARLS 数据祖辈和孙辈收入的 logistic 回归（加入年龄项）

孙辈收入 （cb069）	系数 （Coef.）	标准误差 （St. Err）	t 值 （t-value）	p 值 （p-value）	显著性 （Sig.）
祖辈收入对数 （lngrandincome）	0.210	0.039	5.34	0.000	***
祖辈年龄（grandage）	−0.010	0.007	−1.28	0.200	
孙辈年龄（childage）	0.066	0.012	5.52	0.000	***
常数项（_cons）	−1.672	0.714	−2.34	0.019	**
常数项（_cons）	−0.074	0.668	−0.11	0.912	
常数项（_cons）	0.939	0.661	1.42	0.155	
常数项（_cons）	2.144	0.661	3.24	0.001	***
常数项（_cons）	3.006	0.663	4.53	0.000	***

孙辈收入 （cb069）	系数 （Coef.）	标准误差 （St. Err）	t 值 （t-value）	p 值 （p-value）	显著性 （Sig.）
常数项（_cons）	4.180	0.669	6.25	0.000	***
常数项（_cons）	5.830	0.685	8.51	0.000	***
常数项（_cons）	6.914	0.712	9.71	0.000	***
常数项（_cons）	7.327	0.732	10.02	0.000	***
常数项（_cons）	8.435	0.838	10.06	0.000	***
因变量均值 （Mean dependent var）	6.206		因变量标准差 （SD dependent var）		1.644
样本数 （Number of obs）	1001.000		卡方值 （Chi-square）		53.714
p 值 （Prob > chi2）	0.000		赤池信息准则 （Akaike crit.（AIC））		3745.284

注：*** p < 0.01，** p < 0.05。

四、按照祖辈类型的 logistic 回归

（一）祖父和孙辈的 logistic 回归

如果直接用祖父的收入进行回归，得到的相关系数会非常小。因此，用祖父的收入对数进行回归，并加入了年龄项，得到祖父和孙辈的代际收入弹性为 0.252（父亲的相应值为 0.413），结果也显著（见表 5 - 28）。

表 5 - 28　　　　CHARLS 数据祖父和孙辈的 logitic 回归（加入年龄项）

孙辈收入 （cb069）	系数 （Coef.）	标准误差 （St. Err）	t 值 （t-value）	p 值 （p-value）	显著性 （Sig.）
祖辈收入对数 （lngrandincome）	0.252	0.075	3.34	0.001	***
祖辈年龄（grandage）	-0.011	0.017	-0.62	0.533	
孙辈年龄（childage）	0.077	0.024	3.20	0.001	***
常数项（_cons）	-1.057	1.505	-0.70	0.483	
常数项（_cons）	0.474	1.420	0.33	0.738	
常数项（_cons）	1.484	1.407	1.05	0.292	

孙辈收入 （cb069）	系数 （Coef.）	标准误差 （St. Err）	t 值 （t-value）	p 值 （p-value）	显著性 （Sig.）
常数项（_cons）	2.714	1.405	1.93	0.054	*
常数项（_cons）	3.565	1.411	2.53	0.012	**
常数项（_cons）	4.826	1.428	3.38	0.001	***
常数项（_cons）	6.651	1.463	4.54	0.000	***
常数项（_cons）	7.993	1.545	5.17	0.000	***
常数项（_cons）	8.402	1.598	5.26	0.000	***
常数项（_cons）	9.099	1.747	5.21	0.000	***
因变量均值 （Mean dependent var）	6.238		因变量标准差 （SD dependent var）		1.598
样本数 （Number of obs）	248.000		卡方值 （Chi-square）		18.795
p 值 （Prob > chi2）	0.000		赤池信息准则 （Akaike crit.（AIC））		924.393

注：*** $p < 0.01$，** $p < 0.05$，* $p < 0.1$。

（二）祖母和孙辈的 logistic 回归

用祖母的收入对数进行回归，并加入了年龄项以后，祖母和孙辈的代际收入弹性上升为 0.352（父亲的相应值为 0.413），结果也显著（见表 5 - 29）。用 CHARLS 数据分析，得出祖父的代际收入弹性为 0.252（见表 5 - 28），祖母的代际收入弹性为 0.352（见表 5 - 29），说明从父亲一方来看，祖父和祖母都与孙辈之间存在着一定的代际收入保持性。

表 5 - 29　　　CHARLS 数据祖母和孙辈的 logitic 回归（加入年龄项）

孙辈收入 （cb069）	系数 （Coef.）	标准误差 （St. Err）	t 值 （t-value）	p 值 （p-value）	显著性 （Sig.）
祖辈收入对数 （lngrandincome）	0.352	0.073	4.82	0.000	***
祖辈年龄（grandage）	-0.003	0.013	-0.23	0.818	
孙辈年龄（childage）	0.044	0.018	2.38	0.017	**
常数项（_cons）	-0.586	1.154	-0.51	0.612	

孙辈收入 （cb069）	系数 （Coef.）	标准误差 （St. Err）	t 值 （t-value）	p 值 （p-value）	显著性 （Sig.）
常数项（_cons）	1.064	1.096	0.97	0.332	
常数项（_cons）	1.850	1.090	1.70	0.090	*
常数项（_cons）	2.925	1.090	2.69	0.007	***
常数项（_cons）	3.766	1.094	3.44	0.001	***
常数项（_cons）	4.913	1.105	4.45	0.000	***
常数项（_cons）	6.611	1.131	5.84	0.000	***
常数项（_cons）	7.438	1.156	6.43	0.000	***
常数项（_cons）	7.904	1.179	6.70	0.000	***
常数项（_cons）	8.765	1.258	6.97	0.000	***
因变量均值 （Mean dependent var）	6.291		因变量标准差 （SD dependent var）		1.748
样本数 （Number of obs）	409.000		卡方值 （Chi-square）		28.736
p 值 （Prob > chi2）	0.000		赤池信息准则 （Akaike crit.（AIC））		1574.171

注：*** p < 0.01，** p < 0.05，* p < 0.1。

（三）外祖父和孙辈的 logistic 回归

分析结果见表 5–30，得出外祖父和孙辈的代际收入弹性为 0.181，结果显著。说明从母亲一方来看，外祖父与孙辈之间存在着一定的代际收入保持性。

表 5–30　　CHARLS 数据外祖父和孙辈的 logistic 回归（加入年龄项）

孙辈收入 （cb069）	系数 （Coef.）	标准误差 （St. Err）	t 值 （t-value）	p 值 （p-value）	显著性 （Sig.）
祖辈收入对数 （lngrandincome）	0.181	0.076	2.38	0.017	**
祖辈年龄（grandage）	-0.013	0.014	-0.97	0.333	
孙辈年龄（childage）	0.057	0.027	2.10	0.036	**
常数项（_cons）	-3.416	1.672	-2.04	0.041	**

孙辈收入 (cb069)	系数 (Coef.)	标准误差 (St. Err)	t 值 (t-value)	p 值 (p-value)	显著性 (Sig.)
常数项 (_cons)	-1.445	1.393	-1.04	0.300	
常数项 (_cons)	0.194	1.358	0.14	0.886	
常数项 (_cons)	1.639	1.363	1.20	0.229	
常数项 (_cons)	2.533	1.369	1.85	0.064	*
常数项 (_cons)	3.750	1.378	2.72	0.007	***
常数项 (_cons)	5.147	1.409	3.65	0.000	***
常数项 (_cons)	6.390	1.491	4.29	0.000	***
常数项 (_cons)	6.802	1.547	4.40	0.000	***

因变量均值 (Mean dependent var)	6.032	因变量标准差 (SD dependent var)	1.516
样本数 (Number of obs)	219.000	卡方值 (Chi-square)	9.481
p 值 (Prob > chi2)	0.024	赤池信息准则 (Akaike crit. (AIC))	805.559

注：*** $p<0.01$，** $p<0.05$，* $p<0.1$。

（四）外祖母和孙辈的 logistic 回归

分析结果见表 5 - 31，可以看到相关系数为 0.091，结果不显著。说明用 CHARLS 数据，外祖母对孙辈的收入没有明显的影响。

表 5 - 31　　CHARLS 数据外祖母和孙辈的 logistic 回归（加入年龄项）

孙辈收入 (cb069)	系数 (Coef.)	标准误差 (St. Err)	t 值 (t-value)	p 值 (p-value)	显著性 (Sig.)
祖辈收入对数 (lngrandincome)	0.091	0.121	0.76	0.449	
祖辈年龄 (grandage)	-0.009	0.019	-0.47	0.636	
孙辈年龄 (childage)	0.152	0.044	3.48	0.001	***
常数项 (_cons)	-0.060	2.131	-0.03	0.978	
常数项 (_cons)	1.244	2.051	0.61	0.544	
常数项 (_cons)	2.250	2.034	1.11	0.269	

孙辈收入 （cb069）	系数 （Coef.）	标准误差 （St. Err）	t 值 （t-value）	p 值 （p-value）	显著性 （Sig.）
常数项（_cons）	3.453	2.039	1.69	0.090	*
常数项（_cons）	4.463	2.050	2.18	0.029	**
常数项（_cons）	5.671	2.069	2.74	0.006	***
常数项（_cons）	7.351	2.125	3.46	0.001	***
常数项（_cons）	9.215	2.323	3.97	0.000	***

因变量均值 （Mean dependent var）	6.168	因变量标准差 （SD dependent var）	1.590
样本数 （Number of obs）	125.000	卡方值 （Chi-square）	12.286
p 值 （Prob > chi2）	0.006	赤池信息准则 （Akaike crit.（AIC））	471.759

注：*** p < 0.01，** p < 0.05，* p < 0.1。

五、按照祖辈和孙辈户口的 logistic 回归

这里只分析祖辈和孙辈都是农村户口或者都是非农村户口这两种情形，分别见表 5-32、表 5-33，并计算相应的三代收入弹性。

表 5-32　　CHARLS 数据祖辈和孙辈都是农村户口的 logistic 回归

孙辈收入 （cb069）	系数 （Coef.）	标准误差 （St. Err）	t 值 （t-value）	p 值 （p-value）	显著性 （Sig.）
祖辈收入对数 （lngrandincome）	0.312	0.072	4.35	0.000	***
祖辈年龄（grandage）	-0.008	0.009	-0.86	0.390	
孙辈年龄（childage）	0.037	0.014	2.62	0.009	***
常数项（_cons）	-1.990	0.985	-2.02	0.043	**
常数项（_cons）	0.024	0.911	0.03	0.979	
常数项（_cons）	1.033	0.905	1.14	0.254	
常数项（_cons）	2.217	0.906	2.45	0.014	**
常数项（_cons）	3.145	0.909	3.46	0.001	***

孙辈收入 （cb069）	系数 （Coef.）	标准误差 （St. Err）	t 值 （t-value）	p 值 （p-value）	显著性 （Sig.）
常数项（_cons）	4.413	0.917	4.81	0.000	***
常数项（_cons）	6.004	0.937	6.41	0.000	***
常数项（_cons）	7.651	1.020	7.50	0.000	***
常数项（_cons）	7.876	1.045	7.54	0.000	***
常数项（_cons）	8.165	1.084	7.53	0.000	***
因变量均值 （Mean dependent var）	6.017		因变量标准差 （SD dependent var）		1.578
样本数 （Number of obs）	645.000		卡方值 （Chi-square）		25.158
p 值 （Prob > chi2）	0.000		赤池信息准则 （Akaike crit.（AIC））		2380.854

注：*** p＜0.01，** p＜0.05。

表 5 – 33　　　CHARLS 数据祖辈和孙辈都是非农村户口的 logistic 回归

孙辈收入 （cb069）	系数 （Coef.）	标准误差 （St. Err）	t 值 （t-value）	p 值 （p-value）	显著性 （Sig.）
祖辈收入对数 （lngrandincome）	0.208	0.128	1.62	0.105	*
祖辈年龄（grandage）	− 0.003	0.028	− 0.11	0.911	
孙辈年龄（childage）	0.151	0.037	4.10	0.000	***
常数项（_cons）	2.526	2.329	1.08	0.278	
常数项（_cons）	3.168	2.311	1.37	0.170	
常数项（_cons）	4.091	2.298	1.78	0.075	*
常数项（_cons）	5.226	2.306	2.27	0.023	**
常数项（_cons）	6.007	2.321	2.59	0.010	**
常数项（_cons）	6.954	2.338	2.97	0.003	***
常数项（_cons）	8.899	2.381	3.74	0.000	***
常数项（_cons）	10.159	2.432	4.18	0.000	***
常数项（_cons）	11.275	2.567	4.39	0.000	***
因变量均值 （Mean dependent var）	6.336		因变量标准差 （SD dependent var）		1.798

孙辈收入 （cb069）	系数 （Coef.）	标准误差 （St. Err）	t 值 （t-value）	p 值 （p-value）	显著性 （Sig.）
样本数 （Number of obs）	140.000		卡方值 （Chi-square）		22.519
p 值 （Prob > chi2）	0.000		赤池信息准则 （Akaike crit.（AIC））		543.110

注：*** p < 0.01，** p < 0.05，* p < 0.1。

分析结果可以看出，农村三代的代际收入弹性为 0.312（见表 5-32），结果显著；城市三代的代际收入弹性为 0.208（见表 5-33），结果显著。说明我国农村存在着明显的三代收入相关性。

第三节　本 章 结 论

多代的代际收入流动性是指孙辈的收入在多大程度上由祖辈的收入决定，或者说祖辈的收入对孙辈收入的影响程度。多代的代际收入流动性反映一个家庭中长期的收入保持程度，反映了社会的开放程度或机会的公平程度。在一个代际收入流动性充分的社会中，收入更多地取决于自身的努力，而不是完全取决于家庭背景。贝克尔和托姆斯认为三代之内，几乎所有先辈在收入分配中的有利或不利都会被一扫而尽。

这一章运用了 CFPS2014 年和 CHARLS2015 年的数据进行分析，由于 2016 年配对的有效数据不充足，因此，没有分析 2016 年的数据。2014 年配对后数据 624 对。由于配对的外祖父和外祖母的信息较少，因此，可以着重分析祖父和祖母对孙辈的影响。CHARLS 配对后的数据 1289 对：其中祖父和孙辈的数据为 248 对，祖母和孙辈的数据为 439 对，外祖父和孙辈的数据为 229 对，外祖母和孙辈的数据为 373 对。这里外祖父和外祖母的数据与祖父和祖母的数据差不多，因此，可以看到外祖父和外祖母的影响，并对比与祖父和祖母的影响。

两个数据库的比较可以看出：都是男性样本比例偏高。CHARLS 数据比 CFPS 数据祖辈和孙辈的年龄跨度都要更大一些，并且平均年龄也更大一些。CHARLS 数据比 CFPS 数据收入差距更大一些，平均收入更高。为了更为清晰地看到研究结果，同样总结为表 5-34。

表 5 – 34 三代的代际收入弹性

项目	CFPS2014	CHARLS2015
祖辈和孙辈	– 0.033	0.203 ***
农村户口	– 0.031	0.312 ***
非农村户口	– 0.259 **	0.208 *
祖父和孙辈	– 0.131 **	0.252 ***
农村祖父和孙辈	– 0.068	
城市祖父和孙辈	– 0.575 **	
祖母和孙辈	0.106	0.352 ***
农村祖母和孙辈	0.013	
城市祖母和孙辈	– 0.575 **	
外祖父和孙辈		0.181 **
外祖母和孙辈		0.091

注： *** p < 0.01， ** p < 0.05， * p < 0.1。

从 CFPS 数据看：我国祖辈和孙辈的收入不存在着显著的代际相关性。分开计算后，无论是城市还是农村，相关系数都是负的，农村的相关系数会更大一些，但都不够显著。用转换矩阵方法来看：流动到各个阶层的概率是差不多的，也就是说没有明显的阶层保持性。主要原因是祖辈的年龄较大，祖辈的收入很多是退休金，收入的数据很难反映他们一生的收入状况；孙辈比较年轻，收入数据也不能完全代表他们一生的收入状况。

从 CHARLS 数据看：从父亲一方来看，祖父和祖母都与孙辈之间存在着一定的代际收入保持性。外祖父与孙辈之间存在着一定的代际收入保持性，外祖母对孙辈的收入没有明显的影响。我国农村存在着明显的三代收入相关性。外祖母和外孙女的相关性最高，然后是祖母和孙子、祖父和孙子、外祖父和孙子。说明这种传递路径大致是祖父和祖母—父亲—孙子，外祖父和外祖母—母亲—外孙子和外孙女。我国关于三代的数据很少，两个数据库得出的结论也不太一致，但从 CHARLS 的数据库里，可以看出，三代的代际收入弹性要比二代小，说明家庭的影响在逐渐降低，除了外祖母，祖父、外祖父和祖母的影响系数基本相同，有着一定的相关关系，说明家族的影响还是具有一定作用的。另外，在农村中三代的收入相关性显著。由于国内学者对于三代的代际收入弹性估计的不多，一些研究都是从教育和职业的相关性进行分析，因此，很难与国内学者的研究进行比较。

第六章　中国代际流动的
影响机制分析

　　通过二代和三代的代际流动性分析可以看出，我国二代的代际收入弹性大致在 0.4 左右，三代的代际收入弹性在 0.25 左右。说明父辈和子辈，以及祖辈和孙辈之间存在着明显的收入保持性。进一步剖析代际流动机制尤为重要，只有找到作用的机制和途径，才能有针对性地提出政策建议。

　　早期的经济学家主要通过收入方差的分解方法来研究基因等先天禀赋在代际收入流动机制中所起的作用。后来的研究则主要通过中间变量方法来研究代际流动机制的作用，大致可以分为三类：第一类是在代际收入弹性的基本估计方程中加入相应的中间变量，通过考察"条件代际收入弹性"的下降程度来判断这一中间变量在代际收入传递中的重要程度。例如，艾德和肖沃尔特（Eide & Showalter，1999）把受教育水平放到基本估计方程后，估计的系数下降了 50%。这表明，教育水平有较高的解释度。第二类是计算某一个（一组）中间变量解释的收入弹性在代际收入总弹性中所占的比例。如布兰登等（Blanden et al.，2007）将认知能力、非认知能力以及教育水平作为中间变量，数据显示受教育水平解释了父代收入与子代收入相关性的近 1/3。第三类是计算某一个（一组）中间变量与子代收入的相关性在父代和子代收入总相关性中所占比例。例如，鲍尔斯和金迪斯（Bowles & Gintis，2002）将两代人的收入相关系数分解为父代收入对子代收入的直接影响和通过教育的间接影响。结果显示，如果控制住智商，子代受教育水平解释了代际收入传递的近 22%。虽然，中间变量方法并不能完全打开代际收入传递的"黑匣子"，但是，在现有数据的条件下，通过这种方法得到的结论具有很直接的政策参考价值。

　　中间变量法要求自变量之间不能有多重共线性，否则会影响估计的结果，近些年一些学者利用管理学里常用的结构方程法，来解决或避免这一问题。因此这一部分，我们将利用 CHARLS 和 CFPS 的调查数据，采用中间变量法和结构方程法剖析代际传递机制。

第一节　中间变量法

中间变量法侧重于识别不同类的中间变量在代际传递中的作用。常用的两种方法为：第一，在简单的回归模型中加入相应的子代人力资本，得出"条件代际收入弹性"，与没有放入时进行比较，根据代际收入弹性的下降程度，得出人力资本对于代际收入传递的重要性。例如，埃里克松等（Eriksson et al.，2005）发现，在放入子代的健康程度之后，代际收入弹性下降了25%（女性）和28%（男性），从而表明健康对于代际收入流动具有重要的作用。

第二，对代际收入弹性进行分解，在研究方法上，常采用的是布兰登等（Blanden et al.，2007）的分解方法。将代际收入弹性分解为：可解释部分和不可解释部分。其中可解释部分主要尝试父辈收入通过子辈的教育以及工作特征等可观测的途径对子辈收入产生作用。从总的代际收入弹性中，减去可以由教育或工作特征等解释的部分，剩下的为不可解释的部分。不可解释的部分是控制了教育和工作特征以后所得到的，推测主要是父辈通过遗传基因等因素对子辈的收入产生影响。虽然这种方法不能直接揭示代际传递的具体路径，但也可以解释这一黑匣子的大致情况和作用，从而为政策制定者提供一些具有参考价值的结论。这一部分将利用 CFPS 数据和 CHARLS 数据，分别运用条件代际收入弹性和分解法剖析父代收入对子代收入的传递途径。根据国内学者的多数研究和目前数据的特点，主要选择了"条件收入弹性"这种方法进行分析。

一、条件收入弹性（用 CPFS 数据）

通常情况下，国内学者研究代际收入的传递路径主要包括人力资本、社会资本和财富资本等。人力资本通常包括的主要内容有教育、健康、在职培训、迁移等。人力资本很难完全估算出来，但一般使用教育年限和健康水平来衡量人力资本。社会资本的衡量比较复杂。很多研究采用政治身份、单位性质、职业和行业等变量来衡量。因此，在简单的回归方程中分别加入教育水平、健康状况和社会资本等变量，得出"条件代际收入弹性"，如果条件代际收入弹性下降了，说明这是一个影响机制。本书的研究使用受教育年限来衡量个体的受教育程度，用个体对自己的健康评价来衡量健康水平。由于数据库调查问卷本身的限制，我们使用职业类型来代理社会资本这一变量。

本书采用回归方法测算父代和子代之间的代际收入弹性，衡量代际收入的流动程度。回归方程除了可以计算收入弹性，这种方法更重要的是可以进一步分析父母收入通过子女教育与就业特征等途径对子女收入的影响，从而揭示收入代际传递的机制。分别增加教育水平、健康状况、家庭收入、父母的职业等，求解"条件代际收入弹性"。

（一）加入中间变量：子代的教育水平

首先给出父代和子代收入对数的回归结果，2014 年分析结果见表 6 - 1a，2016 年分析结果见表 6 - 1b，以便于后面加入各种中间变量后进行比较，一般情况下，首先加入的是孩子的教育水平（2014 年见表 6 - 2a；2016 年见表 6 - 2b），2014 年的数据显示：加上孩子的教育水平后，代际收入弹性系数下降了，由原来的 0.112（见表 6 - 1a），下降到 0.089（见表 6 - 2a），结果显著；2016 年的数据显示：加上孩子的教育水平后，代际收入弹性系数也下降了，由原来的 0.076（见表 6 - 1b），下降到 0.055（见表 6 - 2b），结果显著；说明教育是重要的影响机制。

表 6 - 1a 　　2014 年 CFPS 数据父代收入对数和子代收入对数的回归

子代收入对数 （lnchildincome）	系数 （Coef.）	标准误差 （St. Err）	t 值 （t-value）	p 值 （p-value）	显著性 （Sig.）
父代收入对数 （lnincome）	0.112	0.040	2.81	0.005	***
常数项 （_cons）	8.739	0.397	22.03	0.000	***
因变量均值 （Mean dependent var）	9.848	因变量标准差 （SD dependent var）			1.024
判定系数 （R-squared）	0.009	样本数 （Number of obs）			909.000
F 统计量 （F-test）	7.868	p 值 （Prob > F）			0.005
赤池信息准则 （Akaike crit.（AIC））	2617.466	贝叶斯信息准则 （Bayesian crit.（BIC））			2627.090

注：*** p < 0.01。

表6-1b   **2016 年 CFPS 数据父代收入对数和子代收入对数的回归**

子代收入对数 （lnchildincome）	系数 （Coef.）	标准误差 （St. Err）	t 值 （t-value）	p 值 （p-value）	显著性 （Sig.）
父代收入对数 （lnincome）	0.076	0.044	1.72	0.086	*
常数项 （_cons）	9.326	0.437	21.34	0.000	***
因变量均值 （Mean dependent var）	10.074		因变量标准差 （SD dependent var）		1.024
判定系数 （R-squared）	0.005		样本数 （Number of obs）		636.000
F 统计量 （F-test）	2.962		p 值 （Prob > F）		0.086
赤池信息准则 （Akaike crit.（AIC））	1835.107		贝叶斯信息准则 （Bayesian crit.（BIC））		1844.018

注：*** p < 0.01，* p < 0.1。

表6-2a   **2014 年 CFPS 数据父代收入对数和子代收入对数的**
回归（加入孩子的教育水平）

子代收入对数 （lnchildincome）	系数 （Coef.）	标准误差 （St. Err）	t 值 （t-value）	p 值 （p-value）	显著性 （Sig.）
父代收入对数 （lnincome）	0.089	0.040	2.23	0.026	**
子代教育 （childtb4_a14_p）	0.103	0.026	3.95	0.000	***
常数项 （_cons）	8.553	0.396	21.58	0.000	***
因变量均值 （Mean dependent var）	9.848		因变量标准差 （SD dependent var）		1.024
判定系数 （R-squared）	0.025		样本数 （Number of obs）		909.000
F 统计量 （F-test）	11.785		p 值 （Prob > F）		0.000
赤池信息准则 （Akaike crit.（AIC））	2603.971		贝叶斯信息准则 （Bayesian crit.（BIC））		2618.408

注：*** p < 0.01，** p < 0.05。

表 6 – 2b　　　　　　　**2016 年 CFPS 数据父代收入对数和子代收入对数的**
　　　　　　　　　　　　　　回归（加入孩子的教育水平）

子代收入对数 （lnchildincome）	系数 （Coef.）	标准误差 （St. Err）	t 值 （t-value）	p 值 （p-value）	显著性 （Sig.）
父代收入对数 （lnincome）	0.055	0.044	1.27	0.206	
子代教育 （childtb4_a16_p）	0.133	0.027	4.94	0.000	***
常数项 （_cons）	9.012	0.434	20.77	0.000	***

因变量均值 （Mean dependent var）	10.074	因变量标准差 （SD dependent var）		1.024
判定系数 （R-squared）	0.042	样本数 （Number of obs）		636.000
F 统计量 （F-test）	13.759	p 值 （Prob > F）		0.000
赤池信息准则 （Akaike crit.（AIC））	1813.007	贝叶斯信息准则 （Bayesian crit.（BIC））		1826.372

注：*** $p < 0.01$。

　　显然，一般情况下，子女的教育水平对其收入具有显著的正向作用。加入了教育水平后，系数下降，说明教育水平是很重要的影响因素。

　　（二）加入控制变量：父母和孩子的性别、年龄和户口

　　由于子代的收入可能会受到年龄、性别、户口因素等影响，因此这一部分加入子代和父代的性别、年龄和户口，以便于提高方程的拟合程度，并在此基础上，逐步加入中间变量。加入控制变量后的分析结果见表 6 – 3a（2014 年）、表 6 – 3b（2016 年），可以看到 2014 年代际收入系数为 0.133（见表 6 – 3a），2016 年的代际收入系数为 0.125（见表 6 – 3b），的确比没有加入时上升了，说明加入这些控制变量后，更有利于观察代际收入弹性的数值。进一步加入教育水平后，分析结果见表 6 – 4a（2014 年）、表 6 – 4b（2016 年），代际收入弹性系数下降了，2014 年变为 0.125（见表 6 – 4a），2016 年变为 0.100（见表 6 – 4b）。证明了教育是一个重要的影响机制。

表 6 –3a   **2014 年 CFPS 数据父代和子代收入的回归分析**

（加入性别、年龄和户口）

子代收入对数 （lnchildincome）	系数 （Coef.）	标准误差 （St. Err）	t 值 （t-value）	p 值 （p-value）	显著性 （Sig.）
父代收入对数 （lnincome）	0.133	0.040	3.35	0.001	***
父代性别 （tb2_a_p）	-0.133	0.070	-1.91	0.057	*
子代性别 （childtb2_a_p）	0.233	0.064	3.61	0.000	***
父代户口 （qa301_a14_p）	-0.014	0.053	-0.27	0.791	
子代户口 （childqa301_a14_p）	-0.013	0.052	-0.24	0.807	
父代年龄 （cfps2014_age）	0.019	0.009	2.17	0.030	**
子代年龄 （childcfps2014_age）	0.061	0.011	5.80	0.000	***
常数项 （_cons）	6.124	0.498	12.30	0.000	***

因变量均值 （Mean dependent var）	9.848	因变量标准差 （SD dependent var）	1.024
判定系数 （R-squared）	0.136	样本数 （Number of obs）	909.000
F 统计量 （F-test）	20.260	p 值 （Prob > F）	0.000
赤池信息准则 （Akaike crit.（AIC））	2504.439	贝叶斯信息准则 （Bayesian crit.（BIC））	2542.937

注：*** p < 0.01，** p < 0.05，* p < 0.1。

表 6 –3b   **2016 年 CFPS 数据父代和子代收入的回归分析**

（加入性别、年龄和户口）

子代收入对数 （lnchildincome）	系数 （Coef.）	标准误差 （St. Err）	t 值 （t-value）	p 值 （p-value）	显著性 （Sig.）
父代收入对数 （lnincome）	0.125	0.043	2.88	0.004	***

子代收入对数 （lnchildincome）	系数 （Coef.）	标准误差 （St. Err）	t 值 （t-value）	p 值 （p-value）	显著性 （Sig.）
父代性别 （cfps_gender）	-0.127	0.083	-1.53	0.127	
子代性别 （childcfps_gender）	0.246	0.079	3.11	0.002	***
父代户口 （hukou_a16_p）	-0.211	0.058	-3.62	0.000	***
子代户口 （childhukou_a16_p）	0.131	0.057	2.29	0.022	**
父代年龄 （cfps_age）	0.008	0.010	0.72	0.470	
子代年龄 （childcfps_age）	0.053	0.012	4.44	0.000	***
常数项 （_cons）	7.167	0.575	12.47	0.000	***
因变量均值 （Mean dependent var）	10.074	因变量标准差 （SD dependent var）		1.024	
判定系数 （R-squared）	0.135	样本数 （Number of obs）		636.000	
F 统计量 （F-test）	13.984	p 值 （Prob > F）		0.000	
赤池信息准则 （Akaike crit. (AIC)）	1757.946	贝叶斯信息准则 （Bayesian crit. (BIC)）		1793.588	

注：*** $p < 0.01$，** $p < 0.05$。

表 6 - 4a　　　　　**2014 年 CFPS 数据父代和子代收入的回归分析**
（加入性别、年龄和户口）：加上教育

子代收入对数 （lnchildincome）	系数 （Coef.）	标准误差 （St. Err）	t 值 （t-value）	p 值 （p-value）	显著性 （Sig.）
父代收入对数 （lnincome）	0.125	0.040	3.13	0.002	***
子代教育 （childtb4_a14_p）	0.055	0.028	1.94	0.053	*

子代收入对数 （lnchildincome）	系数 （Coef.）	标准误差 （St. Err）	t 值 （t-value）	p 值 （p-value）	显著性 （Sig.）
父代性别 （tb2_a_p）	-0.124	0.070	-1.77	0.077	*
子代性别 （childtb2_a_p）	0.255	0.065	3.90	0.000	***
父代户口 （qa301_a14_p）	-0.018	0.053	-0.34	0.731	
子代户口 （childqa301_a14_p）	-0.035	0.053	-0.66	0.510	
父代年龄 （cfps2014_age）	0.018	0.009	2.02	0.044	**
子代年龄 （childcfps2014_age）	0.059	0.011	5.56	0.000	***
常数项 （_cons）	6.132	0.497	12.34	0.000	***

因变量均值 （Mean dependent var）	9.848	因变量标准差 （SD dependent var）	1.024
判定系数 （R-squared）	0.140	样本数 （Number of obs）	909.000
F 统计量 （F-test）	18.250	p 值 （Prob > F）	0.000
赤池信息准则 （Akaike crit.（AIC））	2502.660	贝叶斯信息准则 （Bayesian crit.（BIC））	2545.971

注：*** p<0.01，** p<0.05，* p<0.1。

表 6-4b　　　　2016 年 CFPS 数据父代和子代收入的回归分析
（加入性别、年龄和户口）：加上教育

子代收入对数 （lnchildincome）	系数 （Coef.）	标准误差 （St. Err）	t 值 （t-value）	p 值 （p-value）	显著性 （Sig.）
父代收入对数 （lnincome）	0.100	0.043	2.34	0.020	**

子代收入对数 （lnchildincome）	系数 （Coef.）	标准误差 （St. Err）	t 值 （t-value）	p 值 （p-value）	显著性 （Sig.）
子代教育 （childtb4_a16_p）	0.132	0.027	4.96	0.000	***
父代性别 （cfps_gender）	-0.104	0.082	-1.26	0.207	
子代性别 （childcfps_gender）	0.310	0.079	3.95	0.000	***
父代户口 （hukou_a16_p）	-0.219	0.057	-3.83	0.000	***
子代户口 （childhukou_a16_p）	0.088	0.057	1.55	0.123	
父代年龄 （cfps_age）	0.005	0.010	0.49	0.625	
子代年龄 （childcfps_age）	0.050	0.012	4.27	0.000	***
常数项 （_cons）	7.122	0.565	12.62	0.000	***

因变量均值 （Mean dependent var）	10.074	因变量标准差 （SD dependent var）	1.024
判定系数 （R-squared）	0.167	样本数 （Number of obs）	636.000
F 统计量 （F-test）	15.767	p 值 （Prob > F）	0.000
赤池信息准则 （Akaike crit.（AIC））	1735.491	贝叶斯信息准则 （Bayesian crit.（BIC））	1775.588

注：*** p < 0.01，** p < 0.05。

（三）回归中加入健康

健康也是重要的人力资本投资，加上健康评定后，2014 年分析结果见表 6 - 5a，2016 年分析结果见表 6 - 5b，这两年的系数并没有减少，说明健康并不是影响机制。有些学者验证健康有着很小的作用，这里很可能是因为健康是自我评定的，并不是很准确。也可能是因为健康对农业收入有很明显的影响，在总体样本中表现不出来。

表 6 - 5a   2014 年 CFPS 数据父代和子代收入的回归分析

（加入性别、年龄和户口）：加入健康

子代收入对数 （lnchildincome）	系数 （Coef.）	标准误差 （St. Err）	t 值 （t-value）	p 值 （p-value）	显著性 （Sig.）
父代收入对数 （lnincome）	0.125	0.040	3.15	0.002	***
子代教育 （childtb4_a14_p）	0.054	0.028	1.92	0.055	*
子代健康 （childqp201）	0.024	0.033	0.73	0.467	
父代性别 （tb2_a_p）	-0.123	0.070	-1.77	0.078	*
子代性别 （childtb2_a_p）	0.261	0.066	3.96	0.000	***
父代户口 （qa301_a14_p）	-0.021	0.053	-0.40	0.691	
子代户口 （childqa301_a14_p）	-0.033	0.053	-0.61	0.540	
父代年龄 （cfps2014_age）	0.018	0.009	1.99	0.047	**
子代年龄 （childcfps2014_age）	0.058	0.011	5.46	0.000	***
常数项 （_cons）	6.096	0.499	12.21	0.000	***

因变量均值 （Mean dependent var）	9.848	因变量标准差 （SD dependent var）	1.024
判定系数 （R-squared）	0.140	样本数 （Number of obs）	909.000
F 统计量 （F-test）	16.273	p 值 （Prob > F）	0.000
赤池信息准则 （Akaike crit.（AIC））	2504.124	贝叶斯信息准则 （Bayesian crit.（BIC））	2552.248

注：*** $p < 0.01$，** $p < 0.05$，* $p < 0.1$。

表 6－5b	2016 年 CFPS 数据父代和子代收入的回归分析				

（加入性别、年龄和户口）：加入健康

子代收入对数 （lnchildincome）	系数 （Coef.）	标准误差 （St. Err）	t 值 （t-value）	p 值 （p-value）	显著性 （Sig.）
父代收入对数 （lnincome）	0.100	0.043	2.34	0.020	**
子代教育 （childtb4_a16_p）	0.132	0.027	4.95	0.000	***
子代健康 （childqp201）	0.002	0.037	0.06	0.955	
父代性别 （cfps_gender）	－0.103	0.082	－1.26	0.208	
子代性别 （childcfps_gender）	0.311	0.079	3.93	0.000	***
父代户口 （hukou_a16_p）	－0.219	0.057	－3.82	0.000	***
子代户口 （childhukou_a16_p）	0.088	0.057	1.54	0.124	
父代年龄 （cfps_age）	0.005	0.010	0.49	0.626	
子代年龄 （childcfps_age）	0.050	0.012	4.25	0.000	***
常数项 （_cons）	7.119	0.569	12.51	0.000	***

因变量均值 （Mean dependent var）	10.074	因变量标准差 （SD dependent var）	1.024
判定系数 （R-squared）	0.167	样本数 （Number of obs）	636.000
F 统计量 （F-test）	13.993	p 值 （Prob > F）	0.000
赤池信息准则 （Akaike crit.（AIC））	1737.488	贝叶斯信息准则 （Bayesian crit.（BIC））	1782.040

注： *** p＜0.01， ** p＜0.05。

（四）回归中加入家庭的净资产

进一步加入家庭的净资产：2014 年的分析结果见表 6 – 6a，发现回归系数下降为 0.106；2016 年的分析结果见表 6 – 6b，回归系数下降为 0.094，说明家庭资产也是重要的影响因素。

表 6 – 6a　　　　2014 年 CFPS 数据父代和子代收入的回归分析

（加入性别、年龄和户口）：加入家庭净资产

子代收入对数 （lnchildincome）	系数 （Coef.）	标准误差 （St. Err）	t 值 （t-value）	p 值 （p-value）	显著性 （Sig.）
父代收入对数 （lnincome）	0.106	0.042	2.51	0.012	**
子代教育 （childtb4_a14_p）	0.051	0.029	1.75	0.081	*
家庭净资产对数 （lntotal_asset）	0.054	0.026	2.11	0.035	**
父代性别 （tb2_a_p）	– 0.107	0.073	– 1.48	0.140	
子代性别 （childtb2_a_p）	0.275	0.068	4.06	0.000	***
父代户口 （qa301_a14_p）	– 0.015	0.055	– 0.28	0.781	
子代户口 （childqa301_a14_p）	– 0.051	0.055	– 0.93	0.353	
父代年龄 （cfps2014_age）	0.015	0.009	1.63	0.104	*
子代年龄 （childcfps2014_age）	0.058	0.011	5.32	0.000	***
常数项 （_cons）	5.835	0.542	10.76	0.000	***
因变量均值 （Mean dependent var）	9.853		因变量标准差 （SD dependent var）		1.032
判定系数 （R-squared）	0.139		样本数 （Number of obs）		858.000

子代收入对数 (lnchildincome)	系数 (Coef.)	标准误差 (St. Err)	t 值 (t-value)	p 值 (p-value)	显著性 (Sig.)
F 统计量 (F-test)	15.275		p 值 (Prob > F)		0.000
赤池信息准则 (Akaike crit. (AIC))	2379.667		贝叶斯信息准则 (Bayesian crit. (BIC))		2427.213

注: *** p < 0.01, ** p < 0.05, * p < 0.1。

表 6 - 6b　　　　　　**2016 年 CFPS 数据父代和子代收入的回归分析**
　　　　　　　　　　(加入性别、年龄和户口): 加入家庭净资产

子代收入对数 (lnchildincome)	系数 (Coef.)	标准误差 (St. Err)	t 值 (t-value)	p 值 (p-value)	显著性 (Sig.)
父代收入对数 (lnincome)	0.094	0.044	2.14	0.032	**
子代教育 (childtb4_a16_p)	0.129	0.028	4.67	0.000	***
家庭净资产对数 (lntotal_asset)	0.073	0.034	2.17	0.030	**
父代性别 (cfps_gender)	-0.099	0.085	-1.16	0.245	
子代性别 (childcfps_gender)	0.332	0.081	4.10	0.000	***
父代户口 (hukou_a16_p)	-0.233	0.059	-3.91	0.000	***
子代户口 (childhukou_a16_p)	0.084	0.059	1.41	0.159	
父代年龄 (cfps_age)	0.009	0.011	0.86	0.390	
子代年龄 (childcfps_age)	0.044	0.012	3.66	0.000	***
常数项 (_cons)	6.210	0.665	9.34	0.000	***
因变量均值 (Mean dependent var)	10.068		因变量标准差 (SD dependent var)		1.033

子代收入对数 （lnchildincome）	系数 （Coef.）	标准误差 （St. Err）	t 值 （t-value）	p 值 （p-value）	显著性 （Sig.）
判定系数 （R-squared）	0.180		样本数 （Number of obs）		602.000
F 统计量 （F-test）	14.464		p 值 （Prob > F）		0.000
赤池信息准则 （Akaike crit.（AIC））	1646.319		贝叶斯信息准则 （Bayesian crit.（BIC））		1690.322

注：*** p < 0.01，** p < 0.05。

（五）回归中加入父代的职业类型

父代的工作可能会对子代的工作起到一定的作用，例如父代通常可以利用自身的人际和社会网络为孩子找工作，我们将父代的职业代码加入回归中：2014 年的分析结果见表 6 - 7a，发现弹性系数下降为 0.103；2016年的分析结果见表 6 - 7b，发现弹性系数下降为 0.088，说明父母的职业也是一个影响因素。很多学者验证了社会资本对孩子的收入有重要影响。认为父母的社会关系网络会极大地影响到对孩子在劳动力市场的表现，社会经济地位高的父母会利用自身的社会网络资源帮助子代在劳动力市场寻找工作，比如帮助子女融入具有丰富社会资本的人群，帮助子女获得政治身份、进入到社会资源较为丰富的部门和行业等，从而提高子代的收入。这使得社会资本成为代际收入传递的重要途径。

表 6 - 7a　　　　　　　2014 年 CFPS 数据父代和子代收入的回归分析
（加入性别、年龄和户口）：加入父代的职业代码

子代收入对数 （lnchildincome）	系数 （Coef.）	标准误差 （St. Err）	t 值 （t-value）	p 值 （p-value）	显著性 （Sig.）
父代收入对数 （lnincome）	0.103	0.042	2.45	0.015	**
子代教育 （childtb4_a14_p）	0.052	0.029	1.78	0.075	*
家庭净资产对数 （lntotal_asset）	0.053	0.026	2.07	0.039	**
父代职业代码 （qg303code）	0.000	0.000	-0.97	0.335	

子代收入对数 (lnchildincome)	系数 (Coef.)	标准误差 (St. Err)	t 值 (t-value)	p 值 (p-value)	显著性 (Sig.)
父代性别 (tb2_a_p)	-0.105	0.073	-1.45	0.148	
子代性别 (childtb2_a_p)	0.276	0.068	4.08	0.000	***
父代户口 (qa301_a14_p)	-0.014	0.055	-0.27	0.791	
子代户口 (childqa301_a14_p)	-0.051	0.055	-0.93	0.352	
父代年龄 (cfps2014_age)	0.015	0.009	1.59	0.113	
子代年龄 (childcfps2014_age)	0.058	0.011	5.31	0.000	***
常数项 (_cons)	5.905	0.547	10.79	0.000	***
因变量均值 (Mean dependent var)	9.853		因变量标准差 (SD dependent var)		1.032
判定系数 (R-squared)	0.140		样本数 (Number of obs)		858.000
F 统计量 (F-test)	13.839		p 值 (Prob > F)		0.000
赤池信息准则 (Akaike crit. (AIC))	2380.723		贝叶斯信息准则 (Bayesian crit. (BIC))		2433.024

注: *** p<0.01, ** p<0.05, * p<0.1。

表 6-7b　　　　2016 年 CFPS 数据父代和子代收入的回归分析
（加入性别、年龄和户口）：加入父代的职业代码

子代收入对数 (lnchildincome)	系数 (Coef.)	标准误差 (St. Err)	t 值 (t-value)	p 值 (p-value)	显著性 (Sig.)
父代收入对数 (lnincome)	0.088	0.044	1.99	0.047	**

子代收入对数 （lnchildincome）	系数 （Coef.）	标准误差 （St. Err）	t 值 （t-value）	p 值 （p-value）	显著性 （Sig.）
子代教育 （childtb4_a16_p）	0.128	0.028	4.61	0.000	***
家庭净资产对数 （lntotal_asset）	0.072	0.034	2.12	0.035	**
父代职业代码 （qg303code）	0.000	0.000	−1.66	0.098	*
父代性别 （cfps_gender）	−0.083	0.085	−0.97	0.331	
子代性别 （childcfps_gender）	0.327	0.081	4.04	0.000	***
父代户口 （hukou_a16_p）	−0.245	0.060	−4.09	0.000	***
子代户口 （childhukou_a16_p）	0.084	0.059	1.42	0.156	
父代年龄 （cfps_age）	0.008	0.011	0.78	0.437	
子代年龄 （childcfps_age）	0.044	0.012	3.64	0.000	***
常数项 （_cons）	6.544	0.694	9.43	0.000	***

因变量均值 （Mean dependent var）	10.068	因变量标准差 （SD dependent var）	1.033
判定系数 （R-squared）	0.184	样本数 （Number of obs）	602.000
F 统计量 （F-test）	13.331	p 值 （Prob > F）	0.000
赤池信息准则 （Akaike crit.（AIC））	1645.529	贝叶斯信息准则 （Bayesian crit.（BIC））	1693.932

注：*** p<0.01，** p<0.05，* p<0.1。

通过上面的分析，逐渐加入子代的教育水平、家庭的净资产和父母的职业代码，回归系数也逐步降低，验证了教育投资、家庭资产和父母的社会资本是重要的代际影响因素。

总之，教育是影响代际流动的重要因素。如果能使用更多年的收入数据，就可以不断地贴近持久性收入，这样得出的结论会更接近于现实。另外，家庭资产也扮演着重要的角色，可以通过增加子代的人力资本投资、提高子代的收入，也可以通过直接的财富转移、增加子代的收入。人际网络关系对子女的工作有着一定的作用，可以通过亲戚和朋友在找工作时起到一定的作用，说明社会资本在我国有一定的作用。

二、分解法（用 CFPS 数据）

"条件代际收入弹性"的方法只是单因素分析，只能说明某个因素是否是影响机制，或者简单估计这个机制的作用大小，并不能计算出单个因素对整个传递机制的贡献率。分解法是另一种非常有效的方法。比较经典的是布兰登等（Blanden et al., 2007）的分解方法。这种分解方法的主要原理是：首先，构建父代和子代收入对数的回归方程，计算出代际收入弹性，作为总的系数；其次，构建关于子代收入的回归方程，比如子代的教育水平、工作等信息，这里得出前面的系数为收益率，比如教育前面的系数是教育收益率；再次，构建子代的教育水平等与父代收入之间的回归模型，子代的教育水平为因变量，父代的收入为自变量，回归系数为投资的系数。这样父代的投资系数乘子代的教育收益率，是教育的弹性系数；最后，再除以总的代际收入弹性为教育的贡献率。

（一）父代和子代的代际收入弹性

父代和子代的代际收入弹性如表 6-8 所示。

表 6-8a   2014 年 CFPS 数据父代和子代的收入回归

子代收入对数 （lnchildincome）	系数 （Coef.）	标准误差 （St. Err）	t 值 （t-value）	p 值 （p-value）	显著性 （Sig.）
父代收入对数 （lnincome）	0.112	0.040	2.81	0.005	***
常数项 （_cons）	8.739	0.397	22.03	0.000	***
因变量均值 （Mean dependent var）	9.848		因变量标准差 （SD dependent var）		1.024

子代收入对数 （lnchildincome）	系数 （Coef.）	标准误差 （St. Err）	t 值 （t-value）	p 值 （p-value）	显著性 （Sig.）
判定系数 （R-squared）	0.009	样本数 （Number of obs）		909.000	
F 统计量 （F-test）	7.868	p 值 （Prob > F）		0.005	
赤池信息准则 （Akaike crit.（AIC））	2617.466	贝叶斯信息准则 （Bayesian crit.（BIC））		2627.090	

注：*** p < 0.01。

表 6-8b   **2016 年 CFPS 数据父代和子代的收入回归**

子代收入对数 （lnchildincome）	系数 （Coef.）	标准误差 （St. Err）	t 值 （t-value）	p 值 （p-value）	显著性 （Sig.）
父代收入对数 （lnincome）	0.076	0.044	1.72	0.086	*
常数项 （_cons）	9.326	0.437	21.34	0.000	***
因变量均值 （Mean dependent var）	10.074	因变量标准差 （SD dependent var）		1.024	
判定系数 （R-squared）	0.005	样本数 （Number of obs）		636.000	
F 统计量 （F-test）	2.962	p 值 （Prob > F）		0.086	
赤池信息准则 （Akaike crit.（AIC））	1835.107	贝叶斯信息准则 （Bayesian crit.（BIC））		1844.018	

注：*** p < 0.01，* p < 0.1。

（二）父代的教育投资系数

父代的教育投资系数如表 6-9 所示。

表 6-9a   **2014 年 CFPS 数据子代的教育与父代收入的**
回归：计算父代的教育投资系数

子代教育 （childtb4_a14_p）	系数 （Coef.）	标准误差 （St. Err）	t 值 （t-value）	p 值 （p-value）	显著性 （Sig.）
父代收入对数 （lnincome）	0.222	0.050	4.42	0.000	***

子代教育 （childtb4_a14_p）	系数 （Coef.）	标准误差 （St. Err）	t 值 （t-value）	p 值 （p-value）	显著性 （Sig.）
常数项 （_cons）	1.802	0.499	3.61	0.000	***
因变量均值 （Mean dependent var）	3.997		因变量标准差 （SD dependent var）		1.295
判定系数 （R-squared）	0.021		样本数 （Number of obs）		909.000
F 统计量 （F-test）	19.527		p 值 （Prob > F）		0.000
赤池信息准则 （Akaike crit.（AIC））	3033.390		贝叶斯信息准则 （Bayesian crit.（BIC））		3043.014

注：*** p < 0.01。

表 6 – 9b　　　　　**2016 年 CFPS 数据子代的教育与父代收入的回归：**
计算父代的教育投资系数

子代教育 （childtb4_a16_p）	系数 （Coef.）	标准误差 （St. Err）	t 值 （t-value）	p 值 （p-value）	显著性 （Sig.）
父代收入对数 （lnincome）	0.156	0.064	2.44	0.015	**
常数项 （_cons）	2.355	0.633	3.72	0.000	***
因变量均值 （Mean dependent var）	3.895		因变量标准差 （SD dependent var）		1.486
判定系数 （R-squared）	0.009		样本数 （Number of obs）		636.000
F 统计量 （F-test）	5.977		p 值 （Prob > F）		0.015
赤池信息准则 （Akaike crit.（AIC））	2305.626		贝叶斯信息准则 （Bayesian crit.（BIC））		2314.536

注：*** p < 0.01，** p < 0.05。

（三）子代的教育收益率

子代的教育收益率如表 6 - 10 所示。

表 6 - 10a　　　　**2014 年 CFPS 数据子代的收入与子代的
教育、年龄和年龄的平方项回归**

子代收入对数 （lnchildincome）	系数 （Coef.）	标准误差 （St. Err）	t 值 （t-value）	p 值 （p-value）	显著性 （Sig.）
子代教育 （childtb4_a14_p）	0.046	0.027	1.67	0.096	*
子代年龄 （childcfps2014_age）	0.075	0.008	9.61	0.000	***
父代户口 （qa301_a14_p）	-0.012	0.036	-0.33	0.741	
父代性别 （tb2_a_p）	-0.040	0.066	-0.60	0.547	
常数项 （_cons）	7.935	0.190	41.74	0.000	***
因变量均值 （Mean dependent var）	9.848	因变量标准差 （SD dependent var）		1.024	
判定系数 （R-squared）	0.111	样本数 （Number of obs）		909.000	
F 统计量 （F-test）	28.263	p 值 （Prob > F）		0.000	
赤池信息准则 （Akaike crit.（AIC））	2524.206	贝叶斯信息准则 （Bayesian crit.（BIC））		2548.268	

注：*** p < 0.01，* p < 0.1。

表 6 - 10b　　　　**2016 年 CFPS 数据子代的收入与子代的
教育、年龄和年龄的平方项回归**

子代收入对数 （lnchildincome）	系数 （Coef.）	标准误差 （St. Err）	t 值 （t-value）	p 值 （p-value）	显著性 （Sig.）
子代教育 （childtb4_a16_p）	0.136	0.027	5.09	0.000	***

子代收入对数 （lnchildincome）	系数 （Coef.）	标准误差 （St. Err）	t 值 （t-value）	p 值 （p-value）	显著性 （Sig.）
子代年龄 （childcfps_age）	0.052	0.008	6.74	0.000	***
子代性别 （childcfps_gender）	0.322	0.079	4.07	0.000	***
子代户口 （childhukou_a16_p）	-0.050	0.043	-1.17	0.244	
常数项 （_cons）	8.117	0.209	38.84	0.000	***
因变量均值 （Mean dependent var）	10.074		因变量标准差 （SD dependent var）		1.024
判定系数 （R-squared）	0.141		样本数 （Number of obs）		636.000
F 统计量 （F-test）	25.815		p 值 （Prob > F）		0.000
赤池信息准则 （Akaike crit.（AIC））	1747.680		贝叶斯信息准则 （Bayesian crit.（BIC））		1769.956

注：*** p < 0.01。

2014 年数据表明：通过父代和孩子收入对数的回归得到系数为 0.112（见表 6 - 8a），表明代际收入弹性为 0.112。通过孩子的教育与父代收入对数的回归得到系数为 0.222（见表 6 - 9a），表明父代收入提高后，子代教育水平的提高，其中教育的投资系数为 0.222。通过子代的收入对数和教育水平、年龄的回归后，得到的回归系数为 0.046（见表 6 - 10a），表明教育的收益率为 0.046。这样得到的分解率为：父代的教育投资系数 × 子代的教育收益率/总的代际收入弹性，也就是教育的贡献率为 = 0.046 × 0.222/0.112 = 9%。说明教育的影响程度为 9%。

通过父代和孩子收入对数的回归得到系数为 0.076（见表 6 - 8b），表明代际收入弹性为 0.076。通过孩子的教育与父代收入对数的回归得到系数为 0.156（见表 6 - 9b），表明父代收入提高后，子代教育水平的提高，其中教育的投资系数为 0.156。通过子代的收入对数和教育水平、年龄的回归后，得到的回归系数为 0.136（见表 6 - 10b），表明教育的收益率为 0.136。这样得到的分解率为：父代的教育投资系数 × 子代的教育收益率/总的代际收入弹性，也就是教育的贡献率为 = 0.136 × 0.156/0.076 = 27.9%。说明教育的影响程度为 27.9%。

使用布兰登（Blanden）方法的分解结果，可以看出 2014 年 CFPS 数据的子代教育对代际收入传递的贡献率为 9%，具有一定的解释度。2016 年的贡献度为 27.9%，教育的贡献度明显增加了，说明教育的作用加大了。进一步对子代教育影响代际收入流动性的投资、回报这两个环节进行观察，可以发现，父代收入对子代教育投资的影响大于子代教育回报率。从父代的收入分解法可以看出，教育是非常重要的代际流动机制。

通过这一部分的分解结果可以看出，教育是最为重要的传递机制。父母还可以通过自身的工作特征，如工作职位等，去影响孩子的工作，但是工作的传递效果要远远低于教育。与其他学者的研究结果相比，我们的解释与他们相差不多。在父代收入对子代收入的影响中，2014 年 9%、2016 年 27.9% 是通过教育这一传导途径实现的。除去这些因素，仍然有相当大比例的影响无法得到解释。比如说父母的天生禀赋的遗传应该有着不容忽视的作用。

很多学者的研究表明，父代社会资本，如人际网络关系对子女的就业有着非常重要的作用，如父亲可以帮助孩子找到相对好的工作，从而提高孩子的收入，但是这个数据库里对于子女工作性质、行业的信息不是很充分，缺少一个非常好的替代变量来表示子女的职业，因此，没法测算父母的社会资本对子女收入的贡献程度。但是前面条件弹性分析可以看出，在我国父母的社会资本起到了一定的作用。而且父母对子女的教育投资所起到的作用大于子女自身的教育收益率，因此，父母收入对子女的影响不容小视，的确是代际流动机制的重要影响变量。正所谓"读书改变命运"，对于低收入群体，提高受教育程度非常有助于他们实现社会经济地位的跃升。

三、条件收入弹性（用 CHARLS 数据）

由于 CHARLS 数据适合于 logistic 模型，因此，通过依次加入教育等信息，比较分析结果的变化，从而得出代际流动的机制。

（一）加上子代的教育水平

首先采用父代的收入对数和子代收入、并加上父代和子代的年龄进行 logistic 回归，回归结果见表 6 - 11，将这一分析结果作为参考，加入子代的教育水平，回归结果见表 6 - 12。加入了孩子的教育水平后，系数由 0.296

下降为 0.201，并且非常显著，说明孩子的教育是非常重要的传递机制。

表 6 – 11　　　　　　CHARLS 数据子代收入和父亲收入对数的
　　　　　　　　　　　logistic 分析（加入父代和子代的年龄项）

子代收入 （cb069）	系数 （Coef.）	标准误差 （St. Err）	t 值 （t-value）	p 值 （p-value）	显著性 （Sig.）
父代收入对数 （lnga002_w2_2bparent）	0.296	0.027	10.88	0.000	***
父代年龄（parentage）	0.017	0.008	2.00	0.046	**
子代年龄（childage）	0.077	0.008	9.13	0.000	***
常数项（_cons）	1.625	0.477	3.41	0.001	***
常数项（_cons）	2.738	0.462	5.93	0.000	***
常数项（_cons）	3.734	0.458	8.15	0.000	***
常数项（_cons）	5.034	0.460	10.96	0.000	***
常数项（_cons）	6.034	0.463	13.03	0.000	***
常数项（_cons）	7.215	0.469	15.39	0.000	***
常数项（_cons）	8.857	0.476	18.59	0.000	***
常数项（_cons）	9.923	0.486	20.40	0.000	***
常数项（_cons）	10.589	0.500	21.19	0.000	***
常数项（_cons）	11.316	0.528	21.45	0.000	***

因变量均值 （Mean dependent var）	6.379	因变量标准差 （SD dependent var）	1.617
样本数 （Number of obs）	3202.000	卡方值 （Chi-square）	279.369
p 值 （Prob > chi2）	0.000	赤池信息准则 （Akaike crit.（AIC））	11707.236

注：*** p < 0.01，** p < 0.05。

表 6 – 12　　　CHARLS 数据子代收入和父亲收入对数的 logistic 分析
　　　　　　　　（加入父代和子代的年龄项）：加入子代的教育

子代收入 （cb069）	系数 （Coef.）	标准误差 （St. Err）	t 值 （t-value）	p 值 （p-value）	显著性 （Sig.）
父代收入对数 （lnga002_w2_2bparent）	0.201	0.028	7.20	0.000	***

子代收入 （cb069）	系数 （Coef.）	标准误差 （St. Err）	t 值 （t-value）	p 值 （p-value）	显著性 （Sig.）
子代教育 （childeducation）	0.281	0.018	15.62	0.000	***
父代年龄（parentage）	0.023	0.008	2.78	0.005	***
子代年龄（childage）	0.090	0.009	10.48	0.000	***
常数项（_cons）	3.020	0.489	6.18	0.000	***
常数项（_cons）	4.145	0.474	8.73	0.000	***
常数项（_cons）	5.157	0.471	10.94	0.000	***
常数项（_cons）	6.500	0.473	13.74	0.000	***
常数项（_cons）	7.545	0.478	15.80	0.000	***
常数项（_cons）	8.787	0.484	18.14	0.000	***
常数项（_cons）	10.500	0.494	21.25	0.000	***
常数项（_cons）	11.591	0.504	22.98	0.000	***
常数项（_cons）	12.264	0.518	23.70	0.000	***
常数项（_cons）	12.995	0.545	23.86	0.000	***

因变量均值 （Mean dependent var）	6.379	因变量标准差 （SD dependent var）	1.617
样本数 （Number of obs）	3202.000	卡方值 （Chi-square）	514.273
p 值 （Prob > chi2）	0.000	赤池信息准则 （Akaike crit.（AIC））	11460.750

注：*** $p < 0.01$。

（二）加上父代的职业和职位

进一步加上父代的职业信息，回归结果见表 6 - 13，发现回归系数从 0.201 上升到 0.287，不能证明父代的职业是代际影响因素。选择父代的职位加入回归中，得到的分析结果见表 6 - 14，回归系数从 0.201 上升到 0.298，也不能证明父代的职位是代际影响因素。

表 6 - 13　　　**CHARLS 数据子代收入和父亲收入对数的 logistic 分析**

（加入父代和子代的年龄项）：加入父代的职业

子代收入 （cb069）	系数 （Coef.）	标准误差 （St. Err）	t 值 （t-value）	p 值 （p-value）	显著性 （Sig.）
父代收入对数 （lnga002_w2_2bparent）	0.287	0.041	7.06	0.000	***
子代教育 （childeducation）	0.265	0.022	12.18	0.000	***
父代职位 （fd014parent）	0.022	0.013	1.70	0.090	*
父代年龄（parentage）	0.022	0.010	2.15	0.031	**
子代年龄（childage）	0.084	0.011	7.95	0.000	***
常数项（_cons）	3.663	0.645	5.68	0.000	***
常数项（_cons）	4.849	0.630	7.70	0.000	***
常数项（_cons）	5.829	0.627	9.30	0.000	***
常数项（_cons）	7.112	0.629	11.30	0.000	***
常数项（_cons）	8.122	0.634	12.80	0.000	***
常数项（_cons）	9.400	0.642	14.63	0.000	***
常数项（_cons）	11.035	0.652	16.93	0.000	***
常数项（_cons）	12.203	0.664	18.36	0.000	***
常数项（_cons）	13.080	0.686	19.06	0.000	***
常数项（_cons）	13.781	0.722	19.09	0.000	***
因变量均值 （Mean dependent var）	6.359		因变量标准差 （SD dependent var）		1.618
样本数 （Number of obs）	2242.000		卡方值 （Chi-square）		327.217
p 值 （Prob > chi2）	0.000		赤池信息准则 （Akaike crit.（AIC））		8095.686

注：*** p < 0.01，** p < 0.05，* p < 0.1。

表 6 - 14　　　**CHARLS 数据子代收入和父亲收入对数的 logistic 分析**

（加入父代和子代的年龄项）：加入父代的职位

子代收入 （cb069）	系数 （Coef.）	标准误差 （St. Err）	t 值 （t-value）	p 值 （p-value）	显著性 （Sig.）
父代收入对数 （lnga002_w2_2bparent）	0.298	0.041	7.25	0.000	***

子代收入 （cb069）	系数 （Coef.）	标准误差 （St. Err）	t 值 （t-value）	p 值 （p-value）	显著性 （Sig.）
子代教育 （childeducation）	0.266	0.022	12.16	0.000	***
父代职位 （fd014parent）	0.019	0.047	0.39	0.693	
父代年龄（parentage）	0.023	0.010	2.18	0.029	**
子代年龄（childage）	0.085	0.011	8.06	0.000	***
常数项（_cons）	3.834	0.713	5.38	0.000	***
常数项（_cons）	5.011	0.700	7.16	0.000	***
常数项（_cons）	5.997	0.697	8.60	0.000	***
常数项（_cons）	7.302	0.700	10.44	0.000	***
常数项（_cons）	8.311	0.704	11.80	0.000	***
常数项（_cons）	9.596	0.712	13.48	0.000	***
常数项（_cons）	11.222	0.720	15.58	0.000	***
常数项（_cons）	12.411	0.732	16.95	0.000	***
常数项（_cons）	13.265	0.752	17.65	0.000	***
常数项（_cons）	13.965	0.784	17.81	0.000	***

因变量均值 （Mean dependent var）	6.354	因变量标准差 （SD dependent var）	1.612
样本数 （Number of obs）	2257.000	卡方值 （Chi-square）	328.785
p 值 （Prob > chi2）	0.000	赤池信息准则 （Akaike crit.（AIC））	8133.626

注：*** $p < 0.01$，** $p < 0.05$。

由于没有父母很准确的职业数据和人际网络的信息，没有得到父母的社会资本对孩子收入的显著影响，从 CFPS 数据中分析可以看出，我国社会资本对代际收入流动有一定的影响，但影响程度可能不是很大，对代际收入流动性的解释力要小于教育。除了数据的原因，可能多数样本来自农村，"关系"等社会资本带来的回报率比较低，在城市父母的人际关系能给下一代带来更多的货币收入，但由于数据库中多数是农村样本，因此，总体上看来，社会资本对代际收入弹性的影响不大。

第二节　结构方程法

代际收入弹性通常被用来测度代际收入的流动性。代际收入弹性越高，说明代际收入流动性越差；反之，说明代际流动性越强。代际收入弹性的大小可以说明代际保持的程度，但是不能看出父母的收入是如何影响孩子的收入的，很多学者对于代际收入弹性进行分解，常见的是父母通过收入提高孩子的教育投资，或是通过自己的工作产生的社会网络为孩子提供更好的工作机会，或者是直接通过天生禀赋的遗传影响孩子的能力。布兰登等（Blanden et al.，2007）提出的分解方法，将代际收入弹性区分为可解释部分和不可解释部分，但布兰登等的分解方法也存在着自相矛盾的地方，其中不可解释的部分，对代际收入弹性的作用不是很可信。因此，学者们尽量增加可以解释的部分，如将就业、社会关系等因素放到模型中，有些学者将更多的信息放到模型中，如子代的工作特征、行业等，父代的工作特征、职位、行业等。但是这些因素之间是否存在着多重共线性，很少有学者去进一步探究。因此，近几年，也有一些学者采用管理学里常用的结构方程方法，去剖析很多关于父代和子代家庭经济地位的变量对子代收入的影响，并且还可以看出这些因变量之间的相互作用关系。

我们通常认为，人力资本、社会资本、文化资本都是影响收入代际流动的重要因素。这三类资本在概念上独立，实际是互相影响、相互渗透和转化的。人力资本是通过投资孩子的教育、健康等来影响子代的收入，如富有的家庭可以支付较高质量的教育，从而提高子代的收入。社会资本理论是通过父母拥有的社会网络资源影响子代在劳动力市场上的就业。"文化资本"是通过家庭起作用的，"好父母"将给子女创造良好的家庭氛围、社区环境和成长环境等。也可以通过学校这种公共场所，也就是通过一种无形的耳濡目染等方式进行的间接传递。鉴于上述的理论，本书在设定模型时，考虑了上述几类资本，同时考虑到本书研究数据的可获得性，选取了人力资本、社会资本、财富资本这几种变量，具体包括父代和子代的收入、受教育程度、工作经验、职业等。同样这部分采用两个数据库的数据分别给予分析。

一、用 CFPS 数据

模型的基本思路是：父代的教育水平（tb4_a14_p、tb4_a16_p）、工作经验、性别（tb2_a_p、cfps_sex）和职位（qq303code）决定了父代的收入，其中工作经验用年龄（cfps2014_age、cfps_age）来代替，父代的收入用收入对数（lnincome）衡量。同样子代的教育水平（childtb4_a14_p、childtb4_a16_p）、子代的年龄（childcfps2014_age、childcfps_age）、子代的性别（childtb2_a_p、child cfps_sex）和工作职位（childqq303code）决定了子代的收入（childlnincome）。父代的收入会影响父代的家庭收入（lnfincome1、lnfincome），进而影响家庭的净资产（lntotal_asset）。

父代通过三个机制去影响子代的收入：第一，父代的收入会影响孩子的教育水平，主要是收入高的父亲，投资在孩子身上的教育水平也高一些，同样父代的家庭收入和家庭净资产也会影响孩子的教育投资；第二，父代的教育水平会影响父代的非认知水平，父母的非认知水平高，教育投资的效率高、教育投资方式更为合理，从而影响孩子的教育水平；第三，父代会通过自身工作积累的社会资本去影响孩子的工作，帮助孩子找到更好的工作，从而提高孩子的收入，具体构建的模型和分析结果见图 6－1a（2014 年数据）、图 6－1b（2016 年数据）。

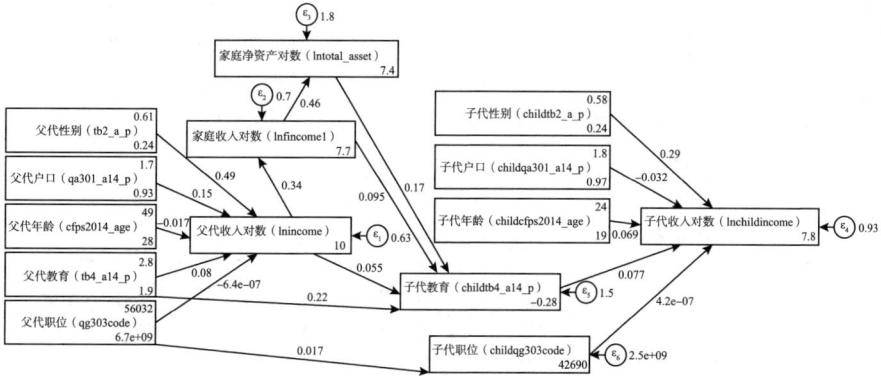

图 6－1a　2014 年 CFPS 数据父代和子代的结构方程模型和分析结果

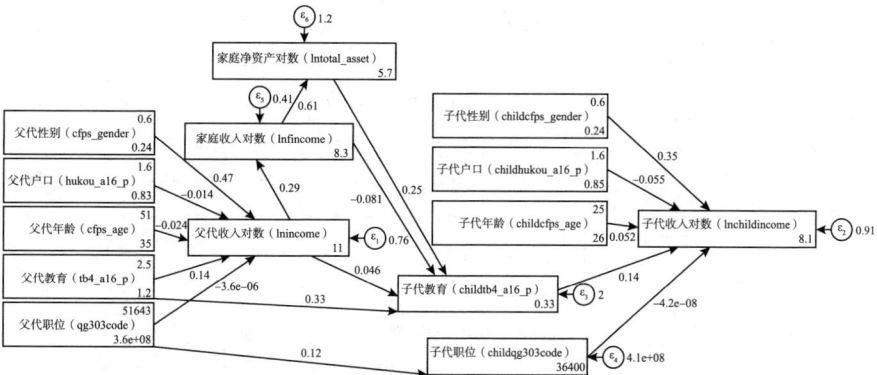

图 6－1b　2016 年 CFPS 数据父代和子代的结构方程模型和分析结果

2014 年具体的分析结果见表 6 – 15a。分析结果可以看出：父代教育通过非认知能力去影响孩子教育的相关系数为 0.22；父代职业影响子代职业的系数是负的，说明没有正向的作用；父代收入影响子代教育水平的系数是 0.055，家庭收入影响子代教育水平的系数是 0.095，家庭净资产影响子代教育水平的系数是 0.17。2016 年具体的分析结果见表 6 – 15b，与 2014 年的结果基本一致。父代教育通过非认知能力去影响孩子教育的相关系数为 0.33；父代职业影响子代职业的系数是 0.12；父代收入影响子代教育水平的系数是 0.046，家庭收入影响子代教育水平的系数是负的，家庭净资产影响子代教育水平的系数是 0.25。此外，父代的教育水平、户口和性别对父代收入有显著的影响，性别对收入的影响是很大的，其次是户口和教育水平。

表 6 – 15a　　　　　　**2014 年 CFPS 数据父代和子代结构方程的分析结果**

Endogenous variables
Observed：lnincome childtb4_a14_p lnfincome childqg303code lnchildincome lntotal_asset
Exogenous variables
Observed：tb2_a_p qa301_a14_p cfps2014_age tb4_a14_p qg303code childtb2_a_p childqa301_a14_p
　　　　childcfps2014_age
Fitting target model：
Iteration 0：log likelihood = − 36198.419
Iteration 1：log likelihood = − 36198.419
Structural equation model　　　　　　Number of obs = 840
Estimation method = ml
Log likelihood = − 36198.419

项目		系数 （Coef.）	OIM 标准误 （OIM Std. Err.）	z 值 （z）	P > z 值 （P > z）	95% 置信 区间下限 （95% Conf.）	上限 （Interval）
父代收入 对数 （lnincome <-）	父代性别 （tb2_a_p）	0.4864137	0.0578439	8.41	0.000	0.3730417	0.5997857
	父代户口 （qa301_a14_p）	0.1710166	0.030526	5.60	0.000	0.1111866	0.2308465
	父代年龄 （cfps2014_age）	− 0.0179243	0.0054794	− 3.27	0.001	− 0.0286636	− 0.0071849
	父代教育 （tb4_a14_p）	0.0803201	0.0210696	3.81	0.000	0.0390244	0.1216157
	父代职业 （qg303code）	− 6.28e − 07	3.37e − 07	− 1.86	0.062	− 1.29e − 06	3.26e − 08
	常数项 （_cons）	9.986616	0.2591806	38.53	0.000	9.478631	10.4946

项目		系数（Coef.）	OIM 标准误（OIM Std. Err.）	z 值（z）	P > z 值（P > z）	95% 置信区间下限（95% Conf.）	上限（Interval）
子代教育（childtb4_a14_p <-）	父代收入对数（lnincome）	0.0546683	0.0532103	1.03	0.304	-0.049622	0.1589587
	父代家庭收入对数（lnfincome）	0.0954079	0.0520636	1.83	0.067	-0.0066348	0.1974507
	父代家庭净资产对数（lntotal_asset）	0.1654875	0.0322647	5.13	0.000	0.1022498	0.2287252
	父代教育（tb4_a14_p）	0.2167809	0.0314455	6.89	0.000	0.1551489	0.278413
	常数项（_cons）	-0.2799345	0.6555299	-0.43	0.669	-1.564749	1.00488
父代家庭收入对数（lnfincome <-）	父代收入对数（lnincome）	0.343896	0.0337322	10.19	0.000	0.277782	0.41001
	常数项（_cons）	7.662356	0.3346763	22.89	0.000	7.006402	8.318309
子代职业（childqg303code <-）	父代职业（qg303code）	0.0173806	0.0211422	0.82	0.411	-0.0240574	0.0588186
	常数项（_cons）	42690.19	2093.162	20.40	0.000	38587.67	46792.72
子代收入对数（lnchildincome <-）	子代教育（childtb4_a14_p）	0.07663	0.0293657	2.61	0.009	0.0190743	0.1341856
	子代职业（childqg303code）	4.22e-07	6.85e-07	0.62	0.538	-9.20e-07	1.76e-06
	子代性别（childtb2_a_p）	0.2869502	0.069201	4.15	0.000	0.1513188	0.4225816
	子代户口（childqa301_a14_p）	-0.03159	0.0378664	-0.83	0.404	-0.1058067	0.0426268
	子代年龄（childcfps2014_age）	0.0686111	0.0080363	8.54	0.000	0.0528603	0.0843619
	常数项（_cons）	7.787177	0.2020402	38.54	0.000	7.391185	8.183168
父代家庭净资产对数（lntotal_asset <-）	父代家庭收入对数（lnfincome）	0.4552992	0.0516593	8.81	0.000	0.3540489	0.5565495
	常数项（_cons）	7.44823	0.5732708	12.99	0.000	6.32464	8.571821
	方差（父代收入对数）var（e.lnincome）	0.6344356	0.0309573			0.5765715	0.6981069

项目		系数 （Coef.）	OIM 标准误 （OIM Std. Err.）	z 值 （z）	P > z 值 （P > z）	95% 置信 区间下限 （95% Conf.）	上限 （Interval）
父代家庭 净资产 对数 （lntotal_ asset <-）	方差（子代教育） var(e. childtb4_a14_p)	1.495793	0.0729872			1.359369	1.64591
	方差（家庭收入对数） var(e. lnfincome)	0.7010096	0.0342058			0.6370735	0.7713622
	方差（子代职业） var(e. childqg303code)	2.50e+09	1.22e+08			2.27e+09	2.75e+09
	方差（子代收入对数） var(e. lnchildincome)	0.9332021	0.0455356			0.8480888	1.026857
	方差（家庭净资产对数） var(e. lntotal_asset)	1.765886	0.0861664			1.604827	1.943108

Note：The LR test of model vs. saturated is not reported because the fitted model is not full rank.

表 6 – 15b   2016 年 CFPS 数据父代和子代结构方程的分析结果

Endogenous variables
Observed：lnincome childtb4_a16_p lnfincome childqg303code lnchildincome lntotal_asset
Exogenous variables
Observed：cfps_gender hukou_a16_p cfps_age tb4_a16_p qg303code childcfps_gender
          childhukou_a16_p childcfps_age
Fitting target model：
Iteration 0：log likelihood = − 24288. 772
Iteration 1：log likelihood = − 24288. 772
Structural equation model   Number of obs = 602
Estimation method = ml
Log likelihood = − 24288. 772

项目		系数 （Coef.）	OIM 标准误 （OIM Std. Err.）	z 值 （z）	P > z 值 （P > z）	95% 置信 区间下限 （95% Conf.）	上限 （Interval）
父代收入 对数 （lnincome <-）	父代性别 （cfps_gender）	0.4707118	0.0763282	6.17	0.000	0.3211113	0.6203122
	父代户口 （hukou_a16_p）	− 0.0143895	0.0433755	− 0.33	0.740	− 0.099404	0.070625
	父代年龄 （cfps_age）	− 0.0243733	0.0062082	− 3.93	0.000	− 0.0365412	− 0.0122054
	父代教育 （tb4_a16_p）	0.1411994	0.0358889	3.93	0.000	0.0708583	0.2115404

项目		系数 （Coef.）	OIM 标准误 （OIM Std. Err.）	z 值 （z）	P>z 值 （P>z）	95% 置信 区间下限 （95% Conf.）	上限 （Interval）
父代收入 对数 （lnincome <-）	父代职业 （qg303code）	-3.57e-06	1.94e-06	-1.84	0.066	-7.37e-06	2.34e-07
	常数项 （_cons）	10.64851	0.3403299	31.29	0.000	9.981479	11.31555
子代教育 （childtb4_ a16_p <-）	父代收入对数 （lnincome）	0.046094	0.0684547	0.67	0.501	-0.0880748	0.1802627
	父代家庭收入对数 （lnfincome）	-0.0806133	0.0957495	-0.84	0.400	-0.2682789	0.1070523
	父代家庭净资产对数 （lntotal_asset）	0.2539109	0.0518051	4.90	0.000	0.1523749	0.355447
	父代教育 （tb4_a16_p）	0.3280914	0.053437	6.14	0.000	0.2233568	0.432826
	常数项 （_cons）	0.3314802	1.019904	0.33	0.745	-1.667496	2.330456
父代家庭 收入对数 （lnfincome <-）	父代收入对数 （lnincome）	0.2877061	0.0282753	10.18	0.000	0.2322875	0.3431247
	常数项 （_cons）	8.342675	0.2798301	29.81	0.000	7.794218	8.891132
子代职业 （childqg303 code <-）	父代职业 （qg303code）	0.1237984	0.0436047	2.84	0.005	0.0383347	0.209262
	常数项 （_cons）	36399.94	2399.516	15.17	0.000	31696.98	41102.91
子代收入 对数 （lnchildin- come <-）	子代教育 （childtb4_a16_p）	0.1445894	0.0289875	4.99	0.000	0.0877749	0.201404
	子代职业 （childqg303code）	-4.19e-08	2.11e-06	-0.02	0.984	-4.17e-06	4.09e-06
	子代性别 （childcfps_gender）	0.3530769	0.0836843	4.22	0.000	0.1890586	0.5170953
	子代户口 （childhukou_a16_p）	-0.0554249	0.0441417	-1.26	0.209	-0.1419411	0.0310912
	子代年龄 （childcfps_age）	0.0523256	0.0079054	6.62	0.000	0.0368313	0.06782
	常数项 （_cons）	8.057028	0.2481177	32.47	0.000	7.570726	8.54333

项目	系数 (Coef.)	OIM 标准误 (OIM Std. Err.)	z 值 (z)	P > z 值 (P > z)	95% 置信 区间下限 (95% Conf.)	上限 (Interval)
父代家庭收入对数 (lnfincome)	0.6110617	0.0655695	9.32	0.000	0.4825479	0.7395755
常数项 (_cons)	5.716587	0.7343157	7.78	0.000	4.277355	7.155819
方差（父代收入对数） var(e. lnincome)	0.7569677	0.0436309	0.6761062			0.8475002
方差（子代教育） var(e. childtb4_a16_p)	1.988831	0.1146343	1.776378			2.226693
方差（父代家庭 收入对数） var(e. lnfincome)	0.4095497	0.0236061	0.3658004			0.4585314
方差（子代职业） var(e. childqg303code)	4.13e+08	2.38e+07	3.69e+08			4.63e+08
方差（子代收入对数） var(e. lnchildincome)	0.9082713	0.0523519	0.8112471			1.0169
方差（家庭净资产对数） var(e. lntotal_asset)	1.242304	0.0716052	1.109598			1.390883

（最左侧合并单元格：父代家庭净资产对数 (lntotal_asset <-)）

Note: The LR test of model vs. saturated is not reported because the fitted model is not full rank.

可能从整体人群上看，性别和户口的影响较大；从个体来看，可能教育水平的作用应该更大一些；年龄的作用是负的，可能是数据中父代的年龄偏大。对于子代而言，性别、年龄和教育水平对子代的收入都有显著的影响，性别的影响最大，其次是教育水平和年龄，年龄的影响是正的，职业对子代的影响不够显著。父代教育水平对子代教育水平的影响是比较显著的，说明父代的教育水平高，父母的非认知能力会影响对子女教育投资的效率，进而影响孩子的收入水平。这就意味着父代收入对于子女收入除有直接影响外，还通过子女人力资本投资影响子女收入。此外，还发现父代会通过家庭的净资产对子代的教育投资产生影响，从而影响子代的收入；而父代通过自己的职业对子代职业的影响并不显著。总体来看，父代影响子代收入的机制有两个：父母的非认知能力对子代的教育投资产生影响，家庭的净资产对子女的教育投资产生影响，最终影响子代的收入。

二、用 CHARLS 数据

模型的基本思路与前面也是一致的：父代的教育水平（educationfather）、年龄（fatherage）、性别（genderparent）、户口（bc002_w3_1father）和工作的职位（fd013）决定了父代的收入（lnga002_w2_2bfather）；子代的教育水平（cb052_w3）、子代的年龄（childage）、子代的性别（gender）和子代户口（cb055）决定了子代的收入（cb069）。其中，父代的收入会影响子代的教育水平，主要是收入高的父母，投资在子代身上的教育水平也高一些；父代的教育水平也会影响子代的教育投资，主要是通过父母的非认知水平，教育水平高的父母，会更为有效地投资孩子的教育，方式更为准确；由于这个数据库缺少孩子职位的信息，所以没有衡量父母通过职位对孩子职业的影响。具体构建的模型和分析结果见图6-2和表6-16。

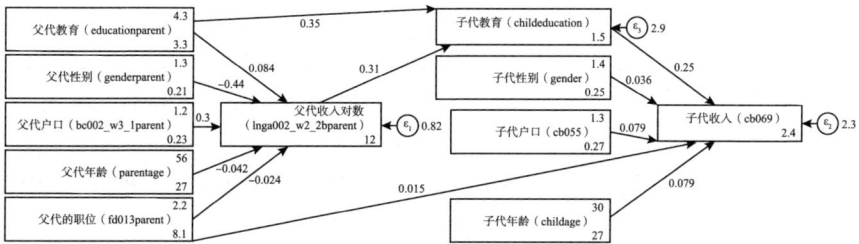

图6-2　CHARLS数据父代和子代的结构方程模型和分析结果

表6-16　　　　　CHARLS数据父代和子代结构方程的分析结果

Endogenous variables
Observed：lnga002_w2_2bparent childeducation cb069
Exogenous variables
Observed：educationparent genderparent bc002_w3_1parent parentage fd013parent gender cb055
　　　　　childage
Fitting target model：
Iteration 0：log likelihood = - 34338. 811
Iteration 1：log likelihood = - 34338. 811
Structural equation model　　　　　　　　　Number of obs = 1932
Estimation method = ml
Log likelihood = - 34338. 811

项目		系数 （Coef.）	OIM 标准误 （OIM Std. Err.）	z 值 （z）	P > z 值 （P > z）	95% 置信 区间下限 （95% Conf.）	上限 （Interval）
父代收入对数 （lnga002_w2_ 2bparent <- ）	父代教育 （educationparent）	0. 0835573	0. 0127765	6. 54	0. 000	0. 0585157	0. 1085988
	父代性别 （genderparent）	- 0. 4385073	0. 0471336	- 9. 30	0. 000	- 0. 5308874	- 0. 3461272
	父代户口 （bc002_w3_1parent）	0. 3030442	0. 0456758	6. 63	0. 000	0. 2135213	0. 3925672

项目		系数 （Coef.）	OIM 标准误 （OIM Std. Err.）	z 值 （z）	P > z 值 （P > z）	95% 置信 区间下限 （95% Conf.）	上限 （Interval）
父代收入对数 （lnga002_w2_ 2bparent <-）	父代年龄 （parentage）	−0.0424267	0.0040964	−10.36	0.000	−0.0504555	−0.0343979
	父代职业 （fd013parent）	−0.0243494	0.0072951	−3.34	0.001	−0.0386476	−0.0100511
	常数项 （_cons）	11.80296	0.265218	44.50	0.000	11.28314	12.32278
子代教育 （childedu- cation <-）	父代收入对数 （lnga002_w2_2bparent）	0.3107582	0.0409478	7.59	0.000	0.2305021	0.3910144
	父代教育 （educationparent）	0.3464607	0.0222273	15.59	0.000	0.302896	0.3900254
	常数项 （_cons）	1.507934	0.3773644	4.00	0.000	0.7683139	2.247555
子代收入 （cb069 <-）	子代教育 （childeducation）	0.2539658	0.0206542	12.30	0.000	0.2134842	0.2944473
	父代职业 （fd013parent）	0.0147608	0.0120909	1.22	0.222	−0.0089371	0.0384586
	子代性别 （gender）	0.0357888	0.0690941	0.52	0.604	−0.0996332	0.1712107
	子代户口 （cb055）	0.0792615	0.0733716	1.08	0.280	−0.0645443	0.2230673
	子代年龄 （childage）	0.0786908	0.0067443	11.67	0.000	0.0654723	0.0919094
	常数项 （_cons）	2.359966	0.2690043	8.77	0.000	1.832728	2.887205
	方差（父代收入对数） var（e. lnga002_w2_ 2bparent）	0.8156424	0.0262429			0.7657955	0.8687338
	方差（子代教育） var（e. childeducation）	2.917457	0.0938676			2.739161	3.107359
	变量（子代收入） var（e. cb069）	2.267403	0.0729525			2.128834	2.414992

LR test of model vs. saturated：chi2（15）= 373.16，Prob > chi2 = 0.0000.

使用结构方程模型来分析其影响路径。除了父代的教育之外，我们还引入了父代的户口和工作职位，分析这些因素对父代收入的影响。子代收入的影响因素除了教育外、还引入了户口、性别的信息。这里实际有两个的中介变量。一个是非认知能力、一个是社会关系，由于缺少相应的表示变量，所以就直接用父代的教育水平对子代教育水平的影响去代表，当然这可能会有高估的可能。结构方程估计方法为极大似然估计。

分析结果可以看出，父代教育通过非认知能力去影响子代教育的相关系数为 0.35，比用 CFPS 分析的影响程度要大，父代收入影响子代教育水平的相关系数是 0.31，也比 CFPS 分析的结果要大。此外，父代的教育水平、年龄、户口和职业都对父代的收入有显著性影响，户口和教育水平的影响是正的，相对而言户口的影响更大一些，性别、年龄和职位的影响是负的，对父代收入影响按照系数来看，依次为性别、户口、教育水平、年龄和职位，年龄的作用是负的，可能是数据中父代的年龄偏大；而孩子的教育水平对孩子收入的影响非常大，年龄的影响相对会小一些，父代的职位、户口和性别的影响是不显著的。

通过结构方程分析，可以看出工作这一特征传递的系数要比教育小很多。父母的职位对子女收入的影响非常小。验证了教育是主要的传递机制，通过这些数据分析可以看出，还是有相当大一部分没有被上面的机制解释，可能这些是父母天生禀赋的遗传或是一些无法观测的变量引起的。

第三节　本章结论

通过前面的实证分析，验证了代际流动机制主要包括三个方面：第一是通过家庭收入对子女进行的教育投资，提高子女的人力资本投资，从而提高子女的收入。并且这一传递机制是最为重要的传递机制。第二是非认知能力，通过父母的教育水平产生作用，往往父母教育水平较高，会有更高的非认知能力，知道如何进行教育投资是最有效率的，在家中也可以通过有效的时间投资去提高孩子的人力资本水平。第三是社会资本，即父母通过影响子女的工作选择去影响子女的收入。社会资本多半是通过父母的社会网络，可以帮助孩子找到条件更好的工作，从而提高孩子的收入水平，这方面的作用在验证过程中，由于数据的来源不是很贴切，因此得出的影响效果也比较小。通过数据的分析可以初步判断，还有一些是没有被上面的机制所解释的，比如天生禀赋的遗传或者是一些不太适合于量化和观测的变量。因为在结果中仍然发现有很大的无法解释的部分，推断应该有很大一部分属于天生禀赋的遗传。当然种族、性别以及家庭规模等在收入代际流动中也发挥了重要作用。父母也会通过直接的转移将自己的收入给子女。这些也正是需要我们进一步去研究的。如果是天生禀赋的遗传，其实通过政策去干预是没有意义的，这是我们应该遵循的自然法则。

通过中间变量法的分析可以看出，父母影响子女收入的主要路径是教育，当引入子女的教育年限后，父母收入对子女收入的影响（代际收入弹性）变小了。通过结构方程的分析可以看出，父母的教育水平会影响到父母的非认知能力，然后再影响到孩子的收入。如果只考虑教育这一传导途径，那么剩下的都是通过不能解释的因素产生的，当然，有些因素是因为没有相应的数据，从而无法估计造成的，但可以猜测的是，仍然有很大比例是父母的天生禀赋遗传和社会关系网络等不可观测的因素造成的。可能这些因素，单个而言并不是很多，但结合起来比例很高。

总之，从影响机制来看，教育对代际收入传递的影响程度最大，其次是家庭资产和社会资本。人力资本对代际收入传递的作用非常重要，社会资本的解释力虽然不是很高，但对代际收入弹性的影响也很显著。估计结果显示，中国的代际收入流动性呈现出下降的趋势。这一现象在某种程度上是由于中国的市场经济体制改革引起的。在改革开放初期，社会充满了机会，家庭收入地位对子女的影响变小，很多农村的孩子通过自身的努力，改变自身的社会经济地位。而随着改革的深化、收入差距的扩大，家庭社会经济地位对子代收入的影响越来越大了，无论是子代人力资本的投资、还是子代在劳动力市场上的表现都离不开父代家庭社会经济地位的影响，这些影响机制的作用在增加，社会虽然增加了很多高等教育的机会，但在目前的状况下，更多地被经济条件好的家庭获得，或者说经济条件好的家庭获得的教育机会更多，在劳动力市场上积累的社会网络资源更多。这些都使得家庭的社会经济地位被复制到下一代，而贫困家庭缺乏各方面的投资，越来越容易陷入贫困陷阱中。这时非常需要的是政府的干预，尤其是对贫困地区、贫困家庭的倾斜，从根本上改变教育机会的不平等，这样才能更为有效地改进代际的流动性。

公众们首先质疑的是我国的教育体制。主要体现为：优质幼儿园的高收费、中小学的学区房，高等教育不同地区的招生歧视问题，人们对于优质教育资源的过度需求，城乡的收入差距以及教育资源的不公平，贫困家庭、农村家庭以及农民工家庭的孩子已经输在了起跑线上。学区房的高价和沿海发达地区凭借房价的优势可以去海外留学，可是普通家庭很难承受海外留学的费用，造成了不同收入的家庭面临着不同的教育投资约束，对于教育的公平性和教育改革问题是目前呼声最高的问题。

其次受到质疑的是：社会资本和权力寻租问题。人民网的一项调查显示，当问及"您觉得哪些因素对现实就业影响较大"时，大家最为认同的是社会关系和家庭背景，其中 67% 的公众认为社会关系最为重要，而 52% 的公众认为家庭背景最为重要，这两个的比例远远高于学历、能力和经历等其他选项。而近几年，考入名牌院校的学生中，农村家庭的比例越来越少了。因此，通过实证数据得出代际流动机制及其作用的大小，可以更有针对性地提出对策建议。

第七章 研究结论和政策建议

随着我国收入分配差距的加大，学者们对我国的代际流动性进行了验证，发现我国的代际效应很明显，并且出现了代际收入弹性增加、代际流动性降低的趋势。社会将逐渐形成一种分类（sorting）或分层效应。人们开始怀疑和思考：教育还能作为改变命运的手段吗？"阶层固化""寒门再难出贵子"等一些问题也已经引起了热议。

本书的研究使用 2014 年和 2016 年的 CFPS 调查数据和 2015 年的 CHARLS 调查数据，采用 Stata 软件进行分析。通过细致筛选样本数据，控制父代与子代的年龄，尽量降低导致偏误的因素，估计了中国的代际收入弹性，并从教育、健康等人力资本、家庭资产以及社会资本等角度研究中国代际流动的内在机制。其中 CFPS 数据库中：2014 年父代和子代配对的数据是 909 对，2016 年父代和子代配对的数据是 636 对。CHARLS 数据库中：得到父代和子代配对的信息 3202 对。三代的代际流动性分析：CFPS 数据库中，2014 年祖辈和孙辈配对的数据是 624 对；CHARLS 数据库中，得到祖辈和孙辈配对的信息 1289 对。

第一节 研 究 结 论

一、二代的代际收入弹性估计

（1）利用 2014 年 CFPS 数据得出的代际收入弹性为 0.112，2016 年得出的代际收入弹性为 0.081。说明仅从父母一方的收入去衡量，可能是代际流动性增强了。利用 CHARLS 数据，得出的代际收入弹性为 0.296。如果用家庭的净收入去衡量 2014 年 CFPS 的代际收入弹性为 0.265，2016 年 CFPS 的代际收入弹性为 0.394。说明用家庭净收入衡量代际收入弹性更为接近现实的情形。

（2）2014 年 CFPS 和 2015 年 CHARLS 的分析结果表明：父亲对孩子收入的影响更大一些，母亲的影响不够显著；父母对儿子的收入有显著的影响，对女儿没有显著的影响，体现出有性别的偏向。而 2016 年 CFPS 的数据结果有很大的不同，似乎母亲对孩子收入的影响更大一些，没有发现明显的性别偏向。

（3）分位数回归表明：代际收入弹性不是线性的，是非线性的变化趋势。2014 年 CFPS 的分析结果：随着分位点的变化，各个分位点的回归系数呈现出先上升后下降的趋势，说明处于中等收入家庭的子代对父代收入的依赖性最大，整体的趋势依旧是两边低、中间高的趋势。2016 年的分析结果完全不同，呈现出中间低、两边高的特点。表明这几年代际流动性已经发生了微妙的变化，中间收入阶层的流动性很强，而两端收入出现了阶层固化的趋势，并且低收入阶层的代际保持性更强。2014 年是中间收入阶层的代际收入弹性大一些，2016 年开始，从中间阶层向两端蔓延，两端的代际收入弹性出现增加的趋势。通过转换矩阵法：得出的结论与分位数回归的结论基本一致。无论是农村还是城市，都出现了两端流动性最差、中间流动性强的特点，说明我国开始出现两端阶层固化的趋势，而中间阶层的流动性比以前要好一些。说明我国存在明显的"富裕壁垒"和"贫困陷阱"现象。

（4）迁移对代际收入弹性产生一定的影响。特别关注户口变量里的两个选项：农村户口和非农村户口；然后分为三类进行回归：父代和子代都是农村户口；父代和子代都是非农村户口；父代是农村户口，子代是非农村户口的。第三种分类，可以看出农村孩子迁移到城市后，对代际流动性的影响。这样分组以后，CPFS2014 年数据中父代和子代都是农村户口的代际收入弹性为 0.055；父代和子代都是非农村户口的代际收入弹性为 0.202；CHARLS 数据中父代和子代都是农村户口的代际收入弹性为 0.262；父代和子代都是非农村户口的代际收入弹性为 0.367；并且这两种情况的结果都很显著。而父代是农村户口、子代是非农村户口的代际收入弹性为负的，而且也不显著。说明剔除了这种迁移的人口，在农村内部和城市内部，代际效应是很明显的，总体上看，我国城市的代际传递是比较明显的。迁移确实可以改变收入的传递。

（5）用家庭净收入衡量 CFPS 的代际收入弹性明显提高了，结果显著。农村的代际收入弹性高于城市，说明考虑了家庭收入后，农村的代际收入保持性更强。总体来看，随着时间的变化趋势是代际收入弹性是增加的，说明有阶层固化的趋势。从城乡上看，2014 年的农村代际收入弹性高于城市；而 2016 年是城市的代际收入弹性更高一些。这种变化很大程度上是人口流动带来的。我国人口流动的人数逐年递增，农村户口的人数要多于在农村居住的，而居住在农村的，是完全在家务农的，从数据发现这些单纯的农村居住的代际收入弹性很高，说明有很多农村家庭到城市打工后改变了代际收入的保持性。而在城市居住的，有一部分是农村户口，因此，居住和户口的人群是交叉的。从两年的数据对比可以看出，单纯的城市户口和单纯的农村居住，是完全没有受到人口流动影响的，代际收入弹性都很高。

这些与国内现有的研究结论基本一致，有些学者验证，随着时间的变化，近几年整体的代际流动性下降。我国贫困的代际化与财富的代际化日益显著，中间阶层的代际收入流动性更高，只是大家对于代际收入弹性的估计数值有一定的差距，主要是选取的数据库、数据的处理上的差异。由本书的研究也可以发现：同样的数据处理方法，2014年和2016年的结论数值有一定的差异，可以认为有两个方面的原因：一是随着时间的变化，代际流动性的特点发生了改变，例如，2016年的数据表明，代际收入弹性变小，说明流动性变强；但从分位数上看，中间收入阶层的流动性变强，两端的收入呈现出阶层固化的趋势。并且从父代和子代的性别上看，没有明显的差异；从家庭净收入去衡量的结果来看，单纯从父亲或母亲的收入去衡量没有发现很大的代际收入保持性，但如果用家庭净收入去衡量，发现2016年比2014年的收入弹性要大，有流动性变差的趋势，说明以家庭收入为单位去衡量更接近于现实的情况。二是我国的人口流动性越来越强，因此，仅仅是农村户口和在农村居住的，表明完全没有迁移的代际收入弹性很高，说明农村的阶层固化严重，而迁移到城市打工就会改变代际流动性，如果可以改变户口，就进一步改变代际流动性，这些也反映了我国目前整体的代际流动性不是很高，并不是整体地改善了收入的流动性，从局部来看，代际流动性加强了。

近几年出现的趋势和特点，除了经济快速增长、收入不平等加大这两方面的原因外，非常重要的是我国特有的人口流动性加强、数字化、信息化和城镇化这些变化带来的，人口迁移改变了代际流动中人口的结构，因此，改变了代际收入弹性的大小，拓展了代际流动机制。

二、中国三代的代际流动性分析

CFPS数据库中，配对后的数据624对。其中祖父和孙辈的数据为232对，祖母和孙辈的数据为335对，外祖父和孙辈的数据为24对，外祖母和孙辈的数据为33对。可以看出外祖父和外祖母的数据少，会影响结论的可信性。但是，从祖父和祖母的数据来看，我国的代际传递不显著，主要原因是祖父和祖母的年龄较大，收入的数据很难反映他们一生的收入状况，而孙辈比较年轻，收入数据也不能完全代表他们一生的收入状况。利用 CHARLS 数据库，配对后的数据 1289 对。其中，祖父和孙辈的数据为 248 对，祖母和孙辈的数据为 439 对，外祖父和孙辈的数据为 229 对，外祖母和孙辈的数据为 373 对。年龄段覆盖相对合理，验证的结果是：祖父的代际收入弹性为 0.252，祖母的代际收入弹性为 0.352；外祖父代际收入弹性为 0.181；外祖母的代际收入弹性并不显著。而农村中三代的代际收入弹性为 0.312，城市中三代的代际收入弹性为 0.252。说明祖辈与孙辈之间也存在着一定的代际收入保持性，三代的代际收入弹性要比二代小，说明家庭的影响在逐渐降低。

我国目前的数据跨度还不能完全支撑起三代的研究，有很多祖辈的收入并不是他们在中年或一生劳动收入的体现，一般都是退休金，因此，用这样的收入数据去衡量三代的代际收入弹性，很难得到准确的数值。由于数据获得的问题，国内学者的研究多是在教育和职业的代际衡量上，也没有和国内学者的研究进行比较。

三、剖析我国的代际流动机制

利用 CHARLS 和 CFPS 的调查数据，采用中间变量法和结构方程法剖析代际流动机制。采用中间变量法的"条件收入弹性"，逐渐加入子代的教育水平、家庭的净资产和父母的职业代码，回归系数也逐步降低，验证了教育投资、家庭资产和父母的社会资本是代际影响因素。也将子女的健康水平引入，但没有通过显著性检验。但社会资本对代际收入流动的影响程度可能不是很大。

采用中间变量法的布兰登（Blanden）分解法，可以看出 2014 年 CFPS 数据和 2016 年 CFPS 数据子代教育对代际收入传递的贡献率为 9% 和 27.9%，具有一定的解释度。而且父母对子女的教育投资所起到的作用大于子女自身的教育收益率。很多学者的研究表明，父代社会资本，如人际网络关系对子女的就业有着非常重要的作用，父亲可以帮助孩子找到相对好的工作，从而提高孩子的收入，但是数据库里对于子女工作性质、行业的信息不是很充分，缺少一个非常好的替代变量来表示子女的职业，因此，没法测算父母的社会资本对子女收入的贡献程度。但是前面条件弹性分析可以看出，在我国父母的社会资本起到了一定的作用。还有相当大一部分的代际收入弹性无法由教育与工作特征等传递机制得到解释，也就是说父母天生禀赋的遗传有着不容忽视的作用。

运用结构方程法分析 CFPS 数据，可以看出父母除了通过收入去影响孩子的教育投资外，父母的教育可以提高父母的非认知能力去影响孩子的教育。父代教育水平对子代教育水平的影响是比较显著的，说明父代的教育水平高，父母的非认知能力会影响对子女教育投资的效率，进而影响孩子的收入水平。这就意味着父代收入对于子女收入除有直接影响外，还通过子女人力资本投资影响子女收入。此外，还发现父代会通过家庭的净资产对子代的教育投资产生影响，从而影响子代的收入；而父代通过自己的职业对子代职业产生的影响结果并不显著。

总体来看，中国的代际流动机制包括三个方面：第一是通过家庭资产，父母对子女进行教育等人力资本投资，从而提高子女的收入。第二是非认知能力，通过父母的教育水平产生作用，往往父母教育水平较高，会有更高的非认知能力，知道如何进行教育投资是最有效率的，在家中也可以通过有效的时间投资去提高孩子的人力资本水平。第三是社会资本，即父母通过影响子女的工作选择去影响子女的收入。

这些研究与国内外的研究结论基本是一致的。本书用三种方法进行验证，可以从三个方面验证代际流动机制，条件弹性法的优点是，比较清晰地找出影响的主要机制，比如教育投资、财产和父母的职业，这些都很容易被验证是否是主要的影响机制；布兰登（Blanden）分解法的优点是：有些变量没有足够的数据，但对于有些变量可以量化它的具体影响数值，比如教育这种重要的影响机制是人们都非常关心的，对于它的作用的大小也是人们迫切需要关注的，因此，补充了教育的贡献度，可以看到与其他学者的研究大小基本一致。另外，结构方程的方法在经济学研究中并不多见，这种方法的优点是可以将很多相互影响的变量放到一个框架中，观察它们相互之间的影响，如果变量之间的影响是比较复杂的，可以很清晰地看到每一个影响因素在整个框架中的作用。这一部分运用结构方程方法验证的影响机制与前面是一致的，还特别地发现了父母的非认知能力起到的作用，这一研究结论与国外的研究是一致的。

第二节　研究结论的提炼以及对代际
流动理论的框架补充

一、对于代际收入弹性的数值的估计

本书估计的代际收入弹性采用了两个数据库的数据，有利于综合对

比；CFPS 数据采用了 2014 年和 2016 年的数据，有利于分析变化的趋势。但通过分类分析以及与其他学者的研究对比，可以看出，不同数据库得出的数值有一定的差距，不用非常关注数值的大小，因为数据的来源、处理方法的不同，都对分析的结果产生一定的影响。数值稍微的偏高或偏低都不能说明实际就存在很大的差异，从 2014 年和 2016 年的数据对比，可以看出很多对于代际收入弹性的估计数值差距很大，从比较理性的角度看，短短两年的时间，并不能说明发生了很大的变化；包括 CHARLS 的数据值与 CFPS 的有一定的差距，说明数据的来源，尤其是收入的数据上可比性、准确性可能都有待提高，但是可以大致估计出一个趋势，大致进行比较和分析。

二、对于研究方法的精细程度上

从 2016 年的数据看，无论是男性和女性都没有显著的结果上的差异，而从 2014 年的数据看，性别的差异还是很明显的。这说明我们的理论模型可能要发生改变：一是从家庭的收入上去衡量对子代的收入相关性更为合理一些，因为，这些年我国女性的劳动力市场参与率在下降，家庭内部的劳动分工思想越来越盛行，因此，仅仅从父亲或母亲一方的收入去衡量，可能看到的代际收入保持性在变弱，似乎说明流动性增强了，可是从家庭收入去看，代际收入保持性在增加。二是我国的劳动力流动人口还在每年递增，这些人口的迁移会改变代际的收入传承，从居住的信息和户口的信息可以看出，单纯居住在农村、没有任何打工的这部分群体的代际收入弹性很高。因此，对于代际收入弹性的估计应该加入更多的中国特点，将人口迁移加入，将人群重新划分。而且政策建议方面，可以提出人口的流动会改变代际流动性，但对于没有流动的人口，应该如何去增加收入的流动性，也是需要理论给予支撑的。

三、从代际流动机制的验证上看

父母的非认知能力是通过以往的粗略研究中没有被考虑的，实际上，这是一个非常重要的影响机制，也是被西方很多学者验证过的，如果加入了父母的非认知能力，在传统的影响机制中，就需要把教育去掉，或者说要打开教育这个黑匣子，挖掘究竟是什么真正起到了代际传递的作用。

第三节　政　策　建　议

代际流动的研究有着很强的政策建议，可以用于公共投资的分析。如果代际传递机制是通过天生禀赋的遗传，那么这种影响机制是天然的，不需要去进行干预。如果代际传递是通过家庭的环境，尤其是对于劣势家庭的负面影响更大，公共教育政策应该从家庭入手，仅仅依靠增加学校的教育投资是不够的，或者不能从根本上解决问题。从本书的研究结论来看，家庭财产、教育投资、父母的非认知能力、社会网络是重要的影响机制。因此，从影响机制自然就可以得出相应的政策建议：

第一，从教育公平方面。政府应该促进教育的机会公平和社会公平政策，对于提高代际的平等有很重要和深远的作用。由于教育是非常重要的影响机制，为了减少教育的不公平，要增加公共教育的发展，减少或削弱父母的收入劣势对子女人力资本投资的不利影响，以促进代际的流动性。特别需要注意的是：加强基础学校的支出、建设更好的初级学校；合理分配学区房的资源、形成更低的居住分割性。为了实现教育的公平性，公平地分配教育资源，提高整体的教育质量，减少重点学校和非重点学校的质量差异，消除通过择校选择优质教育资源的途径，弱化通过家庭收入取得优质教育资源的渠道。避免因为教育质量的差异造成的代际收入的不平等。

第二，从父母的非认知能力方面。对于劣势孩子的关注和资助，可以从根本上促进家庭教育的平等性。家庭中父母主要是通过天生禀赋遗传和人力资本投资来影响孩子，此外，父母的非认知能力、信息获得水平对孩子的投资也起到非常重要的作用。提高父母的认知和非认知能力，像很多西方已经采取的措施，实施家庭早期的干预项目。家庭之外的学校投资、对劣势孩子的资助和早期的干预项目，都可以更好地促进孩子认知能力和非认知能力的提高，促进更大的家庭稳定性。

第三，从社会网络方面。很多研究表明，社会网络资源的作用并不是直接起作用的，有些是家庭的长期熏陶或是一种家庭的人力资本投资，很难去改变或杜绝。因为，从职业的相关性上也可以看到，家庭中父母的职业网络会在孩子很小的时候形成人际网络，这也可以算是一种家庭的人际资本投资，在某种程度上也可以说一种公平。因此，特别需要改变的是利用个人权力的那种非公平问题，如父母通过自身的权力帮助子女选择好的行业和职位，从而提高子女的收入。造成这种差异最重要原因就是劳动力市场的分割。劳动力市场的分割阻碍了劳动力流动，形成了不同所有制、不同行业和职业收入的巨大差距，也成为阻碍代际收入流动性的壁垒。因此，需要促进劳动力市场健康发展，进一步提高市场化程度，发挥市场在资源配置中所起的作用，打破和消除这些壁垒，降低不同所有制、行业和职业之间超额利润以及工资收入的差距，从制度上根本杜绝代际收入的不平等，促进代际收入的流动性。

第四，从家庭财产方面。目前家庭财产的作用在很大程度上体现为房产的作用，很多家庭拥有多套房产，可以通过出售保值，来增加子女的人力资本投资。可以通过限购、增加房产税的方法来减少这种收入不平等带来的人力资本投资的差异。借鉴西方考虑在我国实行遗产税。除了教育、社会资本等一些影响机制外，父母天生禀赋的遗传可能也起了很大的作用，但对于天生禀赋遗传的干预是没有经济意义的，但如果父母通过财产的转移或赠与增加代际收入的相关性，政府是可以适当给予干预的。我国在这方面还没有采取像西方的政策，虽然不能完全肯定现在非常适合采取遗产税，但可以预见的是遗产税可能是一个非常值得借鉴的措施。只是这种方法如何实施以及实施的时间点需要逐步完善，或者制定出适合中国的措施，以尽量减少人们对这一政策的不适应以及带来的一些负面影响。

代际收入弹性问题的研究，反映了社会对不同代之间收入不平等的关注，代际收入弹性大小的验证，反映了中国社会各阶层日趋固化的现实。从计划经济体制到市场经济体制的转变过程中，收入不平等问题是必不可免的，代际收入的不平等需要政府给予适当的政策加以干涉，制定出行之有效的政策。

第四节　研　究　不　足

由于数据的限制，研究的不足之处体现为：一是在估计代际收入弹性时，只是选用了单年的数据，没有采用多年的平均数据，一方面，造成了代际收入弹性的低估，另一方面，缺少多年数据的比较，不能得出随着时间变化的趋势。研究代际收入弹性最理想的数据是获得父代和子代一生的或一个生命周期的收入数据，但是几乎不可能取得这样的数据。早期的经济学家多半是采用一年的收入代表一生或一个生命周期的收入，这样得出的代际收入弹性会偏低，因此后来有学者用多年的平均收入来衡量一生的收入，虽然会有所改善，但并不能完全解决这个问题，尤其是我国的调查数据时间跨度不是很大，很难得到足够多的匹配样本，因此，这种偏误可能很难避免。尤其是，我们在研究三代的收入数据时，祖父母辈的年纪过大，而孙辈的年纪过小，所以很难得到令人满意的结论。二是数据的分析和处理不够细腻，比如，我国大量的农村人口，他们的收入来源多是以家庭为单位的，因此，应该将农村和城市分离开来，其中城市的家庭以个体的收入为主，而农村的家庭要以家庭收入为主，而很多农村家庭并不是以小家庭为单位，而是三代同堂或四代同堂，很难剥离出父母的家庭收入。三是研究中区分了父母的性别，考察了父母和子女不同性别情形下的代际收入弹性，但没有挖掘出对儿子和女儿投资倾向的差异。因为中国传统文化下，尤其在农村，父母对儿子和女儿的人力资本投资倾向是不同的。四是通过分位数的回归可以看出，代际收入弹性不是线性的。但是对于高收入群体，非常可能的是关于数据的真实性问题，可以猜测多数特别高收入家庭会隐瞒低报自己的收入，这样估计出来的结果准确性会差很多。尤其是一些收入特别高的群体，可能会遗漏掉这些数据，所以中国可能存在着高收入群体严重的阶层固化。

　　未来需要在上面着重进行改进，此外，还特别具有分析价值的研究趋势是：迁移的家庭，尤其是农村的孩子，成年后到城市工作后，可以加入工作地点的虚拟变量来分析，看是否可以改进代际流动性。社会已悄然地出现一些现象：越来越多的家庭购买学区房，希望孩子受到更好的教育；一些富裕的家庭，将子女送到国外去读书，希望通过这种方式沿袭家庭的优势地位。那么究竟购买学区房是否可以提高孩子的教育获得？海外教育投资是否可以使孩子在未来的劳动力市场上表现更好？他们的代际流动弹性大小如何？去国外读书是否改变了正常的代际传递机制？这些问题非常值得进一步探讨。目前西方的研究趋势，也是更多的关注这些外在的冲击对于代际流动性的影响，以此作为改进代际收入弹性的有效方法。

参 考 文 献

[1] 陈东，黄旭锋．机会不平等在多大程度上影响了收入不平等?——基于代际转移的视角［J］．经济评论，2015，191（1）.

[2] 陈杰，苏群．中国代际收入流动性趋势分析：1991 – 2011［J］．安徽师范大学学报（人文社科版），2015（6）：769 – 775.

[3] 陈杰，苏群，周宁．农村居民代际收入流动性及传递机制分析［J］．中国农村经济，2016（3）：36 – 53.

[4] 陈琳．中国代际收入流动性的实证研究：经济体制与公共政策［D］．上海：复旦大学，2011.

[5] 陈琳．促进代际收入流动：我们需要怎样的公共教育——基于CHNS 和 CFPS 数据的实证分析［J］．中南财经政法大学学报，2015（3）：27 – 33.

[6] 陈琳，袁志刚．授之以鱼不如授之以渔?——财富资本、社会资本、人力资本与中国代际收入流动［J］．复旦学报（社会科学版），2012（4）：99 – 113.

[7] 陈钊，陆铭，佐藤宏．谁进入了高收入行业?——关系、户籍与生产率的作用［J］．经济研究，2009（10）.

[8] 邸玉娜．代际流动、教育收益与机会平等——基于微观调查数据的研究［J］．经济科学，2014（1）：65 – 74.

[9] 丁亭亭，王仕睿，于丽．中国城镇代际收入流动实证研究——基于 Jorgenson – Fraumeni 未来终生收入的估算［J］．经济理论与经济管理，2016（7）：83 – 97.

[10] 段义德．财政支出促进教育公平的作用机制分解及验证——基于 CHIP2013 数据的分析［J］．四川师范大学学报（社会科学版），2018，45（4）.

[11] 方鸣，应瑞瑶．中国农村居民代际收入流动性研究［J］．南京农业大学学报（社会科学版），2010（2）：14 – 18.

[12] 高艳云，王曦璟．中国代际收入流动特点及变迁——基于收入分布分解的视角［J］．财经科学，2017（1）：83－92．

[13] 郭丛斌，闵维方．中国城镇居民教育与收入代际流动的关系研究［J］．教育研究，2007（5）：3－14．

[14] 郭庆旺，贾俊雪．公共教育政策、经济增长与人力资本溢价［J］．经济研究，2009（10）：23－36．

[15] 韩军辉．关于我国居民代际收入流动的研究［J］．统计与决策，2009（10）：118－120．

[16] 何石军，黄桂田．代际网络、父辈权力与子女收入——基于中国家庭动态跟踪调查数据的分析［J］．经济科学，2013（4）：19－32．

[17] 胡洪曙，亓寿伟．中国居民家庭收入分配的收入代际流动性［J］．中南财经政法大学学报，2014（21）：20－29．

[18] 胡永远．代际收入传递性研究评述［J］．经济学动态，2011（2）：149－153．

[19] 江求川．中国代际收入流动性估计：基于随机系数模型［J］．南方经济，2017（5）．

[20] 靳振忠，王亮，严斌剑．高等教育获得的机会不平等：测度与分解［J］．经济评论，2018（4）．

[21] 蓝嘉俊，吴超林，余玲铮．代际流动约束下生育率与收入不平等关系的国际检验［J］．财经研究，2017（5）．

[22] 李任玉，杜在超，龚强，何勤英．经济增长、结构优化与中国代际收入流动［J］．经济学（季刊），2018，17（4）．

[23] 李小胜．中国城乡居民代际收入流动分析［J］．统计与信息论坛，2011（9）：48－54．

[24] 刘楠楠，段义德．财政支出对教育代际流动性的影响［J］．财经科学，2017（9）：35－46．

[25] 刘小鸽，司海平．计划生育与代际不平等传递——基于个体代际流动的微观视角［J］．经济评论，2017，207（5）．

[26] 刘奕君．中国居民收入的代际流动及其趋势［J］．南大商学评论，2014（3）．

[27] 刘志国，范亚静．教育的代际流动性影响因素分析［J］．教育科学，2013（1）：1－5．

[28] 刘志国，范亚静．教育与居民收入代际流动性的关系研究［J］．

统计与决策，2014（22）.

[29] 龙翠红，王潇．中国代际收入流动性及传递机制研究［J］．上
海师范大学学报（哲学教育社会科学），2014（5）.

[30] 卢盛峰，陈思霞，张东杰．教育机会、人力资本积累与代际职
业流动——基于岳父母/女婿配对数据的实证分析［J］．经济学
动态，2015（2）.

[31] 牟欣欣．家庭规模如何影响了代际收入流动性［J］．现代财经
（天津财经大学学报），2017（4）.

[32] 邵挺，王瑞民，王微．中国社会流动性的测度和影响机制——
基于高校毕业生就业数据的实证研究［J］．管理世界，2017
（2）.

[33] 孙三百，黄薇，洪俊杰．劳动力自由迁移为何如此重要？——基
于代际收入流动的视角［J］．经济研究，2012（5）：147-158.

[34] 谭远发．父母政治资本如何影响子女工资溢价："拼爹"还是
"拼搏"？［J］．管理世界，2015（3）：22-33.

[35] 汪崇金，许建标．我国公共教育支出受益，孰多孰寡？——基于
"服务成本方法"的受益归宿分析［J］．财经研究，2012，38
（2）：4-15.

[36] 王海港．中国居民收入分配的代际流动［J］．经济科学，2005
（2）：18-25.

[37] 王学龙，杨文．精英主义教育体系对代际流动的消极影响［J］.
经济经纬，2016，33（4）.

[38] 王学龙，袁易明．中国社会代际流动性之变迁：趋势与原因
［J］．经济研究，2015（9）：58-71.

[39] 王增文．中国农村家庭宗族网络代际收入状况及流动性趋势研
究［J］．农业经济问题，2015（8）：56-62.

[40] 魏颖．中国代际收入流动与收入不平等问题研究［M］．北京：
中国财政经济出版社，2009.

[41] 徐俊武，曹垣，杨慧．收入不平等与公共教育支出受益分配：理
论、经验与推断［J］．教育发展研究，2009（21）：32-36+50.

[42] 徐俊武，黄珊．教育融资体系对代际流动性与不平等程度的动态
影响：基于 OLG 模型的分析［J］．财经研究，2016（8）：4-26.

[43] 徐丽，杨澄宇，吴丹萍．教育投资结构对居民收入代际流动的影
响分析——基于 OLG 模型的政策实验［J］．教育经济评论，

2017，2（4）.

[44] 徐晓红. 中国城乡居民收入差距代际传递变动趋势：2002～
2012 [J]. 中国工业经济，2015（3）：5-17.

[45] 严斌剑，周应恒，于晓华. 中国农村人均家庭收入流动性研究：
1986～2010 年 [J]. 经济学（季刊），2014，13（3）.

[46] 阳义南，连玉君. 中国社会代际流动性的动态解析——CGSS 与
CLDS 混合横截面数据的经验证据 [J]. 管理世界，2015（4）.

[47] 杨娟，张绘. 中国城镇居民代际收入流动性的变化趋势 [J].
财政研究，2015（7）：40-45.

[48] 杨娟，周青. 增加公共教育经费有助于改善教育的代际流动性
吗？[J]. 北京师范大学学报，2013（2）：116-125.

[49] 杨俊，黄潇. 教育不平等与收入分配差距的内在作用机制——基
于中国省级面板数据的分析 [J]. 公共管理学报，2010（3）：
80-87+131.

[50] 杨俊，黄潇. 中国收入流动性再探讨 [J]. 统计研究，2010
（11）：24-33.

[51] 杨奇明. 中国农村教育机会不均等演进及其与收入分配关系研
究 [D]. 杭州：浙江大学，2012.

[52] 杨瑞龙，王宇锋，刘和旺. 父亲政治身份、政治关系和子女收
入 [J]. 经济学（季刊），2010（3）.

[53] 杨新铭，邓曲恒. 中国城镇居民收入代际传递机制——基于
2008 年天津微观调查数据的实证分析 [J]. 南开经济研究，
2017（1）.

[54] 尹恒，李实，邓曲恒. 中国城镇个人收入流动性研究 [J]. 经
济研究，2006（10）：30-43.

[55] 张桂金，张东，周文. 多代流动效应：来自中国的证据 [J].
社会，2016，36（3）.

[56] 张立冬，周春芳. 中国居民代际收入流动性分析 [J]. 福建江
夏学院学报，2015（3）：1-6.

[57] 周兴，张鹏. 代际间的收入流动及其对居民收入差距的影响
[J]. 中国人口科学，2013（5）：50-59.

[58] 卓玛草，孔祥利. 农民工代际收入流动性与传递路径贡献率分
解研究 [J]. 经济评论，2016，202（6）.

[59] 邹薇，郑浩. 贫困家庭的孩子为什么不读书：风险、人力资本

代际传递和贫困陷阱 [J]. 经济学动态, 2014 (6): 16 – 31.

[60] Aaronson, Daniel and Bhashkar Mazumder. Intergenerational Economic Mobility in the U. S. , 1940 to 2000 [J]. Journal of Human Resources, 2008, 43: 139 – 172.

[61] Abbott, B. , Giovanni Gallipoli, Costas Meghir and Giovanni L. Violante. Education Policy and Intergenerational Transfers in Equilibrium [R]. NBER Working Paper No. 18782. February, 2013.

[62] Agostinelli, F. and M. Wiswall. Estimating the Technology of Children's Skill Formation [R]. NBER Working Paper, 2016, No. 22442.

[63] Aizer, A. , S. Eli, J. Ferrie and A. Lleras – Muney. The Long – Run Impact of Cash Transfers to Poor Families [J]. American Economic Review, 2016, 106 (4): 935 – 971.

[64] Anders B. , J. Roine and D. Waldenstroem, Intergenerational top Income Mobility in Sweden: Capitalist Dynasties in the Land of Equal Opportunity [J]. Journal of Public Economics, 2012, 96 (5): 474 – 484.

[65] Andrews, Rodney J. , Scott A. Imberman and Michael F. Lovenheim. Recruiting and Supporting Low – Income, High – Achieving Students at Flagship Universities [R]. NBER Working Paper, 2016, No. 22260.

[66] Angrist, J. , D. Autor, S. Hudson and A. Pallais. Leveling up: Early Results from a Randomized Evaluation of Post-secondary Aid [R]. NBER Working Paper, 2014, No. 20800.

[67] Araujo, M. Caridad, P. Carneiro, Yyannú Cruz – Aguayo and N. Schady. Teacher Quality and Learning Outcomes in Kindergarten [J]. The Quarterly Journal of Economics, 2016, 131 (3): 1415 – 1453.

[68] Atkinson, A. B. and A. K. Maynard. Evidence on Intergenerational Income Mobility in Britain [J]. Economic Letters, 1978, 1: 183 – 388.

[69] Atkinson. On Intergenerational Income Mobility in Britain [J]. Journal of Post Keynesian Economics, 1981, 3, 2.

[70] Autor, D. , D. Figlio, K. Karbownik, J. Roth and M. Wasserman. Family Disadvantage and the Gender Gap in Behavioral and Educational Outcomes [R]. NBER Working Paper, 2016, No. 22267.

[71] Becker, G. S. and N. Tomes. An Equilibrium Theory of the Distribution of Income and Intergenerational Mobility [J]. Journal of Political Economy, 1979, 87 (6): 1153 – 1189.

[72] Becker, G. S. and N. Tomes. Human Capital and the Rise and Fall of Families [J]. Journal of Labor Economics, 1986, 4 (3): S1 – S39.

[73] Behrman, J. R. and P. Taubman. Intergenerational Earnings Mobility in the US and a Test of Becker's Intergenerational Endowments Model [J]. Review of Economics and Statistics, 1985, 67 (1): 144 – 151.

[74] Belley, P and L. Lochner. The Changing Role of Family Income and Ability in Determining Educational Achievement [J]. Journal of Human Capital, 2007, 1 (1): 37 – 89.

[75] Black, S. , P. Devereu and K. G. Salvanes. Why the Apple doesn't Fall Far: Understanding Intergenerational Transmission of Human Capital [J]. American Economic Review, 2005, 95 (1): 437 – 449.

[76] Blanden J. , Gregg. P, Macmillan L. Accounting for Intergenerational Income Persistence: Noncognitive Skills, Ability and Education [J]. The Economic Journal, 2007, 117 (519): 43 – 60.

[77] Blanden, J. and P. Gregg. Family Income and Educational Attainment: A Review of Approaches and Evidence for Britain [J]. Oxford Review of Economic Policy, 2004, 20 (2): 245 – 263.

[78] Blau, P. M. and Duncan, O. D. The American Occupational Structure [M]. New York: John Wiley and Sons, 1967.

[79] Bleakley, H. and J. Ferrie. Shocking Behavior: Random Wealth in Antebellum Georgia and Human Capital Across Generations [J]. The Quarterly Journal of Economics, 2016, 131 (3): 1455 – 1495.

[80] Borjas, G. J. The Intergenerational Mobility of Immigrants [J]. Journal of Labor Economics, 1993, 11 (1): 113 – 135.

[81] Boserup, S. H. , W. Kopczuk and C. T. Kreiner. Born with a Silver Spoon? Danish Evidence on Wealth Inequality in Childhood [R]. NBER Working Paper, 2016, No. 22549.

[82] Bound, J. , M. Demirci, G. Khanna and S. Turner. Finishing De-

grees and Finding Jobs: U. S. Higher Education and the Flow of Foreign IT workers [R]. NBER Working Paper, 2014, No. 20505.

[83] Bowles, S. , Gintis, H. Social Capital and Community Governance [J]. The Economic Journal, 2002, 112 (483): F419 – F436.

[84] Bradshaw, T. Jobseeking Methods Used by Unemployed Workers [J]. Monthly Labor Review, 1973, 96 (2): 35 – 40.

[85] Brown, M. , J. K. Scholz and A. Seshadri. A New Test of Borrowing Constraints for Education [J]. Review of Economic Studies, 2012, 79 (2): 511 – 538.

[86] Bulman, G. , R. Fairlie, S. Goodman and A. Isen. Parental Resources and College Attendance: Evidence from Lottery Wins [R]. NBER Working Paper, 2016, No. 22679.

[87] Cameron, S. V. and C. Taber. Estimaton of Educational Borrowing Constraints Using Returns to Schooling [J]. Journal of Political Economy, 2004, 112 (1): 132 – 182.

[88] Cameron, S. V. and J. J. Heckman. The Dynamics of Educational Attainment for Black, Hispanic and White Males [J]. Journal of Political Economy, 2001, 109 (3): 455 – 499.

[89] Card, D. , John D. and E. Estes. The More Things Change Immigrants and the Children of Immigrants in the 1940s, the 1970 and the 1990s [M]. Chapter Pages in Book, 2000: 227 – 270.

[90] Carneiro, P. and J. J. Heckman. The Evidence on Credit Constraints in Post-secondary Schooling [J]. Economic Journal, 2002, 112 (482): 705 – 734.

[91] Carneiro, P. , Oswald Koussihouèdé, N. Lahire, C. Meghir and C. Mommaerts. Decentralizing Education Resources: School Grants in Senegal [R]. NBER Working Paper, 2015 No. 21063.

[92] Carrell, Scott E. , M. Hoekstra and E. Kuka. The Long – Run Effects of Disruptive Peers [R]. NBER Working Paper, 2016, No. 22042.

[93] Castleman, B. L. and B. T. Long. Looking beyond Enrollment: The Causal Effect of Need – Based Grants on College Access, Persistence and Graduation [J]. Journal of Labor Economics, 2016, 34 (4).

[94] Caucutt, E. and L. Lochner. Early and Late Human Capital Investments, Borrowing Constraints and the Family [R]. NBER Working Paper, 2012, No. 18493.

[95] Caucutt, E. , L. Lochner and Y. Park. Correlation, Consumption, Confusion, or Constraints: Why do Poor Children Perform so Poorly? [R]. NBER Working Paper, 2015, No. 21023.

[96] Chetty, Raj, N. Hendren and Lawrence F. Katz. The Effects of Exposure to Better Neighborhoods on Children: New Evidence from the Moving to Opportunity Experiment [J]. American Economic Review, 2016a, 106 (4): 855 – 902.

[97] Chetty, Raj, N. Hendren, Frina Lin, J. Majerovitz and B. Scuderi. Childhood Environment and Gender Gaps in Adulthood [R]. NBER Working Paper, 2016b, No. 21936.

[98] Chetty, Raj, N. Hendren, P. Kline, E. Saez and N. Turner. Is the United States Still a Land of Opportunity? Recent Trends in Intergenerational Mobility [R]. NBER Working Paper, 2014, No. 19844.

[99] Clark, G. The Son Also Rises: Surnames and the History of Social Mobility [M]. Princeton University Press, 2014.

[100] Clotfelter, Charles T. , Steven W. Hemelt and Helen F. Ladd. Multifaceted Aid for Low – Income Students and College Outcomes: Evidence from North Carolina [R]. NBER Working Paper, 2016, No. 22217.

[101] Cowan, Benjamin W. Testing for Educational Credit Constraints Using Heterogeneity in Individual Time Preferences [J]. Journal of Labor Economics, 2016, 34 (2).

[102] Cunha, F. , I. Elo and J. Culhane. Eliciting Maternal Expectations About the Technology of Cognitive Skill Formation [R]. NBER Working Paper, 2013, No. 19144.

[103] Cunha, F. Gaps in Early Investments in Children [R]. Working Paper, University of Pennsylvania, 2014.

[104] Dizon – Ross, R. Parents' Perceptions and Children's Education: Experimental Evidence from Malawi [R]. Working Paper, 2014.

[105] Doepke, Matthias and Fabrizio Zilibotti. Parenting with Style: Altruism and Paternalism in Intergenerational Preference Transmission

[R]. NBER Working Paper No. 20214, June, 2014.

[106] Doyle, O. , C. Harmon, J. J. Heckman, C. Logue and S. Moon, Measuring Investment in Human Capital Formation: An Experimental Analysis of Early Life Outcomes [R]. NBER Working Paper, 2013, No. 19316.

[107] Duncan, G. , W. - J. Yeung, J. Brooks - Gunn and J. Smith. How Much does Childhood Poverty Affect the Life Chances of Children? [J]. American Sociological Review, 1998, 63 (3): 406 - 423.

[108] Duncan, G. J. and A. J. Sojourner. Can Intensive Early Childhood Intervention Programs Eliminate Income-based Cognitive and Achievement Gaps? [J]. Journal of Human Resources, 2013, 48 (4): 945 - 968.

[109] Eide, E. R. and M. H. Showalter. Factors Affecting the Transmission of Earnings Across Generations: A Quantile Regression Approach [J]. Journal of Human Resources, 1999, 34 (2): 253 - 267.

[110] Elango, S. , J. L. García, J. J. Heckman and A. Hojman. Early Childhood Education [R]. NBER Working Paper, 2015, No. 21766.

[111] Ellison, G. and A. Swanson. Do Schools Matter for High Math Achievement? Evidence from the American Mathematics Competitions [J]. American Economic Review, 2016, 106 (6): 1244 - 1277.

[112] Eriksson, Tor, Bernt Bratsberg and Oddbjorn Raaum. Earnings Persistence across Generations: Transmission Through Health [M]. 2005, Memorandum 35/2005 (University of Oslo, Norway).

[113] Fan, Xiaodong, Hanming Fang and S. Markussen. Mothers' Employment and Children's Educational Gender Gap [R]. NBER Working Paper, 2015, No. 21183.

[114] Ferrie, J. , C. Massey and J. Rothbaum. Do Grandparents and Great - Grandparents Matter? Multigenerational Mobility in the US, 1910 - 2013 [R]. NBER Working Paper, 2016, No. 22635.

[115] Fletcher, J. and B. L. Wolfe. The Importance of Family Income in the Formation and Evolution of Non - Cognitive Skills in Childhood

[R]. NBER Working Paper, 2016, No. 22168.

[116] Fryer, R. G. , Jr. , Steven D. Levitt and John A. List. Parental Incentives and Early Childhood Achievement: A Field Experiment in Chicago Heights [R]. NBER Working Paper, 2015, No. 21477.

[117] Gertler, P. , J. Heckman, R. Pinto, A. Zanolini, C. Vermeersch, S. Walker, S. M. Chang and S. Grantham – McGregor. Labor Market Returns to Early Childhood Stimulation: A 20-year Followup to an Experimental Intervention in Jamaica [R]. NBER Working Paper, 2013, No. 19185.

[118] Granovetter, Mark S. The Strength of Weak Ties: A Network Theory Revisited [J]. Sociological Theory, 1983, 1: 201 – 233.

[119] Grawe, N. Reconsidering the Use of Nonlinearities in Intergenerational Earnings Mobility as a Test of Credit Constraints [J]. Journal of Human Resources, 2004, 34 (3): 813 – 827.

[120] Harknett, K. , Garfinkel, I. , Bainbridge, J. , Smeeding, T. , Folbre, N. and McLanahan, S. , Do Public Expenditures Improve Child Outcomes in the U. S. : A Comparison Across Fifty States [R]. Center for Research on Child Wellbeing Working Paper 03 – 02, 2003.

[121] Hauser, R. M. Intergenerational Economic Mobility in the United States: Measure, Differentials and Trends [R]. University of Wisconsin – Madison, CDE Working Paper No. 98 – 12. Earnings mobility in the US: A New Look at Intergenerational Inequality, 1998.

[122] Heckman, J. J. and L. K. Raut. Intergenerational Long Term Effects of Preschool-structural Estimates from a Discrete Dynamic Programming Model [R]. NBER Working Paper, 2013, No. 19077.

[123] Hodge, R. W. and D. J. Treiman. Occupational Mobility and Attitudes Toward Negroes [J]. American Sociological Review, 1966, 31 (1): 93 – 102.

[124] Hoekstra, M. , P. Mouganie and Yaojing Wang. Peer Quality and the Academic Benefits to Attending Better Schools [R]. NBER Working Paper, 2016, No. 22337.

[125] Horioka, Charles Yuji. Are Americans and Indians More Altruistic

than the Japanese and Chinese? Evidence from a New International Survey of Bequest Plans [R]. NBER Working Paper No. 20158, May, 2014.

[126] Hoxby, C. and S. Turner. What High-achieving Low-income Students Know About College [R]. NBER Working Paper, 2015, No. 20861.

[127] Jackson, C. Kirabo. What Do Test Scores Miss? The Importance of Teacher Effects on Non – Test Score Outcomes [R]. NBER Working Paper, 2016, No. 22226.

[128] Jackson, C. K. , R. Johnson and C. Persico. The Effect of School Finance Reforms on the Distribution of Spending, Academic Achievement and Adult Outcomes [R]. NBER Working Paper, 2014, No. 20118.

[129] Jackson, C. K. , R. Johnson and C. Persico. The Effects of School Spending on Educational and Economic Outcomes: Evidence from School Finance Reforms [J]. The Quarterly Journal of Economics, 2016, 131 (1): 157 –218.

[130] Jackson, C. K. , R. Johnson and C. Persico. The Effects of School Spending on Educational and Economic Outcomes: Evidence from School Finance Reforms [R]. NBER Working Paper, 2015, No. 20847.

[131] Kane, T. J. Rising Public College Tuition and College Entry: How Well do Public Subsidies Promote Access to College? [R]. NBER Working Paper, 1995, No. 5164.

[132] Keane, M. P. and K. I. Wolpin. The Effect of Parental Transfers and Borrowing Constraints on Educational Attainment [J]. International Economic Review, 2001, 42 (4): 1051 –1103.

[133] Kearney, Melissa S. and Phillip B. Levine. Early Childhood Education by MOOC: Lessons from Sesame Street [R]. NBER Working Paper, 2016, No. 21229.

[134] Kearney, M. S. and P. B. Levine. Income Inequality, Social Mobility and the Decision to Drop out of High School [R]. NBER Working Paper, 2014, No. 20195.

[135] Krueger, A. The Rise and Consequences of Inequality in the United States [R]. Public Speech, 2012, 12, January.

[136] Kuhn, P. and Skuterud, M. Internet and Tradition Job Search Methods, 1994 – 1999 [R]. Paper Presented to the IRPP and CERF Conference on Creating Canada's Advantages in an Information Age, May, 2000.

[137] Lagakos, D. , B. Moll, T. Porzio, Nancy Qian and Todd Schoellman. Life – Cycle Human Capital Accumulation Across Countries: Lessons From U. S. Immigrants [R]. NBER Working Paper, 2016, No. 21914.

[138] Lee, C. and Solon, G. Trends in Intergenerational Income Mobility [J]. The Review of Economics and Statistics, 2009, 91 (4): 766 – 772.

[139] Leight, J. and Elaine M. Liu. Maternal Education, Parental Investment and Non – Cognitive Skills in Rural China [R]. NBER Working Paper, 2016, No. 22233.

[140] Leslie, L. L. Changing Patterns in Student Financing of Higher Education [J]. Journal of Higher Education, 1984, 55: 33 – 46.

[141] Levine, D. I. and Mazumder, B. Choosing the Right Parents: Changes in the Intergenerational Transmission of Inequality Between 1980 and the Early 1990s [R]. Working Paper No. 2002 – 08, Federal Reserve Bank of Chicago, 2002.

[142] Lincove, J. A. and K. E. Cortes. Match or Mismatch? Automatic Admissions and College Preferences of Low-and High – Income Students [R]. NBER Working Paper, 2016, No. 22559.

[143] Lindahl, Mikael, Mårten Palme, Sofia Sandgren Massih and Anna Sjögren. The Intergenerational Persistence of Human Capital: An Empirical Analysis of Four Generations [R]. IZA Discussion Paper No. 6463, April 2012.

[144] Lochner, L. and A. Monge – Naranjo. The Nature of Credit Constraints and Human Capital [J]. American Economic Review, 2011, 101 (6): 2487 – 2529.

[145] Loken, K. V. Family Income and Children's Education: Using the Norwegian Oil Boom as a Natural Experiment [J]. Labour Economics, 2010, 17: 118 – 129.

[146] Lucas, R. E. B. and S. P. Kerr. Intergenerational Income Immobility

in Finland: Contrasting Roles for Parental Earnings and Family Income [J]. Journal of Population Economics, 2013, 26: 1057 – 1094.

[147] Marx, B. M. and L. J. Turner. Borrowing trouble? Student Loans, the Cost of Borrowing and Implications for the Effectiveness of Need-based Grant Aid [R]. NBER Working Paper, 2015, No. 20850.

[148] Mazumder, B. Fortunate Sons: New Estimates of Intergenerational Mobility in the United States Using Social Security Earnings Data [J]. Review of Economics and Statistics, 2005, 87 (2): 235 – 255.

[149] Mbiti, Isaac. The Need for Accountability in Education in Developing Countries [J]. Journal of Economic Perspectives, 2016, 30 (3): 109 – 132.

[150] Michelmore, K. and S. Dynarski. The Gap within the Gap: Using Longitudinal Data to Understand Income Differences in Student Achievement [R]. NBER Working Paper, 2016, No. 22474.

[151] Nicoletti, Cheti and John Ermisch. Intergenerational Earnings Mobility: Changes Across Cohorts in Britain [J]. Journal of Economics Analysis and Policy, 2007, 7 (2).

[152] Olivetti, C. , M. Daniele Paserman and L. Salisbury. Three-generation Mobility in the United States, 1850 – 1940: The Role of Maternal and Paternal Grandparents [R]. NBER Working Paper, 2016, No. 22094.

[153] Oreopoulos, P. , M. E. Page and A. H. Stevens. The intergenerational Effects of Compulsory Schooling [J]. Journal of Labor Economics, 2006, 24: 729 – 760.

[154] Oreopoulos, P. , M. E. Page and A. H. Stevens. The Intergenerational Effects of Worker Displacement [J]. Journal of Labor Economics, 2008, 26: 455 – 483.

[155] Oreopoulos, P. , R. S. Brown and A. M. Lavecchia. Pathways to Education: An Integrated Approach to Helping At-risk High School Students [R]. NBER Working Paper, 2014, No. 20430.

[156] Papay, J. P. , R. J. Murnane and J. B. Willett. Income-based Inequality in Educational Outcomes: Learning from State Longitudinal

Data Systems [R]. NBER Working Paper, 2014, No. 20802.

[157] Peters, H. Elizabeth. Patterns of Intergenerational Mobility in Income and Earnings [J]. The Review of Economics and Statistics, 1992, 74 (3): 456 –466.

[158] Ports, M. Trends in Job Search Methods: 1970 – 1992 [J]. Monthly Labor Review, 1993, 116 (10): 63 –67.

[159] Rau, Tomás, Eugenio Rojas and Sergio Urzúa. Loans for Higher Education: Does the Dream Come True? [R]. NBER Working Paper No. 19138, June 2013.

[160] Restuccia, Diego and Urrutia, Carlos. Intergenerational Persistence of Earnings: The Role of Early and College Education [J]. American Economic Review, 2004, 94 (5): 1354 – 1378.

[161] Schumpeter, Joseph A. History of Economic Analysis [M]. Allen & Unwin Ltd, 1954.

[162] Shea, J. Does Parents' Money Matter? [J]. Journal of Public Economics, 2000, 77: 155 –184.

[163] Solon, G. A Model of Intergenerational Mobility Variation over Time and Place [M]. Chapter 2 in Miles Corak (ed.), Generational Income Mobility in North America and Europe. Cambridge University Press, 2004.

[164] Solon, G. Cross – Country Differences in Intergenerational Earnings Mobility [J]. Journal of Economic Perspectives, 2002, 16: 59 –66.

[165] Solon, G. Intergenerational Income Mobility in the United States [J]. The American Economic Review, 1992, 82 (3): 393 –408.

[166] Solon, G. Intergenerational Mobility in the Labor Market [M]. Chapter 29 in Orley C. Ashenfelter and David Card (eds), Handbook of Labor Economics, 1999, Vol. 3A.

[167] Solon, G. Theoretical Models of Inequality Transmission Across Multiple Generations [J]. Research in Social Stratification and Mobility, 2014, 35: 13 – 18.

[168] Solon, G. What do We Know so Far About Multigenerational Mobility? [R]. NBER Working Paper, 2015, No. 21053.

[169] Sorokin, Pitirim A. Social Mobility [M]. New York: Harper, 1927.

[170] Sun, Stephen Teng and C. Yannelis. Credit Constraints and Demand for Higher Education: Evidence from Financial Deregulation [J]. The Review of Economics and Statistics, 2016, 98 (1): 12 –24.

[171] Walters, C. Inputs in the Production of Early Childhood Human Capital: Evidence from Head Start [R]. NBER Working Paper, 2014, No. 20639.

[172] Wantchekon, L. , M. Klasnja and N. Novta. Educationg and Human Capital Externalities: Evidence from Colonial Benin [J]. The Quarterly Journal of Economics, 2015, 130 (2): 703 –757.

[173] Wiswall, M. and B. Zafar. Human Capital Investments and Expectations about Career and Family [R]. NBER Working Paper, 2016, No. 22543.

[174] Woessmann, L. The Importance of School Systems: Evidence from International Differences in Student Achievement [J]. Journal of Economic Perspectives, 2016, 30 (3): 3 –32.

[175] Zeng, Zhen and Yu Xie. The Effects of Grandparents on Children's Schooling: Evidence from Rural China [J]. Demography, 2014, 51 (2): 599 –617.

[176] Özek, Umut and David N. Figlio. Cross – Generational Differences in Educational Outcomes in the Second Great Wave of Immigration [R]. NBER Working Paper, 2016, No. 22262.

后　记

代际流动性问题是目前经济学研究的热点问题之一，我关注这一问题始于 2014 年，当时网上很热的帖子《寒门再难出贵子》，受到了大家广泛的关注，它的意思是贫寒家庭的孩子很难出人头地，很难逾越现在的家庭地位。似乎优良的社会资源早已经按照既定的格局被瓜分殆尽，从父母一直传承到子女辈。当时，关于中国阶层的固化以及中产阶级的焦虑、底层的放弃等问题，成了百姓讨论的新焦点。其实，在国外这一问题也受到了极大的关注，如英国著名的纪录片"56UP"，选择了 14 个不同阶层的孩子进行跟踪拍摄，每七年记录一次，从 7 岁开始，一直到 56 岁，从孩童期一直记录到老年。纪录片没有讲述深刻的理论，只是记录了这些人的生活，似乎验证了在英国社会，阶级是很难逾越的，富人的孩子依然是富人，穷人的孩子依然是穷人。带着这样的想法我开始阅读国内外的文献，发现其实无论在国内外，学者们已经从理论和实证的角度进行了探讨。但是，国内对于这一问题的研究还不够系统和深入，我想通过自己的分析和实证数据去探究目前在中国，寒门是不是再难出贵子？中国现阶段是否形成了阶层固化？从文献综述到实证研究用了三年多的时间，2018 年我将研究成果申请了国家社科基金的后期资助，专家针对书稿提出了很多修改意见，这些意见非常宝贵，我根据专家的意见逐条地进行修改，使本书的结构和主要结论部分都有提高和改进。同时，也为后续的研究带来了启发和思考。

唐可月

2019 年 12 月

图书在版编目（CIP）数据

中国代际流动性的理论与实证研究/唐可月著.
—北京：经济科学出版社，2020.6
国家社科基金后期资助项目
ISBN 978 - 7 - 5218 - 1618 - 1

Ⅰ.①中…　Ⅱ.①唐…　Ⅲ.①收入差距 - 研究 - 中国
Ⅳ.①F124.7

中国版本图书馆 CIP 数据核字（2020）第 094662 号

责任编辑：李　雪　高　青
责任校对：郑淑艳
责任印制：邱　天

中国代际流动性的理论与实证研究
唐可月　著
经济科学出版社出版、发行　新华书店经销
社址：北京市海淀区阜成路甲 28 号　邮编：100142
总编部电话：010 - 88191217　发行部电话：010 - 88191522
网址：www. esp. com. cn
电子邮箱：esp@ esp. com. cn
天猫网店：经济科学出版社旗舰店
网址：http：//jjkxcbs. tmall. com
北京季蜂印刷有限公司印装
710 × 1000　16 开　17 印张　310000 字
2020 年 9 月第 1 版　2020 年 9 月第 1 次印刷
ISBN 978 - 7 - 5218 - 1618 - 1　定价：68.00 元
（图书出现印装问题，本社负责调换。电话：010 - 88191510）
（版权所有　侵权必究　打击盗版　举报热线：010 - 88191661
QQ：2242791300　营销中心电话：010 - 88191537
电子邮箱：dbts@ esp. com. cn）